KB141806

중국인 한국어 학습자의
논증적 글쓰기 교육 연구

중국인 한국어 학습자의 논증적 글쓰기 교육 연구
-'개입'을 중심으로

초판 1쇄 발행 2022년 6월 1일

지은이 | 맹강(孟剛)
펴낸곳 | (주)태학사
등록 | 제406-2020-000008호
주소 | 경기도 파주시 광인사길 217
전화 | 031-955-7580
전송 | 031-955-0910
전자우편 | thspub@daum.net
홈페이지 | www.thaehaksa.com

편집 | 조윤형 여미숙
디자인 | 한지아
마케팅 | 김일신
경영지원 | 김영지
인쇄·제책 | 영신사

값 17,000원
ISBN 979-11-6810-056-5 93700

책임편집 | 조윤형
표지디자인 | 한지아
본문디자인 | 최형필

중국인 한국어 학습자의 논증적 글쓰기 교육 연구

'개입'을 중심으로

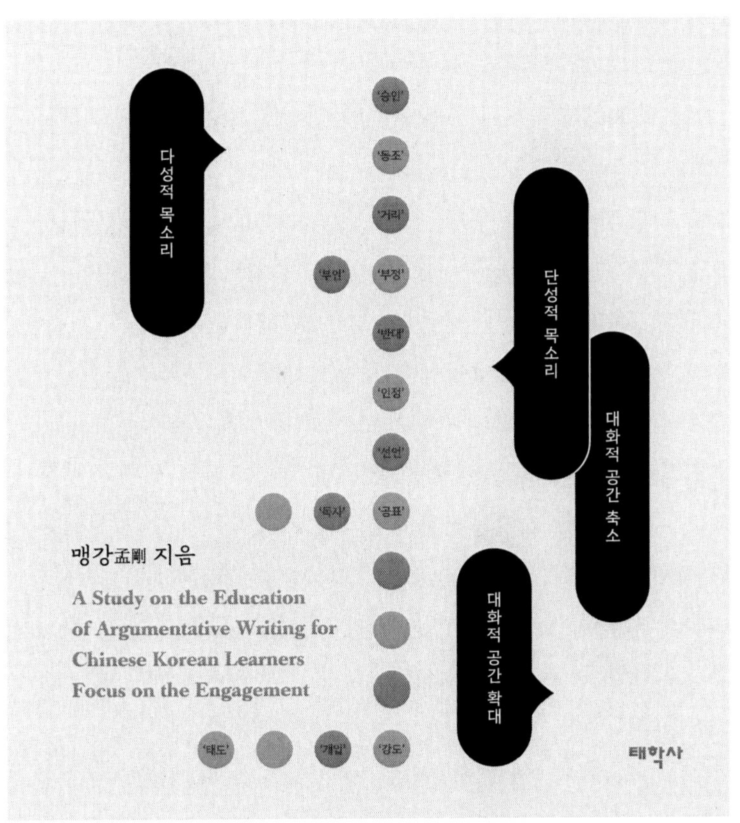

맹강孟剛 지음

A Study on the Education of Argumentative Writing for Chinese Korean Learners Focus on the Engagement

태학사

머리말

본 연구는 중국인 한국어 학습자와 한국어 모어 화자의 한국어 작문에 반영된 '개입'을 비교함으로써 이를 바탕으로 중국인 한국어 학습자를 위한 '개입' 중심의 한국어 논증적 글쓰기 교육 내용을 마련하는 데 목적이 있다. 이를 위해 다음과 같은 연구문제를 다루었다. 첫째, 중국어 작문은 상위 수준, 한국어 작문은 중하, 하위 수준인 중국인 한국어 학습자와 한국어 작문 상위 수준인 한국어 모어 화자의 논증적 글에 나타난 '개입'이 어떻게 다른가? 둘째, '개입' 중심의 한국어 논증적 글쓰기 교육 내용이 어떻게 구성되어야 하는가?

위와 같은 연구문제를 다루기 위해 혼합연구방법론으로 접근하였다. 본 연구의 참여자는 고급 중국인 한국어 학습자, 한국어 모어 화자, 한국인 한국어 쓰기 교수자, 중국인 한국어 쓰기 교수자로 구성하였다. 자료 수집 시 중국인 한국어 학습자에게 유사한 주제로 중국어와 한국어로 각각 논증적 글 한 편을 쓰도록 하였으며 한국어 모어 화자에게는 한국어로 논증적 글 한 편을 쓰도록 하였다. 작문 자료 수집 후 중국어와 한국어 교육 전문가에 의뢰하여 채점을 하였고 채점 결과에 따라 중국어 작문은 상위, 한국어 작문은 중하, 하위 수준으로 평가되는 중국인 한국어 학습자와 상위 수준으로 평가되는 한국어 모어 화자에게 '개입' 사용의 의도에 대한 인터뷰를 실시하였다. 중국과 한국의 한국어 쓰기 교수자에게는 설문조사로 쓰기 교육 내용을 조사하였다.

연구의 결과, 중국인 한국어 학습자와 한국어 모어 화자의 한국어 작문에 반영된 '개입'이 양적, 질적으로 모두 차이가 발견되었다. 전체적으로 보면 한국어 모어 화자는 '다성적 목소리'를 더 많이 사용하는 데 비해 중국인 한국어 학습자는 '단성적 목소리'를 더 많이 사용하였다. 이를 통해 한국어 모어 화자의 논증적 텍스트가 대화성이 강하며 중국인 한국어 학습자의 논증적 텍스트가 대화성이 약하다는 것을 알 수 있다. 그리고 중국인 한국어 학습자는 '개입' 사용의 다양성, 적절성, '개입' 간의 결합 사용 능력이 부족하였으며 전체적으로 '개입'의 사용이 중국어의 영향을 받았다.

'단성적 목소리'는 중국인 한국어 학습자가 더 많이 사용하였다. 그중에서 '상호텍스트적 가정'의 사용은 통계적으로 유의미한 차이가 발견되었는데 중국인 한국어 학습자가 더 많이 사용하였다. '상호텍스트적 가정'은 객관 사실과 공유 지식으로 나누어지고 주로 배경 제시와 근거 제시의 기능으로 사용되는데 통계적으로 유의미한 차이가 보이지 않았다. '근거 기반 가정'의 경우, 통계적으로 유의미한 차이가 있었고 한국어 모어 화자가 더 많이 사용하였으며 중국인 한국어 학습자는 '근거 기반 가정'의 사용 능력과 의식이 부족해 보였다. 질적으로 보면 한국어 모어 화자는 '근거 기반 가정'과 '승인'을 결합하여 사용하는 경향이 두드러지지만 중국인 한국어 학습자는 '상호텍스트적 가정'과 결합하여 사용하는 경향이 있었다. '내러티브'는 중국인 한국어 학습자와 한국어 모어 화자는 모두 많이 사용하지 않았으며 '개인적 단언'은 중국인 한국어 학습자만 사용하였다.

'대화적 공간 확대'의 경우, '판단유보'에서 '가능성 평가'의 사용은 통계적으로 유의미한 차이가 없었으며 '개인 관점' 사용은 통계적으로 유의미한 차이가 확인되었다. 질적으로 보면 한국어 모어 화자는 주로 '가능성 평가'의 주장하기 기능을 사용하였지만 중국인 한국어 학습자는 주로 근거 제시의 기능을 사용하였다. '개인 관점'의 경우, 한국어 모어 화자는 주로 주장하기의 기능을 사용하였지만 중국인 한국어 학습자는 주장하기 외에 근거 제시의 기능도 사용하였다. '객체화' 사용에서 '인정'은 통계적으로 유의미한 차이가 없었고 '거리'는 통계적으로 유의미한 차이가 확인되었으며 한국어 모어 화자가 더 많이 사용하였다. 중국인 한국어 학습자는 '거리'를 사용하는 의식과 능력이 부족해 보였다.

‘대화적 공간 축소’의 경우, ‘선언’ 사용에서 ‘동조’는 통계적으로 유의미한 차이가 발견되었는데 한국어 모어 화자가 더 많이 사용하였고 중국인 한국어 학습자는 ‘동조’를 사용하는 의식이 부족하였다. ‘승인’은 통계적으로 유의미한 차이가 나타나지 않았지만 질적으로 보면 한국어 모어 화자는 보통 출처를 밝혀 사용하였는데 중국인 한국어 학습자는 출처를 밝히지 않았다. ‘공표’의 사용은 양적, 질적 차이가 거의 없었다. ‘부인’의 사용에서 ‘부정’은 통계적으로 유의미한 차이가 확인되었고 한국어 모어 화자가 더 많이 사용하였다. 중국인 한국어 학습자는 ‘부정’을 사용하는 의식과 능력이 부족해 보였다. 반대의 사용도 통계적으로 유의미한 차이가 나타났고 한국어 모어 화자가 더 많이 사용하였다. 질적으로 보면 한국어 모어 화자는 ‘반대’를 ‘동조’, ‘거리’, ‘상호텍스트적 가정’과 결합하여 사용하였지만 중국인 한국어 학습자는 ‘반대’를 다양한 ‘개입’과 결합하여 사용해서 경향성을 파악하기 어려웠다.

요약하면 중국인 한국어 학습자는 독자 의식이 부족하고 논증적 텍스트에서 독자와의 상호작용 능력이 부족해 보였다. 그 원인을 문화 간 수사학적 접근으로 대문화와 소문화의 측면에서 해석하였다. 대화문의 측면에서는 주로 중 · 한 논증적 글의 장르적 차이와 ‘개입’ 사용의 차이를 들 수 있다. 소문화의 측면에서 보면 중국에서의 한국어 논증적 글쓰기 교육은 중국어 의론문의 영향을 받았으며 학습자의 독자 의식도 부족하였다.

위와 같은 논의를 바탕으로 중국인 한국어 학습자를 위한 ‘개입’ 중심의 한국어 논증적 글쓰기 교육 내용을 중 · 한 논증적 글의 장르적 차이, 독자 의식 고양, ‘개입’의 사용 3단계로 나누어 구성해 보았다. 중 · 한 논증적 글의 차이는 주로 개념과 구성 요소의 차이를 비교하였으며 독자 의식 고양시키기는 주로 독자 의식 갖기, 독자 설정, 독자 입장 고려로 구성하였다. ‘개입’ 사용은 각 ‘개입’의 사용 상황과 기능, ‘개입’ 간의 결합 사용, 중 · 한 ‘개입’ 사용의 차이, 각 ‘개입’을 이루는 표현으로 구성하였다.

차례

Ⅰ. 서론

1. 연구 필요성 및 목적

논증적 글쓰기는 학교에서나 사회에서 중요한 기술(Crowhurst, 1990: 349; Nippold, 2000: 22)이고 학문 목적 쓰기의 한 유형으로서 제2언어 학습자의 학문 목적 경험의 중요한 부분이며 학문 목적, 특수 목적 쓰기 과제 중에서 기본적 글쓰기 유형이다(Khodabandeh, et al., 2013: 684). 이러한 논증적 글쓰기는 많은 학문에서 중심적인 기능으로 여겨지고 있다(Ho, 2011: 2). 논증적 글을 쓰는 것은 학습자들의 지식 습득에 도움이 될 수 있다(Driver, Newton & Osborne, 2000: 288; Schwarz, Neuman, Gil & Iiya, 2003: 221). 한국어 논증적 글쓰기는 진학이나 취직 목적 학습자에게 가장 필요한 것이며(정다운, 2007: 217) 학업 수행에서 가장 중요한 과제이기도 하다(홍혜준, 2008: 1; 이선영 · 박영지, 2016: 150; 혼다 유나, 2016: 2). 그러나 고급 수준의 한국어 학습자라 할지라도 한국어로 논증적 글을 쓸 때 부담이 크고(이선영 · 박영지, 2016: 150) 많은 어려움을 겪고 있다(김현미, 2011: 42; 조인옥, 2014: 38).

그리고 TOPIK 5, 6급 평가 기준에 논설문을 쓸 수 있고 '한국어 담화 구조의 특징을 이해하여 설득력 있고 논리적인 글을 쓸 수 있다'는 것이 포함되어 있다.[1] 뿐만 아니라 국제 통용 한국어교육 표준 모형에서도 5, 6급의 교육 목표와 내용에 논설문이 포함되어 있으며(김중섭 외, 2010) 각 기관에서 출간된 고급 한국어 교재에서도 논설문을 필수적으로 다루고 있다(이선영 · 박영지, 2016: 150). 이 외에 자국에서 외국어를 전공하는 경우에 학습자들의 실생활에서 당장 외국어 쓰기가 필요 없을 수 있겠지만 목표어 환경에서 공부하려는 학습자들은 목표어로 학문적 글을 써야 되기에 자국에서도 목표어 쓰기 교육이 필요하다(Reichelt, et al., 2012: 35). 사실 목표어 환경뿐만 아니라 중국의 대학원에서도 목표어로 학문적 글을 써야 한다.[2] 중국에서의 학문 목적 한국어 전공자는 중국이나 한국의 대학원에 진학하는 경우가 많고 상당수의 중국인 한국어 학습자들이 학문 목적 학습자이다.[3] 이러한 배경에서

1 http://www.topik.go.kr

2 중국에서 가장 권위 있는 논문 검색 사이트인 CNKI(www.cnki.net)에서 검색된 각 학교 한국어과의 석 · 박사 학위 논문을 보면 대부분 학교에서 한국어로 논문을 작성하는 것이 일반적이며 일부 학교에서만 중국어로 작성함을 허용한 것으로 나타났다.

3 張英美 · 王笑天(2004)에서 북경대학교, 복단대학교, 상해외국어대학교, 산동대학교(위해캠퍼스), 연변대학교 졸업생 진로에 대한 통계에 의하면 중국 대학원 진학이나 유학의 경우, 북경대학교(2001) 64.3%, 복단대학교(2000) 66.7%, 상해외국어대학교(2000) 10.5%, 산동대학교(위해 캠퍼스)(2002) 18.5%, 연변대학교(2001) 22.3%인 것으로 나타났다. 학교별 해마다 다를 수 있지만 전체적으로 보면 상당수의 졸업생들이 대학원에 진학한 것을 알 수 있다. 張英美(2013)의 통계에 의하면 중국 동북 지역, 화북 지역(북경), 화동 지역, 화남 지역에서 기업에 취직한 졸업생은 50-70% 이상을 차지하였지만 중국 대학원 진학이나 유학한 졸업생은 10-20% 이상을 차지함으로써 두 번째 순위로 나타났다. 윤경애(2016)에서 제시된 요녕성일반대학학부전공종합평가사이트(遼寧省普通高校本科專業綜合評價網, http://zypt.upln.cn/ses)의 통계 데이터에 의하면 기업에 취직한 졸업생은 47%로 가장 많았으며 중국에서 대학원 진학과 유학은 17.9%로 그 뒤에 이어진 것으로 나타났다. (요녕성일반대학학부전공종합평가사이트는 대학 교수만 접근 가능한 것이라서 이 연구에서 윤경애(2016)를 재인용하였다.)

연구자는 2016년에 중국에서 한국어 관련 석사 과정 대학원생 모집 자격을 갖추는 학교의 홈페이지에서 제시된 대학원생 모집 인원수를 조사하였다. 한국어는 보통 외국어대학에 속하기 때문에 어떤 학교에서는 대학 전체의 모집 인원수만 제시한다. 이런 경우에 각 전공의 모집 인원이 꼭 일치하지 않겠지만 평균을 산출하는 방법으로 한국어 관련 전공의 인원수를 산출하였다. 조사의 결과, 명확히 모집 인원수를 제시하지 않는 학교를 제외하면 석사 대학원생의 모집 인원수는 250명 내외이다. 실제로 이보다 더 많을 것으로 생각된다.

한국 통계청의 통계자료에 의하면 2016년 기준, 한국의 각 대학교에서 인문사회계열 재학 중인 중국인 석사 유학생은 6,301명, 박사 유학생은 1,220명으로 합해서 7,521명이다.

논증적 글쓰기 교육의 필요성이 제기된다.

논증적 글쓰기를 단순한 논리적 글쓰기가 아니라 설득을 목적으로 한 독자와의 사회적 상호작용으로(민병곤, 2008: 113) 볼 때, 논증적 글쓰기는 단순히 일방적으로 필자의 주장을 논증하는 것이 아니라 독자의 입장도 고려하고 독자와 상호작용하면서 논증을 전개해야 할 것이다. 이로 보아 논증적 글을 쓸 때 필자와 독자의 상호작용을 중요하게 다루어야 한다.

그러나 호(Ho, 2011: 10)에서 지적한 바와 같이 초기의 제2언어 쓰기 연구에서는 텍스트를 정적이고 탈맥락적 긴 이야기로 보아 물리적 텍스트 자체에 초점을 맞추었으며 상호작용적 측면을 소홀히 다루었다. 이러한 접근법은 모국어와 목표어 작문 간에 차이가 존재한다는 것을 밝힐 수 있지만 그 원인을 설명하기는 어렵다(Ho, 2011: 10). 이와 비슷한 맥락에서 리(Li, 2008: 18)에서도 텍스트 중심의 분석은 문화적 맥락에 대한 신뢰할 만한 이해를 제공하지 못한다고 지적한 바 있다. 그리고 김출규(Kim, 2009: 2088), 김출규와 톰프슨(Kim & Thompson, 2010: 54)에서는 텍스트 조직에 초점을 맞춘다면 쓰기 담화의 경험적, 상호작용적 측면은 소홀히 하기 때문에 쓰기의 상호작용적 기능에 주의를 기울일 필요가 있다고 지적하였다. 아울러 호(Ho, 2011: 37)에서는 기존의 쓰기 교육 연구는 대부분 응집성(coherence)이나 응결성(cohesion)과 관련되고 중요한 상호작용적 측면을 소홀히 하였으며 텍스트를 상호작용적 실체로 보지 않았다고 지적하였다. 이와 같은 기존 연구의 한계성을 극복하고자 하면 텍스트를 더욱 상호작용적 관점에서 보아야 할 것이다. 이러한 맥락에서 필자와 독자는 모두 의미 구성에 참여하게 되어 텍스트 분석에서 필자의 태도, 의도, 독자 의식 등 심리적, 사회적 요인에 대한 고려가 중요하다(Ho, 2011: 11).

필자와 독자의 상호작용에 관해서는 초기에 책임 분포(responsibility distribution, Hinds, 1987), 화용적 이해(pragmatic interpretation, Hinkel, 1994) 등의 접근이 있었는데 이런 접근법은 일관된 이론적 틀을 제시하지 못하였다(Ho, 2011: 40). 최근에 들어와 상호작용적 측면에서 '입장'과 '개입'(stance and engagement, Hyland, 2005)과 평가어 이론(appraisal theory, Martin & White, 2005)이 나타났다. '입장'과 '개입'은 하이랜드(Hyland, 2005)에서 제시한 것으로 입장은 '완곡 표현'(hedges), '강조 표현'(boosters), '태도 표지'(attitude markers), '자기 언급하기'(self-mentions)를 포함하고 '개입'은 '독자 대명사'(reader pronouns), '개인적 방백'(personal asides), '공유 지식 호소하기'(appeals to shared knowledge), '지시하기'(directives), '질문하기'(questions)로 구성된다. 이 중에서 '독자 대명사'는 독자를 언급하고 독자의 존재를 인정하는 것인데 한국어에는 2인칭 대명사를 생략하는 경우가 많다. 이와 같이 한국어에 잘 맞지 않는 경우가 있으며 구체적인 분석 기준도 부재하였다. '입장'과 '개입'에 비하여 평가어 이론은 텍스트를 분석하는 도구와 구체적 코딩 지침을 제공하였고(Ho, 2011: 50) 더욱 체계적으로 발전되었기 때문에 최근에 와서 평가어 이론으로 접근하는 연구가(Lee, 2006; Ho, 2011; Liu, 2015)[4] 이루어지고 있다.

평가어 이론은 마틴과 화이트(Martin & White, 2005)가 체계기능언어학의 상호작용적 의미를 발전시킨 이론으로서 '태도'(attitude), '개입'(engagement), '강도'(graduation)의 세 가지 하위 범주가 포함되어 있다. '태도'는 사물, 사람,

---

4 이숙희(Lee, 2006), 호(Ho, 2011), 리우(Liu, 2015)는 영어 학습자의 논증적 텍스트에 반영된 '개입'을 체계적으로 다룬 대표적인 연구들이다. 이숙희(Lee, 2006)에서는 아시아 영어 학습자의 논증적 텍스트에 반영된 상호작용적 자원('태도', '개입', '강도' 등)을 양적, 질적 분석을 하여 영어 논증적 글쓰기 교육의 방향을 제시하였다. 하지만 이 연구는 마틴과 화이트(Martin & White, 2005) 이전의 틀로 접근하였으며 영어 학습자들의 상호작용적 자원 사용 양상의 원인을 소홀히 다루었다. 호(Ho, 2011)에서는 베트남인 영어 학습자의 논증적 텍스트에 나타난 '개입' 자원에 대한 양적 분석만 하였고 질적 분석을 하지 않았다. 리우(Liu, 2015)에서는 문화 간 수사학과 평가어 이론에 의하여 중국인 영어 학습자의 논증적 텍스트에 반영된 '개입'에 대한 양적 분석을 하였으나 질적 분석을 깊이 있게 하지 않았고 또한 '개입' 양상에 대한 원인을 소홀히 다루었다. 본 연구는 신수사학과 문화 간 수사학, 그리고 평가어 이론에 의하여 중국인 한국어 학습자의 논증적 텍스트에 반영된 '개입'을 양적, 질적으로 분석할 뿐만 아니라 그런 '개입' 사용 양상이 나타난 원인도 탐색해 보고자 한다는 점에서 선행연구와 차별화될 수 있다. 뿐만 아니라 신진원(2014)에서는 한국과 미국의 신문 사설의 '개입' 사용이 다르다고 밝혔다. 따라서 비록 영어 교육에서도 '개입'에 관한 연구가 있었지만 본 연구는 영어와 다른 한국어에서 '개입' 사용의 특수성을 고려하는 점에서도 의의를 찾을 수 있다.

행동, 사건, 상황에 대해 저자 또는 화자가 어떻게 생각하고 있는지를 나타낼 수 있는 언어적 자원으로서 다시 '감정'(feeling), '판단'(judgement), '감상'(appreciation)으로 나눌 수 있어 주로 필자나 화자의 정서를 표현한다. 이는 객관성을 요구하는 한국어 논증적 글과 괴리가 있을 수 있다. '강도'는 '태도'와 '개입'의 강도를 높이거나 낮추기 위해 사용되는 언어 자원이다. '개입'은 기술된 입장에 대한 저자의 위치를 보여 주는 언어 자원으로서 '태도'와 '강도'에 비해 텍스트를 위한 다성적 배경을 구축하는 것으로 선행 발화, 가능한 대안적 관점, 그리고 필자가 기대하는 담화를 포함하고(Martin & White, 2005: 97) 필자와 잠재적 독자와의 대화와 의사소통을 강조한다. 그리고 스웨인(Swain, 2010: 291)에 의하면 학문 목적 학습자는 '개입'과 밀접한 관련을 갖는 대화자의 위치 잡이(dialogistic positioning)보다 '태도' 자원 사용에서 어려움을 덜 부딪친다. 또한 '개입'은 '태도'에 비해 논증이 잘 되는 글과 그렇지 못한 글을 더 잘 구별할 수 있다(Swain, 2010: 292). 따라서 호(Ho, 2011: 43)에서 지적하였듯이 '개입'은 논증적 글쓰기와 직접 관련되는 것이다. 논증적 글쓰기에서 적당히 '개입' 자원을 사용하면 필자가 사건과 문제를 해석하고 평가하는 표현력 강화, 입장과 태도 표명, 화제 시작, 서로 다른 입장 간의 협상에 도움이 되어 독자를 설득하는 목적을 이룰 수 있다(向平 · 肖德法, 2009: 26; 王繼美 · 李長忠, 2010: 74). 따라서 본 연구는 '태도'와 '강도'에 비해 '개입'에 초점을 맞추고자 한다. 물론 '태도'와 '강도'에 대한 연구도 필요하지만 본 연구에서는 필자와 독자의 상호작용에 초점을 맞추기 때문에 이와 직접적으로 관련되는 '개입'에 초점을 두고자 한다.[5] 그리고 맹강(2017ㄱ, ㄴ)에서 중국과 한국의 신문 사설의 '개입' 사용 양상이 다르다고 밝혔다. 중국인 한국어 학습자는 이런 차이로 인해 한국어 논증적 글을 잘 쓰지 못할 수도 있어

5 학문 목적 글쓰기에서 어떤 연구가 '의의가 있다'와 같은 표현으로 선행연구를 평가하기도 하는데 이는 '감상'에 해당되는 것이다. 그리고 학문 목적 글쓰기에서 '강도'를 표시하는 '아주'나 '조금'과 같은 어휘를 통해 '강도'를 높이거나 낮추는 경우도 있다. '태도'와 '강도'에 대한 논의는 후속 연구에서 하기로 하였다.

중국인 한국어 학습자의 논증적 텍스트에 반영된 '개입'에 대한 연구가 필요하다. 이를 감안하여 본 연구는 중국인 한국어 학습자의 논증적 글을 필자와 독자의 상호작용적 관점에서 분석할 필요가 있다고 보고 특히 '개입'에 초점을 맞추어 다음과 같이 연구문제를 설정하였다.

1. 중국어 작문은 상위 수준, 한국어 작문은 중하, 하위 수준인 중국인 한국어 학습자와 한국어 작문 상위 수준인 한국어 모어 화자의 논증적 글에 나타난 '개입'이 어떻게 다른가?
   - 개별 '개입'의 수가 양적으로 유의미한 차이가 있는가?
   - 개별 '개입'이 질적으로 어떻게 다른가?
   - 개별 '개입' 간의 결합 사용이 어떻게 다른가?
2. '개입' 중심의 한국어 논증적 글쓰기 교육 내용이 어떻게 구성되어야 하는가?

조인옥(2014: 49)에서 중국인 한국어 학습자를 중국어 작문 우수-한국어 작문 우수, 중국어 작문 우수-한국어 작문 열등, 중국어 작문 열등-한국어 작문 우수, 중국어 작문 열등-한국어 작문 열등 4그룹으로 나눈 바 있는데 이 중에서 세 번째 집단은 존재할 가능성이 낮고 네 번째 집단은 모국어 작문 실력으로 인한 것으로 귀결하였다. 가장 문제가 되는 집단은 두 번째 집단인데 이는 언어적 문제 외에 중국식 글쓰기 습관의 영향도 받았을 것이다(조인옥, 2014: 50). 이런 경우에 언어적 능력과 작문 능력 외에 다른 요소에서 원인을 탐색해야 한다(조인옥, 2014: 56). 즉 언어 능력의 영향도 클 것이지만 문화 요소의 영향도 있을 것이다. 언어 능력의 문제는 중국의 현행 한국어 교육과정을 통해 충분히 해결할 수 있는 문제이겠지만 문화에 관한 문제는 현행 한국어 교육과정으로 해결하기가 어려울 것이다. 따라서 본 연구는 문화에 초점을 맞추고자 한다. 이런 맥락에서 본 연구는 중국어 작문은 상위 수준, 한국어 작문은 중하, 하위 수준인 학습자의 작문을 분석 대상으로 선택하기로 하였다. 중국어 작문이 상위 수준이라면 모국어 쓰기 능력이 괜찮고 한국어 능력의 부족과 중 · 한 논증적 글의 차이 때문에 한국어 논증적 글을 잘 쓰지 못하는 것으로 볼 수 있다. 이러한 학습자에게는 한국어와 중국어 논증적 글의 '개입' 사용의 차이를 가르쳐 준다면 한국어 논증적 글을 잘 쓸 수 있는 것으로 예상된다. 중국어 작문도 중, 하위 수준인 학습자는 모국어 작문 능력 자체가 부족하고 한국어 능력의 부족과 한 · 중 논증적 글의 차이 때문에 한국어 논증적 글을 잘 쓰지 못하는 것이라 할 수 있는데 한국어 논증적 글쓰기 능력을 향상시키기 위해서는 모국어 논증적 글쓰기 능력 향상과 한국어와 중국어 논증적 글의 차이를 같이 가르쳐 주어야 할 것이다. 즉 이중적 처치를 실시해야 한다. 이는 또 다른 문제가 되기 때문에 별도의 연구에서 살펴보기로 하였다. 이런 맥락에서 중국어 작문은 상위 수준, 한국어 작문은 중하, 하위 수준으로 평가를 받은 학습자의 작문만 선택해서 분석하기로 하였다. 그리고 논증적 글이 상위 수준으로 평가 받은 한국어 모어 화자의 글과 비교하는 것은 리우와 퍼노(Liu & Furneaux, 2014: 76-77)에서 기존의 문화 간 수사학 연구에서 모어 화자의 작문의 질을 통제하지 않았다는 지적을 고려한 것이다. 즉 비교의 기준이 될 작문은 능숙한 필자들이 쓴 글이어야 한다.

2. 선행연구 검토

논증적 글쓰기 교육 연구는 국어교육과 한국어 교육에서 모두 활발히 이루어졌는데 본 연구는 국어교육에서의 연구와 한국어 교육에서의 연구로 나누어 선행연구를 살펴보기로 하였다.

국어교육에서 논증적 글쓰기에 관한 연구는 활발히 진행되어 왔는데 대표적인 연구로는 민병곤(2004), 조효정(2006), 이영호(2012), 김현미(2014) 등을 들 수 있다.

민병곤(2004)에서는 논증이론을 기반으로 논증적 글의 논증구조는 화용·대화론적 분석 방법으로, 논증도식은 화용·대화론과 수사학 이론을 수렴한 킨포인트너(Kienpointner, 1992)의 틀로 분석하였고 논증표지는 논증의 요소와 구조 관련 표지, 논증 도식 관련 표지, 논증적 상호작용 관련 표지로 나누어 살펴보았으며 학생의 논증구조, 논증도식, 논증표지 사용 양상의 인지적, 사회·문화적 맥락을 탐색하였다. 이를 바탕으로 논증적 글쓰기의 교육 내용을 논증구조, 논증도식, 논증표지, 인지적 전략, 사회·문화적 맥락으로 구성하였다.

그리고 논증이론에 기반한 연구로서 조효정(2006)에서는 툴민(Toulmin)의 논증구조를 익히는 방법으로 논증적 글쓰기 교수·학습 과정을 설계하였다. 김현미(2014)에서는 이유, 근거, 반론 인식과 반박이 주장과의 결합 방식에 따라 논증구조를 '이유형', '근거형', '이유-근거형', '이유-반박형', '근거-반박형', '이유-근거-반박형'으로 나누었다. 그러고 나서 초등학교 3학년부터 중학교 3학년까지 학생들의 논증적 글의 논증구조와 논증도식을 살펴봄으로써 교육적 시사점을 제안하였다.

이영호(2012)에서는 논증 내용 생성의 기제, 논증 타당화 방식의 유형, 논증 소통을 위한 전략 3가지 측면에서 학습자 논술문에 반영된 논증 양상과 문제점을 살펴보았으며 발견된 문제점을 개선하기 위해 학습자 간 상호작용에 토대를 둔 협력 방법을 적용하여 그 효과를 분석함으로써 학습 논술 교육을 위한 교육 내용과 방안을 제시하였다.

한국어 교육에서 논증적 글쓰기에 관한 연구는 홍혜준(2008), 조인옥(2014), 응 웬티 후옹 센(2015), 제효봉(2015), 혼다 유나(2016), 엥흐토야(Enkhtuya, 2017) 등을 들 수 있다. 이 중에서 홍혜준(2008), 엥흐토야(Enkhtuya, 2017)는 논증이론에 기반을 둔 연구로 볼 수 있고 조인옥(2014), 제효봉(2015), 혼다 유나(2016)는 텍스트언어학에 기반을 둔 연구로 볼 수 있으며 응 웬티 후옹 센(2015)은 논증이론과 텍스트언어학을 결합한 연구로 볼 수 있다.

홍혜준(2008)에서는 학문 목적 한국어 학습자의 보고서를 논증도식, 논증구조, 논증표지를 분석한 결과, 한국어 학습자는 비교도식과 예시도식을 많이 사용한 반면에 인과도식과 권위도식을 활용하는 데 문제점이 있었다. 논증구조 층위에서는 논거 제시의 방식에서 논리성 오류와 단락 의식 결여 등의 문제점이 나타났다. 논증표지 층위에서는 호응관계가 부적절한 경우, 조사의 오용, 감정적 태도로 인한 비약, 자료에 대한 적절한 해석의 결여 등의 문제점이 발견되었다. 이러한 문제점들을 토대로 학문 목적 한국어 논증적 글쓰기의 교육 내용을 논거지지를 위한 논증도식 선택, 문장모델과의 상호조회를 통한 논증구조 재구성, 논거생성과 논증표지 조직으로 제시하였으며 교육 방안으로는 문장 모델을 통한 글쓰기 교육을 제안하였다. 그리고 엥흐토야(Enkhtuya, 2017)에서도 한국어 학습자의 논설문의 논증구조, 논증도식, 논증표지를 다루었다. 몽골인 한국어 학습자의 논설문의 최상위구조(서론-본론-결론, 논증구조), 거시구조(논증표지, 논증도식, 설득력), 미시구조(논증표지, 문체)를 분석한 결과, 몽골인 한국어 학습자의 몽골어와 한국어 논설문의 최상위구조, 거시구조, 미시구조가 모두 적절하지 못한 것으로 나타났다. 이를 바탕으로 몽골인 한국어 학습자를 위한 논설문 교육 내용을 제안하였다.

조인옥(2014)에서는 대조수사학과 텍스트언어학 작문이론을 기반으로 하여 중국인 한국어 학습자의 논설 텍스트에 나타난 모국어의 영향에 초점을 맞춰 모국어의 작문 관습이 한국어 작문에 전이되었음을 밝히고 중국의 의론문과 한국의 논설문의 개념과 범위를 비교하여 그 차이점을 밝혔다. 그리고 논증 텍스트의 핵심 요소로 여겨진 '논거'에 관한 중국과 한국의 차이를 비교하여 스토리 논거가 중국 논설 텍스트의 특성이라고 지적하였다. 이를 바탕으로 향후 중국인 한국어 학습자를 위한 논설 텍스트 교육에 대하여 한국어 논설 텍스트의 개념 교육, 한국식 논거 개념과 범주 교육, 작문 교재 개발 등을 교육 방향으로 언급하였다. 이 연구는 논설 텍스트 생성에서 중국인 학습자의 모국어의 영향을 밝히고 교육 방향을 제시하는 데 의의가 있다. 그런데 자료 수집을 보면 먼저 '체벌'을 주제로 하여 중국어로 의론문을 쓰고 1

주일 후에 중국어로 작성된 의론문을 한국어로 번역하고 2주일 후에 다시 같은 주제로 한국어로 논설문을 쓰게 하였다. 이렇게 했다면 학습자들이 한국어로 작문할 때 중국어로 글을 쓰고 한국어로 번역한 내용을 그대로 한국어로 글을 쓸 가능성이 클 것이다. 따라서 이를 모국어 작문 관습과 모국어의 영향으로 보는 데 무리가 있을 것이다.

응웬 티 후옹 센(2015)에서는 베트남인 한국어 학습자의 TOPIK 작문 자료를 수집하여 글의 구성 요소와 글의 수준에 따라 분석함으로써 베트남인 한국어 학습자들이 글의 내용 측면, 형식 측면, 사회적 맥락 측면에서의 문제점을 지적하여 글 수준 하위 집단과 상위 집단의 특징을 살펴보았다. 그리고 베트남인 한국어 학습자들의 주장하는 글쓰기 양상에 대하여 학습장과 학습자의 측면에서 해석하였으며 이를 바탕으로 주장하는 글쓰기의 교수 · 학습 원리와 교육 내용, 교육 방법을 제안하였다.

제효봉(2015)에서는 대조수사학 이론을 기반으로 L2 작문에 영향을 미치는 요인 중 모국어의 영향에 초점을 맞춰 중국인 한국어 학습자의 백일장 작문을 수집하여 문법적 응집성과 텍스트 조직과 표현을 분석하여 중국인 학습자를 위한 교육 내용을 도출하였다. 이 연구에서 문법적 응집성을 지시와 조응, 연접과 시제로 나누어 살펴봤으며 논설문 문단을 중심으로 텍스트 조직을 주제 전개, 단락 조직, 단락 내부의 내용 조직으로, 텍스트 표현 기법을 마무리 방식과 수사적 기법으로 나눠서 살펴보았다. 이 연구는 중국인 한국어 학습자를 위한 체계적인 연구라 할 수 있으며 중국인 학습자의 한국어 작문에서 나타난 문제점을 지적하고 그 원인을 분석하여 이에 맞춰 교육 내용을 마련하는 데 의의를 가진다. 그러나 백일장 작문을 분석 자료로 하는 것이 여러 학교의 학습자를 연구 대상으로 하고 기존의 연구에서 2-3개 학교의 학습자를 연구 대상으로 하는 것과 크게 구별되는 장점이 있지만 백일장에 참여하는 학습자들이 각 학교에서 잘하는 학습자이기 때문에 모든 학습자에게 일반화하기 어려울 것이다. 그리고 최근에 들어와 제2언어 학습자의 글쓰기에 영향을 미치는 요인을 탐색할 때 문화 간 수사학에서는 학습자에 대한 접근을 매우 중요시하는데 이 연구는 학습자를 직접 접근하지 못하기 때문에 글쓰기에 영향을 미치는 요인을 해석하는 데에도 한계가 있을 수밖에 없게 되었다.

혼다 유나(2016)에서는 문화 간 수사학적 접근으로 일본인 한국어 학습자와 한국어 모어 화자의 논설문의 구조를 최상위구조(단락 구성, 논지 전개 등 전체구조), 거시구조(주제문 위치, 논거 등), 미시구조(문체, 담화 표지 등)를 비교하여 공통점과 차이점을 밝혔으며 일본인 한국어 학습자의 한국어 논설문 쓰기는 모국어 전이의 영향을 받았고 글을 쓸 때 어느 언어로 사고하는지가 글쓰기 결과에 깊은 영향을 주었다고 하였다. 즉 일본어로 사고한 것이라면 일본어 글쓰기의 영향을 더 많이 받았으며 한국어로 사고한 것이라면 한국인의 글쓰기와 더 유사하였다는 것이다. 그리고 이런 발견을 바탕으로 일본인 한국어 학습자를 위한 한국어 논설문 교육 방향을 제시하였다.

이 외에 주목할 만한 연구는 이슬비(2016)이다. 이슬비(2016)에서는 필자 태도 표현의 개념을 정립하고 마틴과 화이트(Martin & White, 2005)의 평가어 이론을 변형하여 중국인 한국어 학습자의 보고서와 한국어 모어 화자의 학술지 논문의 필자 태도 표현을 비교 · 분석하였다. 평가어 이론은 '태도', '개입', '강도' 3 범주가 포함되어 있는데 이슬비(2016)에서는 이를 변형하여 대상에 대한 필자의 평가를 드러내는 평가적 태도, 필자의 명제에 대해 주관적 판단을 나타내는 인식적 태도, 독자를 고려하여 표현을 삽입하는 상호작용적 태도를 설정하였다. 이러한 틀에 의하여 중국인 한국어 학습자의 보고서를 분석한 결과, 첫째, 중국인 한국어 학습자와 한국어 모어 화자의 필자 태도 표현 사용의 빈도가 다르고 학습자의 필자 태도 표현 사용의 다양성, 정확성, 적절성 측면에서 문제가 있었다. 둘째, 장르 용인성 면에서 학습자들이 주관적 필자 태도 표현을 사용하였고 이는 모국어 문법 구조의 영향을 받은 것이다. 그리고 개인적이고 주관적으로 필자를 드러내는 양상이 나타났으며 이는 학습자들이 한국어로 작성해 온 글들이 대부분 필자 중심적 태도

만으로도 용인되는 텍스트이기 때문이라고 지적하였다. 그러나 과연 이런 원인으로 인한 것인지 재검토할 필요가 있을 것이다. 셋째, 필자의 주관적 관점 형성 측면에서 필자의 주관적 평가가 없었고 이는 필자가 관련 주제에 대한 내용 지식이 없기 때문이라고 지적하였다. 넷째, 독자와의 상호작용 측면에서 독자가 이해할 수 있을 만큼의 응집적 텍스트를 구성하지 못하고 있고 다양한 방식의 논증을 위한 뒷받침 표현들이 사용되지 않았다. 이 논문에서 이러한 발견에 의하여 필자 태도 표현 교육 방안을 제시하였다. 이슬비(2016)는 필자 태도 표현의 개념을 정립하고 교육 내용과 교육 방안을 마련하는 데 큰 의의를 가진다. 그러나 이 연구는 필자 태도의 하위 범주에 대한 깊이 있는 분석이 부재하였고 학습자들의 보고서에 그런 양상이 나타나는 원인에 대한 깊이 있는 탐색이 없었다. 예를 들어, '대화적 공간 축소'에 대해 자세히 살펴보지 않았고 하위 범주인 '부인'(다시 '부정', '반대'로 나뉜다.), '선언'(다시 '동조', '승인', '공표'로 나눠진다.)에 대한 깊이 있는 분석이 없었다. 그리고 이 논문은 궁극적으로 문법 교육을 위한 연구이다. 본 연구는 문화 간 수사학의 관점에서 평가어 이론의 틀을 받아들이고 '개입'에 초점을 맞추어 깊이 있게 학습자의 '개입' 사용을 분석하고 교육적으로 어떻게 적용하여야 하는지를 탐색하며 문법 교육이 아닌 쓰기 교육이라는 점에서 이슬비(2016)와 차별화될 수 있다.

위의 검토를 통하여 알 수 있듯이 현재까지 한국어 논증적 글쓰기에 관한 연구는 대부분 텍스트언어학적 관점이나 논증이론에 초점을 맞추고 있으며 필자와 독자의 상호작용에 맞추는 연구는 드물었다. 기존의 연구는 문화 간 수사학에 관한 연구도 있었지만 필자와 독자의 상호작용에 대하여 거의 살펴보지 않은 실정이다. 또한 학습자들이 왜 그런 양상이 나타났는지에 대한 해석도 부족하였다. 따라서 본 연구는 평가어 이론에 기대어 '개입'에 초점을 맞춰서 논증적 글쓰기에서 필자와 독자의 상호작용을 살펴보기로 하였다.

3. 연구방법

1) 연구 참여자

연구 참여자는 중국인 고급 한국어 학습자와 한국어 모어 화자, 그리고 중국과 한국의 한국어 쓰기 교수자로 구성된다. 중국인 고급 한국어 학습자는 중국의 대학교에서 한국어를 전공하는 학습자를 말하는데 단순무선표집으로 4개의 대학교에서 TOPIK 고급 증명서 소지자 96명을 모집하였다. TOPIK 고급 학습자를 선정하는 것은 논증적 글을 쓰려면 고급 한국어 실력을 갖춰야 하고 또한 논증적 글쓰기는 상대적으로 어려운 장르라 보통 고급 단계에 가르치기 때문이다. 중국인 한국어 학습자의 구체 정보는 다음과 같다.

〈표 Ⅰ-1〉 중국인 한국어 학습자의 정보

학교	참여자의 수(명)	
	TOPIK 5급	TOPIK 6급
A	14	15
B	11	6
C	11	30
D	4	5
소계	40	56
총계	96	

비교집단으로서의 한국어 모어 화자는 한국의 대학교에서 재학 중인 학부생을 가리키는데 대학 작문 과목을 이수한 자 45명을 모집하였다. 리우와 퍼노(Liu & Furneaux, 2014: 76-77)에서 기존의 문화 간 수사학 연구에서 작문의 질을 확보하지 않았다는 한계를 지니고 있는 것을 지적하였다. 본 연구는 중국어 작문은 상위 수준, 한국어 작문은 중하, 하위 수준의 학습자의 한국어 작문과 상위 수준인 한국어 모어 화자의 한국어 작문을 비교하기 때문에 한국어 모어 화자의 작문의 질을 확보해야 한다. 이를 위해 본 연구는 대학

작문 과목을 이수한 한국어 모어 화자만을 선정하였다. 중국인 한국어 학습자와 한국어 모어 화자에게는 작문 자료를 수집하고 작문에 나타난 '개입' 사용 양상에 관한 인터뷰를 하였다.

한국어 쓰기 교수자는 중국인 한국어 쓰기 교수자 16명, 한국인 한국어 쓰기 교수자 11명을 모집하였다. 중국인 한국어 쓰기 교수자는 중국의 여러 대학교에서 한국어 강의를 하는 교수이며 한국인 한국어 쓰기 교수자는 X대학교에서 학부생 쓰기 강의를 하는 교수이다. 한국어 쓰기 교수자에게는 주로 쓰기 강의 내용에 관한 설문조사를 하였다. 선행연구에서는 쓰기 교육 내용도 학습자에게 조사하였지만 본 연구는 신뢰성을 확보하기 위해 교수자를 대상으로 설문하기로 하였다. 본 연구의 참여자는 다음과 같이 정리할 수 있다.

〈표 Ⅰ-2〉 연구 참여자 기본 정보

연구 참여자	인원수	선정 기준
중국인 한국어 학습자	96	TOPIK 고급 증명서 소지자
한국어 모어 화자	45	대학 작문 과목을 이수한 학부생
중국인 한국어 쓰기 교수자	16	한국어 쓰기 강의를 하는 교수
한국인 한국어 쓰기 교수자	11	학부생 쓰기 강의를 하는 교수

2) 자료 수집 도구

(1) 작문 과제

본 연구는 학문 목적 글쓰기 중에서 논증적 글에 반영된 '개입' 자원에 관한 연구이기 때문에 과제 설계를 할 때 쓰기 과제를 설계하는 데 필요한 일반적 요소는 물론이고 학문 목적 글쓰기, 논증적 글쓰기, '개입' 자원 3가지 요소도 고려하여야 한다.

과제의 구성 요소에 대해서 브래독과 로이드 존스, 그리고 서버(Braddock, Lloyd-Jones & Schoer, 1963)에서는 주제, 담화 유형,[6] 시간, 평가 상황을,[7] 마디간(Madigan, 1985)에서는 필자, 독자, 접촉,[8] 논제,[9] 화제, 텍스트 형식을,[10] 루스와 머피(Ruth & Murphy, 1988)에서는 필자, 주제, 독자, 목적, 형식을, 린드만(Lindermann, 2001)에서는 주제, 필자, 독자를, 이재승(2002)에서는 독자, 목적, 조건, 상황을, 김정자(2004)에서는 주제, 독자, 목적, 방법을, 서수현(2008ㄱ)에서는 주제, 목적, 쓰기 과정, 독자, 평가 준거, 시간을, 김원경(2013)에서는 주제, 목적, 독자를, 이선영 · 박영지(2016)에서는 주제, 목적, 독자, 과정을 각각 설정하였다. 소벤(Soven, 1999)에서는 상황 변인, 지시 사항(독자, 목적, 시간 제한, 분량, 초고와 수정의 여부, 적절한 양식이나 조직에 대한 단서, 평가 준거), 인지적 요구, 정의적 요구, 언어적 요구를 쓰기 과제 변인을 결정하는 요인으로 설정하였고 薛鳳敏(2013)에 의하면 쓰기 과정에 영향을 미치는 요소는 주제, 장르, 자극단서,[11] 수사적 설명,[12] 쓰기 매체가 있다고 하였다. 위 선행연구를 통해 알 수 있듯이 쓰기 과제 구성 요소와 영향 변인은 매우 다양하게 제시되어 있다. 김정자(2004)에서는 쓰기 과제가 갖춰야 할 일반적인 요소를 주제, 독자, 목적, 방법을 언급하면서 이 모든 요소를

6 브래독과 로이드 존스, 그리고 서버(Braddock, Lloyd-Jones & Schoer, 1963: 8)에서 언급된 담화 유형(mode of discourse)은 서술, 묘사, 설명, 논증, 비판 등을 말하는데 장르로 볼 수 있을 것이다.

7 평가 상황(examination situation)은 작문 자료 수집 상황을 말하는데 작문 자료 수집 시 실험 집단이든 통제 집단이든 간에 시간, 환경, 과제에 대한 소개가 같아야 한다(Braddock, Lloyd-Jones & Schoer, 1963: 8).

8 접촉(relate)은 저자가 독자와 어떤 관계(상, 하급, 또래 등)를 맺거나 맺지 않는지에 관한 것이다(Madigan, 1985: 186).

9 논제(message)는 저자가 독자에게 전달하고자 하는 주장이다(Madigan, 1985: 184).

10 텍스트 형식(word)은 텍스트의 구성 방식(비즈니스 편지, 쇼핑 리스트 등), 기계적 관습(mechanical convention)(학문적 글에서 각주를 다는 것 등), 문법, 통사론, 어휘, 사용, 구두점, 맞춤법 등을 포함한다. 텍스트의 구성방식은 어떻게 보면 장르에 가까운 용어로 볼 수 있을 것이다.

11 薛鳳敏(2013)에서 말한 '자극단서'는 읽기 자료, 그림 등과 같이 학습자에게 정보를 제공하거나 배경지식을 활성화해 주는 것을 가리킨다.

12 薛鳳敏(2013)에서 말한 '수사적 설명'은 쓰기 과제의 목적, 독자, 주제에 대한 설명을 가리킨다.

쓰기 과제에 포함시킬 필요는 없다고 지적하였다. 이와 비슷하게 서수현(2008ㄱ: 455)에서는 필자의 생각을 이끌어낼 수 있는 공통의 구성 요소로 최소화하여 제시하는 것이 적절하다고 밝혔다. 본 연구에서는 장르,[13] 주제, 독자, 시간, 분량을 필자의 생각을 이끌어낼 수 있는 기본적 요소로 판단되어 쓰기 과제의 구성 요소로 선정하였다. 이와 같은 요소는 선행연구에서 공통적으로 많이 언급되는 것이고 쓰기 과제 구성의 필수 요소로 볼 수 있기 때문이다. 아래에 선정된 구성 요소에 대해 자세히 살펴보도록 한다.

장르 요인은 쓰기 과제의 일반적 구성 요소이기도 하고 논증적 글과도 밀접하게 관련된다. 논증적 글이라면 TOPIKⅡ의 글쓰기와 같은 에세이냐, 자신의 주장만 개진하는 논증적 글이냐, 자신과 주장을 개진하면서 필요할 때 예상 독자를 설득하는 글이냐에 따라 논증적 글쓰기에 대한 정의가 다르다. 논증을 '합리적 판단에 앞서 어떤 입장을 정당화(또는 반박)하려는 의도로 일련의 명제들을 제시함으로써, 논박의 여지가 있는 입장에 대한 청자 또는 독자의 수용 가능성을 증대시키는(또는 감소시키는) 것을 목적으로 하는 언어적이고 사회적인 추론 행위[14](Van Eemeren, et al., 1996: 5)'로 볼 때 논증적 글은 단순히 자신의 주장을 개진하기보다는 예상 독자를 설득하는 목적을 갖고 있다. 따라서 논증적 글쓰기는 단순한 논리적 글쓰기가 아니라 설득을 목적으로 한 독자와의 사회적 상호작용이다(민병곤, 2008: 113). 이러한 관점에서 논증적 글쓰기는 자신의 주장을 개진하면서 예상 독자를 설득하는 글로 보는 데 무리가 없을 것이다. 그리고 민병곤(2008: 111, 131)에 의하면 논증적 글쓰기는 '사실이나 가치(정책)'에 대한 분석이나 평가, '대립되는 의견'에 대한 찬반 논의, 문제 해결 등이 있다. 강승혜 외(2006)에서 제시된 논증적 글쓰기 평가 유형은 찬반 견해 쓰기이고 김민경(2014)에서는 학문 목적 한국어

13 담화 유형, 텍스트 형식, 형식을 모두 장르에 포함하였다. 목적도 장르와 밀접한 관련이 있음을 고려하여 장르에 포함시켰다.

14 번역은 민병곤(2008: 113)을 참고하였다.

쓰기 능력 평가에서 논증적 글쓰기는 읽고 견해 쓰기와 찬반 견해 쓰기를 제안하였으며 주재우 · 박은지 · 김종철(2014)에서는 성인 쓰기 능력 평가에서 찬반 논의형 과제를 선택하였다. 현재 중국의 한국어 쓰기 교재에서 논증적 글쓰기 과제도 대부분 찬반 논의형 과제이다(맹강, 2018: 227). 이처럼 선행 연구에서 많이 나타난 논증적 글쓰기 과제의 유형은 찬반 논의형 과제라 할 수 있고 학습자에게는 찬반 논의형 과제가 친숙할 것이므로 찬반 논의형 과제를 준다면 쓰기 능력을 충분히 발휘하고 최선의 반응을 기대할 수 있을 것이다. 따라서 본 연구는 찬반 논의형 과제를 선택하기로 하였다. 페르티와 판(Ferretti & Fan, 2016: 302-303)에 의하면 논증적 글쓰기에 관한 기존의 연구에서 대부분 학습자에게 설득적 과제를 주었으며 일부의 연구만 주장만 개진하는 과제를 주었다. 어떤 이슈에 대한 자신의 주장을 쓰라면 학생들이 자신의 견해만 쓰고 상대 주장의 한계를 지적하지 않거나 예상 독자에 대한 비판을 언급하지 않다고 하였다. 논증을 독자와의 상호작용적 측면에서 봤을 때 예상 독자를 설득하는 과제를 주는 것이 더 적절할 것이다. 따라서 본고에서는 논증적 글쓰기를 찬반 논의의 문제에 대하여 자신의 주장을 개진하고 예상 독자를 설득하는 글로 보기로 하였다.

주제는 '무엇을 쓸 것인가'에 대한 답으로서(김원경, 2013: 396) 쓰기 성취에 많은 영향을 미치는 주요 요인 중 하나이다(서수현, 2008ㄱ: 459). 친숙하지 않은 주제라면 주제에 대한 사전 지식이 없어 써나가기가 어려울 수도 있을 것이다. 그리고 학습자들이 주제에 대한 흥미도 쓰기에 많은 영향을 미칠 것이다. 흥미도가 높은 주제를 받으면 쓰기 동기가 향상되고 반대로 흥미도가 낮은 주제를 받으면 쓰기 동기가 낮아진다. 葉洪(2014: 532-533)에서는 학습자들과 밀접한 관련 있는 주제를 선택하면 학습자들의 쓰기 동기를 불러일으킬 수 있고 참고 자료도 많다고 밝혔다. 따라서 본 연구에서 주제의 친숙도와 흥미도를 고려하여 주제를 선정하였다. 본 연구는 한국에서 발행된 한국어 통합 교재와 쓰기 교재에 나온 논증적 글쓰기의 주제를 정리하여 학습자들과 관련이 있는 주제를 선택하였다. 교재에 나온 주제를 선택하는 것은 교재에 나온 주제들이 보통 학습자의 배경 지식과 흥미를 고려하여 선정되었으므로 상대적으로 학습자들과 밀접한 관련이 있는 주제들이기 때문이다.

중국인 한국어 학습자는 중국어 작문과 한국어 작문을 써야 하는데 같은 주제로 중국어와 한국어로 작문하느냐 다른 주제로 중국어와 한국어로 작문하느냐가 중요한 문제이다. 조인옥(2014), 햄프 라이언스(Hamp-Lyons, 1990), 사사키와 히로세(Sasaki & Hirose, 1996), 라시디와 다스트크헤즈(Rashidi & Dastkhezr, 2009), 자레 에(Zare-ee, 2009), 이스마일(Ismail, 2010), 강숙진과 오선영(Kang & Oh, 2011), 리우와 퍼노(Liu & Furneaux, 2014), 리우(Liu, 2015) 등 연구에서는 학습자에게 같은 주제로 모국어와 목표어로 각각 작문하게 하였다. 학습자에게 다른 주제를 준다면 글의 내용과 질에 영향을 미치기 때문이다. 그리고 이런 연구들에서 첫 번째로 쓰는 작문이 두 번째로 쓰는 작문에 영향을 미치지 않도록 두 번 쓰기 과제 수행이 일정한 시간 간격[15]을 두거나 먼저 L2로 쓰고 L1으로 쓰게 하였다. 이에 반해 히로세(Hirose, 2001)와 위살(Uysal, 2008, 2012)에서는 L1과 L2 작문을 각각 다른 주제로 하였다. 이는 첫 번째로 쓰는 작문이 두 번째로 쓰는 작문에 영향을 미치는 것을 방지하거나(Hirose, 2001: 45) L1에서 간단하게 전이함을 방지하기 위한 것이다(Uysal, 2012: 138). 이처럼 같은 주제를 주고 중국어 작문과 한국어 작문을 한다면 연습 효과(practice effect)가 나타날 것이며(高霄, 2011: 59) 다른 주제를 준다면 작문의 질에 영향을 미칠 수도 있기 때문에 본 연구는 유사 주제(similar topics)를(Manchon, Murphy & de Larios, 2005: 194; 高霄, 2011: 59-60) 선정하였다. 최종적으로 선정된 주제는 '조기 유학'과 '조기 외국어 학습'이다. '조기 유학'과 '조기 외국어 학습'은 모두 조기 교육에 관한 것이며 '조기 유학'도 어느 정도 외국어 학습과 관련이 있다고 할 수 있다.

---

15 시간 간격은 연구마다 다른데 라시디(Rashidi, 2009)에서는 1주일, 이스마일(Ismail, 2010)에서는 2주일, 강숙진과 오선영(Kang & Oh, 2011)에서는 1달, 리우와 퍼노(Liu & Furneaux, 2014)에서는 5달로 시간 간격을 취하였다.

물론 이런 주제를 제시한다면 '조기 유학'과 '조기 외국어 학습'의 명확한 정의를 제시하여야 한다. 이러한 용어에 대한 이해는 개인차가 있을 수도 있기 때문이다. 본 연구는 '조기 유학'을 '18세 미만인 초 · 중 · 고등학생이 졸업하면 다시 귀국함을 염두에 두고 혼자 혹은 부모 중 한 명이 따라 해외로 유학을 가는 것이다'로 정의하며 '조기 외국어 학습'을 '학령(學齡)에 도달하지 않은 아동(0–7살, 초등학교 취학 전)에게 일정한 커리큘럼에 따라 실시하는 외국어 교육을 말한다'로 정의하였다. 이 두 주제 중에서 임의로 '조기 외국어 학습'을 한국어 작문 주제로 정하였으며 '조기 유학'은 중국어 작문 주제로 정하였다.

주제와 관련하여 과제의 제시 방식도 쓰기에 많은 영향을 미칠 것으로 여겨진다. 주제와 함께 읽기 자료도 제시해 주느냐, 그냥 주제만 주느냐에 따라 쓰기 결과가 달라질 수 있을 것이다. 시험 상황이라면 자료를 찾지 못하기 때문에 자료를 준다면 학생들이 주어진 자료를 이용하여 작문할 수 있을 것이지만 시험 상황이 아닌 경우에 학생들이 인터넷이나 도서관을 통하여 쓰기 주제에 관한 자료를 많이 찾을 수도 있고 다양한 자료로 작문할 수도 있을 것이다. 이에 대하여 이지영(2014: 95)에 의하면 읽기 자료도 같이 제시하는 것보다 학습자들이 스스로 자료를 찾는 것이 어려움에 대한 극복을 더 잘하였다. 그리고 주제와 자료를 같이 제공해 준다면 학습자들이 제공된 자료에만 한하여 쓰는 가능성이 있으며 다른 자료에 대한 활용이 제한될 수 있을 것이다. 주제만 제공해 준다면 학습자들이 보다 자유롭게 필요한 자료를 활용할 수 있어 쓰기 어려움에 대한 극복을 더 잘할 뿐만 아니라 쓰기의 실제성이 높아질 수 있겠다. 따라서 본 연구는 자료를 제시해 주지 않기로 하였다. 단, 연구 참여자들이 과제를 더 잘 수행할 수 있도록 자극하기 위하여 작문 주제와 관련되는 정보 전달적 텍스트를 제시하기로 하였다. 한국어 작문 주제와 관련되는 텍스트는 연합뉴스와 搜狐[16]新聞에서 보도된 한국과 중국의

16 중국 검색 포탈이름, 홈페이지: http://www.sohu.com/.

조기 외국어 학습에 관한 기사문[17]을 선정하여 유아 외국어 교육 현황에 관한 부분만 추출하여 연구 참여자에게 제시해 주는 텍스트(한국어 588자)를 구성하였다. 중국어 작문 주제와 관련된 텍스트는 搜狐新聞에서 중국의 조기 유학에 관한 기사문[18]을 선택하여 조기 유학 현황에 관한 내용만 선정하여 정보 전달적 텍스트(중국어 452자)를 구성하였다.

과제 수행 상황은 크게 시험 상황과 비시험 상황으로 나누어질 수 있는데 시험 상황은 TOPIK이나 중국의 한국어 전공 4급,[19] 8급[20] 시험과 같은 것들이 있는데 아마 학습자들이 더 필요할 것이지만 실제성이 떨어지는 단점이 있다. 이에 반해 비시험 상황은 아마 학습자에게 덜 필요하겠지만 실제성이 강한 장점이 있다. 본 연구는 작문의 실제성을 감안하여 비시험 상황을 선택하기로 하였다.

이외에 쓰기에 영향을 주는 요인으로는 독자, 시간, 분량 등이 있다. 독자는 쓰기 과제의 일반적 구성 요소이자 '개입'과 논증적 글쓰기와 관련된 중요

---

17 연합뉴스, http://www.yonhapnews.co.kr/bulletin/2016/09/13/0200000000AKR20160913064000017.HTML?input=1195m, 검색일: 2017년 9월 4일.
搜狐新聞, http://www.sohu.com/a/75054633_219967, 검색일: 2017년 9월 4일.

18 搜狐新聞, http://www.sohu.com/a/169190205_490529, 검색일: 2017년 9월 4일.

19 한국어 전공 4급 시험은 각 대학교의 한국어 전공자가 2학년을 마치고 교수요목의 소정 수준에 도달하였는지를 측정하기 위하여 실시하는 것이고 듣기(20점), 어휘와 문법(40점), 읽기(40점), 인문 지식(남북한의 지리, 역사, 사회, 문화 등)(10점), 번역(20점), 쓰기(20점) 등을 주요 내용으로 하여 한국어 전공자의 기초 지식과 기본 기능을 테스트한다. 번역과 쓰기 외에 모두 객관식 문제이다. 듣기와 읽기 텍스트의 주제는 광범위하고 일상생활과 관련되는 주제는 물론이고 사회, 문화, 문학에 관한 주제도 있다. 4급 시험의 만점은 150점이고 최종적으로 100점 환산 점수를 산출하며 60점을 합격 점수로 한다.(전국 대학교 한국어 전공 4급 시험 요목(全國高校朝鮮語專業四級考試大綱), 5-11)

20 한국어 전공 8급 시험은 각 대학교의 3, 4학년 한국어 전공자가 고급 단계 교수요목의 소정 수준에 도달하였는지를 측정하기 위하여 실시하는 것이며 듣기(20점), 어휘와 문법(30점), 읽기(20점), 인문 지식(30점), 번역(20점), 쓰기(30점) 등을 주요 테스트 내용으로 한국어 전공자의 종합적 언어 기능과 인문 지식을 테스트한다. 시험 만점은 150점이고 최종적으로 100점 환산 점수를 산출하며 60점을 합격 점수로 한다. 4급 시험과 같이 번역과 쓰기 외에 모두 객관식 문제이며 시험 문제와 관련되는 주제는 4급과 달리 정치, 경제, 문화, 교육, 과학기술 등 전문 분야에 관한 것이다.(전국 대학교 한국어 전공 8급 시험 요목(全國高校朝鮮語專業八級考試大綱), 1-5)

한 요소이다. 이 연구는 '개입'에 초점을 맞추고자 하는데 평가어 이론은 체계 기능언어학의 상호작용적 기능을 발전시키는 것임을(Martin & White, 2005: 1) 감안하고 본 연구의 논증적 글쓰기는 예상 독자를 설득하는 글로 볼 때, 독자 정보는 반드시 과제에 포함시켜야 한다. 그런데 학문 목적 쓰기의 경우 사실 독자는 특정하지 않은 경우가 많을 것이다. 따라서 쓰기 과제의 독자는 어떤 특정한 집단이 아닌 보편 독자이다. 시간은 쓰기의 실제성을 고려하여 크게 제한하지 않기로 하였다. 분량은 모범 글의 분량을 참고하였다. 현재 발행되어 있는 한국어 교재 중에는 〈경희 한국어 쓰기〉와 〈유학생을 위한 대학한국어2 읽기 · 쓰기〉에만 논설문 모범 글이 제시되어 있다. 〈유학생을 위한 대학한국어2 읽기 · 쓰기〉의 모범 글은 1327자[21]로 길게 쓰였다. 1000자를 넘으면 한국어 학습자에게 부담이 될 수도 있다. 이에 비하여 〈경희 한국어 쓰기〉(4, 5, 6)는 모범 글이 3편 제시되어 있는데 평균 글자수는 780자이다.[22] TOPIK 설득적 글쓰기의 분량은 600-700자로 요구되어 있다. 이는 〈경희 한국어 쓰기〉 모범 글의 글자수 평균치와 크게 다르지 않은 것으로 볼 수 있다. 맹강(2018: 229)에서는 고급 학습자에게는 800자 내외나 800자 이상을 요구하는 것이 무리가 없다고 밝혔다. 종합해서 본다면 논증적 글의 글자수는 800자 내외로 요구할 수 있을 것이다. 그러나 한국어 모어 화자에게 800자라는 분량이 다소 적을 수도 있기는 하다. 따라서 본 연구에서 한국어 작문의 분량은 800자 내외로 한정하기로 하였으며 더 많이 쓰고 싶다면 허가해 주고 단 최소 분량은 800자라고 설명해 주었다. 중국어 작문의 글자수는 중국에서의 대학 입학 시험에서 요구된 800자 이상으로 한정하기로 하였다. 물론 중국어의 800자와 한국어의 800자는 같은 분량으로 보기가 어렵다. 조

---

21 글자 수를 계산하는 방법은 기본적으로 원고지에 의하여 계산하는 것과 한글, 워드 파일의 글자 수 통계에 의하여 계산하는 것이 있는데, 원고지에 의한 계산법은 사실 공백도 포함되어 있기 때문에 정확한 글자 수로 보기 어려울 수 있으므로 본 연구는 한글과 워드 파일의 글자(공백 제외)를 기준으로 하여 글자 수를 계산하는 방법을 취한다.

22 〈경희 한국어 쓰기〉의 3편 모범 글의 글자 수는 각각 865자, 654자, 831자이다.

인옥(2014: 40)에 의하면 중국어의 800자는 한국어의 1600자에 해당된다. 그런데 앞에서 언급했듯이 TOPIK 글쓰기나 한국어 교재의 글쓰기의 분량은 보통 600~800자이기에 한국어 학습자들이 800자 이상을 쓰는 경우가 거의 없을 것이다. 그리고 1600자를 요구한다면 중국인 한국어 학습자의 인지적 부담이 커서 참여 동기가 떨어지거나 쓰다가 포기할 수도 있다. 따라서 800자를 요구하는 것은 분량으로 인한 인지적 부담을 덜어 줌으로써 글쓰기의 역량을 충분히 발휘하고 최선의 반응을 기대하도록 하기 위한 것이다.

학문 목적 글쓰기의 요건을 반영하려면 학문 목적 글쓰기의 바탕이 되는 기능을 과제 설계에 반영해야 할 것이다.

학위 논문에 대하여 팔트리지더와 스타필드(Paltrigde & Starfield, 2007)에서는 초록, 서론(introduction), 선행연구, 연구방법, 연구결과, 논의, 결론을 다루었으며 비트체너(Bitchener, 2010)에서는 응용언어학 분야의 논문에 대해 초록, 서론(introduction), 선행연구, 연구방법, 연구결과, 논의, 결론을 다루었다. 한국어의 학위논문에서 선행연구와 연구방법이 모두 서론에 포함되는 경우가 많다. 이렇게 보면 논문은 초록, 서론, 연구결과, 논의, 결론으로 구성되는데 초록은 팔트리지더와 스타필드(Paltrigde & Starfield, 2007)에 의하면 연구 개요, 연구목적, 연구의 이유(필요성, 의의), 연구방법, 연구결과가 포함되어야 하며 비트체너(Bitchener, 2010)에 의하면 서론(introduction), 목적, 연구방법, 성과(발견), 결론 5가지 이동마디를 포함한다. 팔트리지더와 스타필드(Paltrigde & Starfield, 2007)와 비트체너(Bitchener, 2010)가 제시한 각 이동마디는 대동소이라고 할 수 있다. 초록은 이 5가지 이동마디를 요약하는 것으로 요약하기 기능이 요구된다.

손다정 · 정다운(2017)에 의하면 학위논문의 서론 부분은 연구에 대한 관심 환기하기, 연구의 필요성 확인하기, 본 연구 제시하기 3가지 이동마디가 있다. 이 3가지 이동마디는 연구 필요성 및 목적, 선행연구, 연구방법 등이 포함된다고 할 수 있다. 연구에 대한 관심 환기하기는 다시 연구 목적 제시하기, 연구의 배경이 되는 일반적 사실/상황 제시하기, 관련 연구 현황 제시하기, 관련 교육 현황 제시하기로 나뉘는데 이는 선행연구를 기반으로 관련 자료를 서술, 설명, 요약, 평가하는 능력이 요구된다. 연구의 필요성 확인하기는 교육 상황에서 연구결과가 가치 있음을 확인하기, 그리고 선행연구가 별로 없음을 확인하기와 선행연구에서 연구의 필요성을 언급한 것 확인하기 2단계로 구성되는데 이 2단계 역시 선행연구를 바탕으로 관련 자료를 요약, 평가하여야 할 것이다. 본 연구의 제시는 연구 목적 제시하기, 연구의 주요 내용 제시하기, 연구 방법 제시하기, 연구 구성 제시하기, 연구의 주요 결과물 제시하기, 연구 의의 제시하기 등의 단계들이 있는데 주로 서술하기, 설명하기, 요약하기 등의 기능이 필요할 것이다. 이 중에서 선행연구에 있어, 팔트리지더와 스타필드(Paltrigde & Starfield, 2007: 99)에서는 선행연구에 대한 요약과 비판 능력, 입장 선택과 보고, 평가 동사 사용 능력이 요구된다고 하였다. 그리고 그는 베일리(Bailey, 2003: 21)를 인용하면서 환언하기(paraphrasing)의 중요성을 강조하였다. 이로 보아 선행연구 쓰기에는 요약하기, 환언하기, 분석 및 평가하기 기능이 중요하다고 할 수 있다. 연구방법에 있어, 비트체너(Bitchener, 2010)에 의하면 서술하기와 설명하기가 많이 필요하다. 따라서 서론 부분에는 요약하기, 환언하기, 분석 및 평가하기, 설명하기, 서술하기 등의 기능이 요구된다.

결과에 대하여, 브렛(Brett, 1994)에서는 메타텍스트, 제시 및 논평 3가지 이동마디를 설정하였다. 메타텍스트는 이어서 논의될 논문의 각 부분을 안내하는 역할을 한다. 제시는 결과를 객관적으로 보고, 제시, 강조하거나 결과가 얻어진 방법을 포함할 수도 있다. 논평은 저자에 의해서만 해석하거나 제시된 결과에 대해 논평하거나 의견을 제시하는 것이다.

양과 앨리슨(Yang & Allison, 2003)에서는 준비를 위한 정보, 결과의 보고, 결과의 논평, 결과의 요약, 연구의 평가, 연구로부터의 추론 6가지 이동마디를 설정하였다. 준비를 위한 정보는 브렛(Brett, 1994)에 의해 제시된 메타텍스트에 해당된다고 할 수 있다. 결과의 보고는 브렛(Brett, 1994)의 논평 이동마디의 결과의 설명부터 가설에 대한 결과의 평가까지를 포함한다. 결과의 요약, 연구의 평가, 연구로부터의 추론은 브렛(Brett, 1994)에서 제시한 이동마디 3 논평의 나머지 부분에 해당되는 것으로 볼 수 있다. 결과의 요약은 선택적인 것이며 연구의 평가와 연구로부터의 추론은 가끔 나타나는 것이다. 이로 보아 양과 앨리슨(Yang & Allison, 2003)에서 제시된 이동마디는 브렛(Brett, 1994)과 크게 다르지 않았다.

팔트리지더와 스타필드(Paltrigde & Starfield, 2007)에서는 메타텍스트적 정보의 제시, 결과의 제시, 결과의 논평 3가지 이동마디를 설정하였다. 이 3가지 이동마디는 역시 브렛(Brett, 1994)에서 제시된 것과 같은 것으로 볼 수 있다. 메타텍스트는 이어서 논의될 논문의 각 부분을 안내하는 것으로서 서술하기 기능이 요구된다. 결과의 제시는 표나 그래프 등을 통하여 결과에 대한 객관적인 보고와 설명으로서 요약하기와 설명하기의 기능이 요구된다. 논평은 제시된 결과에 의하여 저자만의 해석을 하거나 제시된 결과에 대해 논평하거나 저자의 의견을 제시해야 하기 때문에 자료에 기반한 분석 및 평가하기 능력이 요구된다. 따라서 결과 부분에 요구되는 기능은 서술하기, 요약하기, 설명하기, 분석 및 평가하기이다.

논의에 대하여 양과 앨리슨(Yang & Allison, 2003)에서는 배경 정보, 결과 보고, 결과 요약, 결과 논평, 연구 요약, 연구 평가, 연구로부터의 추론 7가지 이동마디를 언급하였고 비트체너(Bitchener, 2010)에서는 배경 정보 제시, 결과의 진술 제시, 결과 혹은 발견에 대한 평가/논평을 언급하였다. 비트체너(Bitchener, 2010)에서 제시된 이동마디에 비하여 양과 앨리슨(Yang & Allison, 2003)에서 제시된 이동마디는 연구에 대한 요약, 평가, 연구로부터의 추론도 포함되어 있다. 학위 논문의 논의 부분에 양과 앨리슨(Yang & Allison, 2003)에서 제시된 7가지 이동마디가 모두 포함되어 있다면 서술하기, 설명하기, 요약하기, 분석 및 평가하기의 기능이 필요하다고 할 수 있다. 그리고 팔트리지더와 스타필드(Paltrigde & Starfield, 2007: 149)에서 '입장'과 '개입'(stance and engagement)의 중요성을 언급하였는데 이는 본 연구에서 살펴보려는 개입과 밀접하게 관련되어 있는 것이다.

결론에 있어, 양과 앨리슨(Yang & Allison, 2003)에서는 연구 요약, 연구 평가, 연구로부터의 추론을 제시하였는데 이는 논의 부분의 마지막 3가지 이동마디와 겹치는 것으로 볼 수 있다. 그리고 비트체너(Bitchener, 2010)에서 결론에는 목적의 재진술과 연구의 방법론적 접근, 결과의 요약, 연구의 공헌도 평가, 후속 연구를 위한 제언 4가지 이동마디가 있다고 하였다. 양과 앨리슨(Yang & Allison, 2003)과 비트체너(Bitchener, 2010)에서 제시한 이동마디는 좀 다른데 비트체너(Bitchener, 2010)에서 제시된 이동마디가 더 많은 내용이 포함되어 있다고 할 수 있다. 비트체너(Bitchener, 2010)의 이동마디에는 서술하기, 요약하기, 분석 및 평가하기 기능이 필요할 것이다.

위의 검토를 통하여 알 수 있듯이 각 부분에서 모두 필요한 기능은 요약하기 기능이고 서론, 결과, 결론에서 모두 필요한 기능은 분석 및 평가하기 기능이다. 서술하기와 설명하기도 요구되는 기능이지만 논증적 글쓰기에서 주된 기능으로 보기 어렵기 때문에 본 연구에서는 제외시키기로 하였다. 그리고 지적할 만한 것은 요약하기와 관련이 있는 환언하기는 선행연구 부분에서 강조되었지만 사실 다른 부분에서 다른 연구를 인용할 때에도 필요한 기능으로 볼 수 있어 논문 작성에서 매우 중요한 기능이라고 할 수 있다. 따라서 최종적으로 과제에 포함하기로 한 기능은 요약하기, 환언하기, 분석 및 평가하기이다. 요약하기, 환언하기, 분석 및 평가하기는 모두 자료를 바탕으로 하는데 요약하기는 '개입'의 하위 범주인 '인정', '거리', '승인'과 관련이 있으며 분석 및 평가하기는 '근거 기반 가정'과 관련되는 것으로 볼 수 있다. 그리고 팔트리지더와 스타필드(Paltrigde & Starfield, 2007: 141)에 의하면 저자의 논평은 '완곡 표현(hedges)'으로 이루어져야 한다. 이는 '개입'의 하위 범주인 '판단유보'와 관련이 있다.

학문 목적 쓰기로서의 논증적 글쓰기는 예상 반론에 대한 반박도 중요하다. 윌리엄스와 콜럼(Williams & Colomb, 2007, 윤영삼 역, 2008)에 의하면 논증구조는 주장, 이유와 근거, 전제 외에 반론 수용과 반박도 포함되어 있기 때문이다. 그리고 민병곤 외(2017: 316)에서는 전문가 델파이 방법으로 학문 목적 말하기 평가에서 설득 말하기의 평가 기능으로 의견 말하기, 분석 및 평가하기, 찬반 논의하기, 대안 제시하기를 제시하였다. 본 연구는 찬반 논의하기 과제를 선택했기 때문에 대안 제시하기는 고려하지 않기로 하였다. 그리고 의견 말하기는 찬반 논의에 포함될 수 있을 것이다. 따라서 본 연구의 과제에 포함되어야 하는 기능은 요약하기, 환언하기, 분석 및 평가하기, 예상 반론에 대한 반박하기, 찬반 논의하기이다. 이 중에서 요약하기, 환언하기, 분석 및 평가하기는 모두 자료를 바탕으로 이루어지는 기능이라 볼 수 있다. 여기서 자료는 해당 연구의 연구자가 직접 수집한 1차 자료일 수도 있고 선행연구나 조사 자료 등 2차 자료일 수도 있다. 본 연구에서 연구 참여자들이 직접 쓰기 과제에 관한 1차 자료를 수집하기 어려우므로 2차 자료의 인용만 가능할 것이다. 실제성을 고려한다면 글을 쓸 때 주어진 자료에 의해서 쓰기보다 스스로 다양한 자료를 검색해서 더 잘 쓸 수 있을 것이다. 그리고 연구 참여자에게 자료를 제시해 준다면 제시된 자료에만 의해서 쓰는 가능성도 높을 것이다. 전술하였듯이 이지영(2014: 95)에 의하면 학생들이 스스로 자료를 찾게 하면 어려움을 더 잘 극복할 수 있다. 따라서 본 연구는 연구 참여자에게 스스로 자료 검색을 하게 하기로 하였다. 요약하기와 환언하기, 그리고 분석 및 평가하기를 포함시키기 위해서 자료를 검색하고 그대로 베껴 쓰지 말고 자신의 말로 요약하여 사용하게 하며 자신의 의견이 드러나도록 자료에 대한 분석과 평가도 포함하게 하였다.

그리고 찬반 논의하기는 장르 부분에 이미 반영되었다. 예상 반론에 대한 반박하기는 정다운(2007: 226)과 조인옥(2014: 70-71)에 의하면 중국인 한국어 학습자들의 논설문에서 잘 나타나지 않았다. 그리고 예상 반론에 대한 반박은 학문 목적 글쓰기의 중요한 기능임을 고려한다면 과제에 반영하여야 한다.

물론 학습자들은 어휘와 문법의 부족으로 인해 자신이 표현하려는 의사를 충분히 표현하지 못할 수도 있다. 사전의 사용은 학습자의 쓰기 실력을 충분히 발휘할 수 있도록 할 수 있어 쓰기 성적을 높일 수 있다는(薛鳳敏,

2013: 5-6) 점을 감안하여 사전의 사용은 허가하기로 하였다. 참고할 수 있는 사전의 다양성을 제한하기 위해 활용할 수 있는 사전(네이버 온라인 중국어 사전(http://cndic.naver.com/)[23]을 안내하였다. 정리하면 쓰기 과제 설계 고려 요소는 다음과 같다.

〈표 I-3〉 쓰기 과제 설계 고려 요소

과제 구성 요소	요구
장르	예상 독자를 설득하는 글
주제	주제 유사 전략: 중국어와 한국어 쓰기 과제의 주제가 유사하다. (중: 조기 유학, 한: 조기 외국어 학습) 주제 제시 시 주제와 관련된 짧은 기사문을 같이 제시한다.
독자	보편독자
시간	시험 상황이 아니라서 시간 제한 없다.
분량	한국어: 800자 내외(한글, 공백 제외), 중국어: 800자 이상
요약하기, 환언하기, 분석 및 평가하기	자료 인용 시 요약·환언해서 사용하고 자신의 분석과 평가가 드러나야 한다.
예상 반론에 대한 반박하기	예상 반론에 대한 반박을 포함한다.
찬반 논의하기	주어진 주제에 대해 찬성 혹은 반대의 입장을 선택한다.
사전 사용	중국인 한국어 학습자는 네이버 온라인 사전 사용이 가능하다.

(2) 설문조사 및 반구조화 인터뷰

중국인 한국어 학습자들의 논증적 텍스트에 나타난 '개입' 사용 양상을 해석하기 위하여 중국인 한국어 학습자들의 쓰기 학습 경험, 쓰기 경험, 일반적 쓰기 지식, 그리고 학습자들이 해당 '개입' 자원을 사용하는 의도를 알아

---

23 발행된 사전을 사용한다면 학습자들이 모두 같은 사전을 갖고 있지 않을 것이므로 서로 다른 사전을 사용하면 서로 다른 영향을 받을 수도 있을 듯하다. 이에 모두 네이버 온라인 중국어 사전을 사용하라고 하였다. 네이버 온라인 사전은 핸드폰이나 컴퓨터로 편하게 사용할 수 있을 것이다. 그리고 네이버 온라인 중국어 사전은 발행된 다양한 사전을 참고하여 만들어졌기 때문에 현재까지 가장 권위 있는 온라인 중·한-한·중 사전일 것이다.

낼 필요가 있다. 이런 자료는 중국인 한국어 학습자들의 '개입' 사용 양상에 대한 해석뿐만 아니라 중국인 한국어 학습자를 위한 '개입' 자원 교육 내용을 도출하는 기초 자료로도 활용될 수 있을 것이다.

문화 간 수사학의 초기 연구들에서 보통 문화나 언어의 차이로 연구결과를 해석하였다. 이런 연구들에서는 제2언어 학습자와 모어 화자의 작문에 나타난 차이가 문화나 언어 차이로 귀결하였다. 그러나 수사적 실제(rhetorical practices)와 대문화적(big cultural) 요소 간에 강한 인과 관계를 맺는 것은 지나치게 단순화한 접근이 될 수도 있다는(Liu, 2015: 19) 지적도 있다. 그리고 티르코넨 콘딧(Tirkkonen-Condit, 1996: 259)에서는 문화 간 차이로 모든 변이(variation)를 해석하는 것을 피할 필요가 있다고 권고하였다. 또한 마츠다(Matsuda, 1997: 48)에서는 언어와 문화 요소는 더 이상 유일한 요인이 아니며 지금까지는 언어와 문화 요소가 가장 중요한 요인임을 증명하는 근거는 아직 없다고 밝혔다. 최근에 와서 문화 간 수사학 연구에서 맥락 의존적 접근에 주의를 기울이고 있다(Liu, 2015: 20). 위살(Uysal, 2008)에서는 학습자의 교육적 맥락은 많은 수사적 패턴을 해석할 수 있으며 이 외에 학습자의 L2 숙달도와 L1, L2 쓰기 경험도 많은 영향을 미친다고 밝혔다. 지(Ji, 2011)에서는 L1 문식성 교육이 중국인 영어 학습자의 중국어와 영어 작문에 많은 영향을 준다고 하였으며 치엔(Chien, 2011)에서는 학교 교육과 학습자의 교육적 경험의 유의미한 영향을 발견하였다. 따라서 학습자 자체에 주의를 더 기울일 필요가 있고 학습자들의 학습과 쓰기 경험을 조사할 필요가 있다(Liu, 2015: 21). 학습자의 학습 경험과 쓰기 경험 등 학습자 자체에 초점을 맞추는 것은 소문화(small culture)라고 한다.

본 연구에서는 중국인 한국어 학습자들의 '개입' 사용 양상의 원인을 보다 잘 밝혀내기 위하여 맥락 의존적 접근을 취하기로 하였다. 많은 연구(Matsuda, 1997; Uysal, 2008, 2012)에서는 학습자의 학습 경험과 쓰기 경험을 통하여 학습자들이 왜 특별한 방식으로 글을 썼는지를 해석할 수 있다고 시사하였다. 그리고 리우(Liu, 2015)에서는 일반 쓰기 지식도 조사하였는데 쓰기 지식도 학습자의 작문에 영향을 미치는 것으로 판단하여 본 연구에서도 조사하기로 하였다. 선행연구에서 주로 연구 참여자, 즉 연구에 참여한 학습자들을 대상으로 쓰기 학습 경험을 조사하였는데 본 연구는 교수자를 대상으로 조사하는 것이 더 타당하다고 판단하였다. '개입' 사용의 차이가 한국과 중국의 논증적 글쓰기 교육의 차이로 기인한 것을 입증하려면 한국과 중국의 논증적 글쓰기 교육에 관한 정보를 얻어야 한다. 이럴 때 연구 참여자에게만 조사한다면 몇 개 학교에만 집중하기 때문에 대표성이 떨어지는 한계가 있다. 여러 학교의 한국어 쓰기 교수자에게 조사하면 보다 많은 표본을 추출할 수 있어 대표성과 신뢰성을 확보할 수 있다. 따라서 본 연구에서 쓰기 교육 내용은 교수자에게, 쓴 논증적 글과 관한 것은 중국인 한국어 학습자와 한국어 모어 화자에게 조사하기로 하였다. 우선 교사에게 조사할 내용을 리브먼(Liebman, 1992), 위살(Uysal, 2008), 리우(Liu, 2015)를 참고하면서 설계하였다. 리브먼(Liebman, 1992), 위살(Uysal, 2008), 리우(Liu, 2015)가 쓰기 학습 경험, 쓰기 경험, 쓰기 지식에 관한 조사 내용은 아래 표와 같다.

〈표 I -4〉 쓰기 학습 경험, 쓰기 경험, 쓰기 지식 조사 내용

내용	Liebman (1992)	Uysal (2008)	Liu (2015)
모국어/목표어 쓰기 수준	×	○	×
쓰기 학습 경험의 유무	○	○	○
과목과 학습 기간	○	×	×
교육을 받은 장르	×	○	×
각 장르 쓰기의 빈도(양)	○	○	○
교사 장르 선호도	×	×	○
쓰기 과제의 빈도와 분량	×	×	○
지정 주제 쓰기 과제의 유무	○	○	×
자기 주도적 쓰기의 빈도와 분량	○	×	○
교수법	○	×	○
교사 교수법에 대한 자세한 기술	○	×	×
쓰기 전 교사 도움 제공 여부	○	×	×

논설문에 관해 강조하는 내용	○	○	○
예상 독자(누구인가)	○	×	○
교사가 가르쳐 준 독자를 설득하는 방법	○	○	×
교사가 가르쳐 준 텍스트 조직 방법	○	○	×
쓰기에 대한 태도	×	○	×
L2 숙달도	×	○	×
수정 여부/방법	○	○	○
글쓰기를 학습하는 방법	×	×	○
모국과 목표어 국가에서의 작문 교육 차이	○	×	×
모국어와 목표어 논설문의 차이	×	×	○
좋은 글에 대한 인식	×	×	○
쓰는 동안 예상 독자의 고려 여부	×	×	○
쓰기 목적	×	×	○
쓰기의 어려움과 문제	×	×	○
특정한 쓰기 현상과 교육 경험을 결합하는 질문	×	○	○

〈표 Ⅰ-4〉에서 보다시피 리브먼(Liebman, 1992), 위살(Uysal, 2008), 리우(Liu, 2015)의 조사 내용이 많은 부분이 같으면서도 일부가 달랐다. 이 조사는 교수자 대상으로 하기 때문에 '모국어/한국어 쓰기 수준', '교사가 가르쳐 준 텍스트 조직 방법', 그리고 '쓰기에 대한 태도'와 '쓰기의 어려움과 문제'는 제외시켜도 된다. 그리고 '교육을 받은 장르'는 '교수하는 장르'로 바꾼다. '지정 주제 쓰기 과제'는 주제와 과제에 관한 것으로 볼 수 있는데 캐플런(Kaplan, 2001: x)에 의하면 나라마다 쓰기 가능한 주제가 다르다. 이와 비슷하게 나라마다 쓰고 싶은 주제도 조금씩 다를 것으로 볼 수 있어 어떤 종류의 주제에 관한 글을 써 본 적이 없다면 그 종류의 주제를 잘 쓰지 못할 수도 있다. 따라서 주제는 학습자의 쓰기에 영향을 미치는 요인이 될 수도 있어 학습자들에게 과제를 얼마나 자주 주는지, 어떤 주제로 글쓰기를 시키는지를 조사해야 한다. 또한 나머지의 내용은 연구 참여자들의 논증적 텍스트의 '개입' 사용 양상과 밀접하게 관련되어 있어 참여자들의 '개입' 사용 양상을 해석하는 데 참고 자료가 될 수 있다. 위에 표에서 제시하지 않았지만 교사의 피드백도

학습자의 쓰기에 영향을 미치는 요인이라 이를 추가하기로 하였다.

위의 내용에서 특별히 설명해야 할 것은 논증적 글에서 강조하는 내용과 피드백이다. 논설문에 대한 강조 내용은 리브먼(Liebman, 1992), 위살(Uysal, 2008), 리우(Liu, 2015)에 의하여 다음과 같은 세부 문항을 개발하였다.

〈표 I -5〉 논증적 글에 대한 강조 내용

세부 문항	Liebman (1992)	Uysal (2008)	Liu (2015)
미사여구를 사용한다.	○	○	○
중심 생각이 뚜렷하다.	○	○	○
바른 문법과 맞춤법을 사용한다.	○	○	○
자신의 감정을 사실대로 표현한다.	○	○	○
글의 분량을 충족해야 한다.	○	○	○
예쁜 글씨로 글을 쓴다.	○	○	○
창조성과 상상력을 발휘한다.	○	○	○
아이디어를 잘 조직한다.	○	○	×
설득력이 있다.	○	○	×
전문가, 유명인과 기타 자원을 인용한다.	○	○	○
자신의 아이디어의 진실성을 확보한다.	○	○	○
좋은 예와 세부 사항을 사용하여 중심 생각을 논증한다.	○	○	○
단락마다 주제문이 있어야 한다.	×	○	○
글 전체 주제문이 있어야 한다.	×	○	○
내용이 충실하다.	×	○	×
단락 층위의 응집성을 확보한다.	×	○	×
제목이 적절하다.	×	○	×
개인의 경험을 사용한다.	×	×	○
역사적 사건 또한/또는 현재의 사건을 참고한다.	×	×	○
대립되는 주장을 바로 서술한다.	×	×	○
기타(구체적으로 쓰십시오)	○	○	○

〈표 I -5〉에서 보듯이 리브먼(Liebman, 1992), 위살(Uysal, 2008), 리우(Liu, 2015)에서 조사한 내용이 서로 다르다. 이 연구는 〈표 I -5〉에 제시한 내용을 참고하면서 논증적 글에 대한 강조 내용의 세부 문항을 개발해 보았다.

교수자가 강조하는 내용이라면 해당 내용이 논설문 평가에서 중요할 것이다. 따라서 평가 기준을 참고해서 세부 문항을 개발하는 것이 적절할 것이다. 논설문의 평가 기준(평가 기준 부분 참고)을 크게 표현, 내용, 조직, 사회언어학적 능력으로 나눈다면 이에 따라 세부 문항을 개발해야 할 것이다. 여기서 주의할 만한 것은 중국어와 한국어 논설문 평가 기준이 다를 수가 있다는 것이다. 따라서 한국어와 중국어 논설문에 대한 교사의 강조점은 같이 제시하여야 할 것이다. 이와 비슷하게 피드백도 평가 기준에 따라 하는 것이 적절할 듯하다. 〈표 I -5〉를 참고하면서 평가 기준에 의하여 개발한 문항을 정리하면 다음과 같다.

〈표 I -6〉 논증적 글에 대한 강조점 문항

범주	세부 문항
표현	미사여구를 사용한다.
	바른 어휘 · 문법과 맞춤법을 사용한다.
내용	주장이 뚜렷하다.
	개인의 경험을 사용한다.
	역사적 사건 또한/또는 현재의 사건을 참고한다.
	전문가의 말을 인용한다.
	유명인의 말과 행동을 인용한다.
	논리적인 예를 통하여 중심 생각을 논증한다.
	통계, 조사결과, 연구결과 등 객관적 자료를 인용한다.
	자신의 감정을 사실대로 표현한다.
	창조성과 상상력을 발휘한다.
조직	내용에 있어 앞뒤가 일관적이다.
	단락과 단락, 문장과 문장 간의 연결이 자연스럽다.
	논증적 글의 전체적 흐름을 유지한다.
사회언어학적 능력	독자 의식을 가져야 하며 글을 쓸 때 독자를 생각하면서 쓴다.
	한국 사회와 논설문에 맞게 적절한 언어 격식을 사용한다.

설명해야 할 것은 내용 범주에서 근거에 해당되는 것이다. 중국어 논설문에서는 개인 경험이나 역사적 사건과 현재의 사건, 그리고 유명인의 말과 행

동의 사용이 아주 강조되는 데 비해 한국어 논설문은 전문가의 말이나 객관적인 자료인 통계, 조사결과, 연구결과 등의 사용을 강조한다(조인옥, 2014). 따라서 한국과 중국의 논설문에서 강조하는 내용을 모두 포함시켰다. 지금까지 논의되어 온 설문조사의 내용을 정리하면 다음과 같다.

〈표 Ⅰ-7〉 교수자 대상 쓰기 교육 설문조사 내용

내용	문항
각 장르의 교육 빈도	1
논설문 과제 부여 빈도	2
논설문 쓰기 과제의 주제	3
논설문에 관한 강조 내용 및 이유	4, 5
논설문에 대한 피드백 내용 및 이유	6, 7
논설문에서 독자를 설득하는 방법	8
중 · 한 논설문의 차이(중국인 교수자에게만 해당)	9, 10

인터뷰 내용은 주로 연구 참여자들이 쓴 글을 중심으로 문항을 개발하였다. 평가어 이론은 체계기능언어학의 상호작용적 기능을 발전시키는 것을(Martin & White, 2005: 1) 고려하여 논증적 글을 쓸 때 독자와의 상호작용이 매우 중요하기 때문에 글을 쓸 때 독자를 고려해야 한다. 따라서 글을 쓸 때 어떻게 독자를 고려하면서 썼는지에 대한 내용도 포함해야 한다.

그리고 선행연구에서 조사하지 않았지만, '개입' 사용 양상, 즉 학습자들이 왜 그런 '개입' 자원을 사용하는지를 밝히려면 직접 학습자에게 물어볼 필요가 있을 것이다. 특히 '개입' 사용 양상에 대한 질적 분석을 할 때 매우 유용한 자료가 될 수 있다. '개입' 사용 양상에 대한 질적 분석은 이숙희(Lee, 2006)가 대표적인데 그는 각 '개입' 자원의 위치, 기능, '개입' 자원의 결합 사용을 분석하였다. 왜 그렇게 사용하는지에 답하려면 학습자가 각 '개입'을 사용하는 의도, '개입'을 결합하여 사용하는 의도에 대하여 인터뷰할 필요가 있다. 그리고 학습자들이 각 '개입' 자원에 대한 인식, 즉 독자의 인정 여부에 대해 어떻게 생각하는지도 알아낼 필요가 있다고 본다. 또한 리우(Liu, 2015)에서는 좋은 논설문이 무엇인지, 모국어 쓰기와 목표어 쓰기가 어떤 차이가 있는지, 글쓰기의 학습 방법, 쓰기의 목적에 대해서도 조사하였다. 이는 중국어 논증적 글과 한국어의 논증적 글의 차이를 중국인 한국어 학습자들이 얼마나 알고 있는지를 알 수 있는 것이라 본 연구에서도 인터뷰 질문에 포함시켰다. 그리고 실제로 이런 것을 어떻게 자신의 논증적 글에 반영하였는지를 같이 인터뷰하면 연구 참여자들이 좋은 논증적 글 혹은 중 · 한 논증적 글의 차이를 얼마나 잘 알고 글을 쓸 때 얼마나 활용하는지를 확인하는 것은 물론이고 '개입' 사용 양상의 차이를 해석하는 데에도 도움이 될 것으로 예상된다. 또한 글쓰기의 학습 방법, 쓰기의 목적도 같이 포함하였다. 인터뷰 내용은 다음과 같이 정리할 수 있다.

〈표Ⅰ-8〉 참여자 대상 쓰기 인터뷰 항목

범주	항목	문항
쓰기 지식	글쓰기를 학습하는 방법	9
참여자 작문에 관한 질문	각 '개입' 자원 사용 의도	1, 2, 3
	각 '개입' 자원에 대한 인식	
	'개입' 자원 결합 사용의 의도	4
	독자를 고려하면서 글을 쓰는 방법	7
	좋은 논설문에 대한 인식과 쓴 작문에 대한 반영	5
	중 · 한 논설문 차이와 쓴 작문에 대한 반영(중국인에게만 해당)	6
	쓰기 목적	8

3) 자료 수집 절차

자료 수집은 작문 자료와 인터뷰, 그리고 설문조사로 나누어진다. 작문 자료는 2017년 12월 16일부터 2018년 1월 4일까지 수집하였다. 자료 수집 전에 모든 연구 참여자의 서면 동의를 얻었다. 연구 참여자들이 종이에 쓰는지, 컴퓨터로 쓰는지를 통제하지 않았다. 그리고 중국인 한국어 학습자는 먼저 중국어 작문을 쓰는지 한국어 작문을 쓰는지를 통제하지 않았다. 작문 자료 수집 후 평가를 실시하였다. 평가 결과에 의해 인터뷰 대상을 선정하였는데 한국어 모어 화자의 경우 작문 평가에서 상위 수준으로 평가되는 참여자 14명 중에서 인터뷰에 응해 준 7명에 한해서 실시하였으며 중국인 한국어 학습자의 경우 중국어 작문은 상위 수준, 한국어 작문은 중하, 하위 수준으로 평가되는 13명 참여자 중에서 인터뷰를 응해 준 7명에 한해서 실시하였다. 인터뷰는 2018년 2월 19일부터 2018년 3월 8일까지 실시하였다.

설문조사는 2017년 12월 17일부터 2018년 3월 5일까지 중국의 問卷星과 구글 설문을 이용하여 온라인으로 중국과 한국의 한국어 쓰기 교수자를 대상으로 실시하였다.

4) 자료 분석

(1) **작문 평가**

① 작문 평가 기준

가. 한국어 논증적 글의 평가 기준

논증적 글 평가에 관한 연구가 많지만 연구마다 제시된 평가 범주는 서로 달랐다. 선행연구에서 언급된 평가 범주를 정리하면 다음과 같다.

- ■ 서수현(2003): 제기된 주장의 성격, 주장에 대한 근거, 내용의 구성, 독자에 대한 고려, 표현 방식
  〈평가범주: 내용, 조직, 표현, 독자 고려〉
- ■ 이재승(2003): 정보의 정확성, 정보의 풍부성, 내용의 연결 관계, 글의 구조, 표현의 명확성, 정확한 어법
  〈평가범주: 내용, 조직, 표현〉

- 서수현(2008ㄴ): 주제의 적절성, 주장과 근거의 타당성, 표현의 명료성, 구조의 체계성, 독자에 대한 고려
〈평가범주: 내용, 조직, 표현, 독자 고려〉
- 이은혜(2011): 의사소통 목적, 필자와 독자의 관계, 구조 · 형식적 지식, 주제 · 내용적 지식, 수사적 지식
〈평가범주: 내용, 조직, 수사, 사회언어학적 능력〉
- 주재우 · 박은진 · 김종철(2014): 내용, 조직, 표현
〈평가범주: 내용, 조직, 표현〉
- 응웬 티 후옹 센(2015): 글의 내용(논제 파악, 주장, 근거), 글의 형식(전체 구조, 단락 구조, 단어, 표현 및 문법 사용, 표지 사용), 사회적 맥락(독자 설정, 필자의 의도)
〈평가범주: 내용, 조직, 표현, 사회적 맥락〉

선행연구의 평가 범주를 살펴보면 기본적으로 모두 포함되어 있는 범주는 내용, 조직, 표현이다. 서수현(2003, 2008ㄴ)에서는 독자 고려도 포함하였고 이은혜(2011), 응웬 티 후옹 센(2015)에서는 사회언어학적 능력도 고려하였으며 이은혜(2011)에서는 수사적 능력도 고려하였다. 내용, 조직, 표현도 중요한 평가 범주이지만 해당 담화공동체에 맞게 언어를 사용하는 사회언어학적 능력도 중요하다. 따라서 본 연구는 내용, 조직, 표현, 사회언어학적 능력 4가지를 평가 범주로 설정하기로 하였다. 아래에 범주별로 세부 평가 기준을 살펴보자.

먼저 내용에 있어, 서수현(2003: 38-39)에서는 제시된 주장의 성격과 주장에 대한 근거를 언급하였다. 주장은 명확성, 타당성, 신뢰성, 참신성, 일관성이 있는지, 근거는 적절성, 신뢰성, 구체성, 다양성이 있는지를 평가한다. 서수현(2008ㄴ: 91)에서도 내용에 있어 주장과 근거의 타당성을 언급하였는데 주장의 명확성, 타당성, 근거의 정확성과 논리성, 타당성, 신뢰성, 다양성, 그리고 주장과 근거의 유기적 연결과 일관성 있는 진술을 평가한다. 이은혜

(2011: 46)에서는 주장의 타당성과 내용의 적절성을 평가하며 주재우 · 박은지 · 김종철(2014: 241)에서는 내용의 통일성, 무관한 내용의 유무, 근거의 타당성, 주제의 명확성, 양적 조건(분량)을 평가한다. 응웬 티 후옹 센(2015: 67)에서는 논제 파악의 정확성, 주장의 명확성과 일관성, 근거의 신뢰성과 설득성을 언급하였다. 이처럼 선행연구에서 언급된 내용이 조금 다르지만 기본적으로 내용 면에서 주장과 근거를 포함하는 데에 일치하였다. 본 연구의 과제는 찬반 논의 과제로서 찬성 혹은 반대의 입장 중에서 하나를 선택해야 하기 때문에 참신성을 갖기가 어려울 것이다. 그리고 주장의 타당성이나 신뢰성은 근거를 통하여 볼 수 있기 때문에 타당성과 신뢰성은 근거를 평가하는 기준으로 하는 것이 더 적절할 것이다. 논증적 글에서는 자신의 주장을 명확하게 제시하는지, 처음부터 끝까지 일관성 있게 주장을 하는지가 중요하기 때문에 주장의 명확성과 일관성을 주장의 평가 기준으로 하기로 하였다. 근거는 주장을 뒷받침하기 위한 것으로 적절성, 신뢰성, 다양성을 갖고 있어야 한다. 따라서 내용 면에서 주장의 명확성과 일관성, 근거의 적절성, 신뢰성, 다양성을 평가하여야 한다. 그리고 전술하였듯이 논증적 글에서 예상 반론에 대한 반박도 매우 중요한 것이기 때문에 과제 설정에도 포함시켰다. 본 연구는 이를 내용에 포함시켜 평가하기로 하였다.

조직에 대하여 서수현(2003: 39)에서는 서론-본론-결론의 구성이 잘 짜여져 있는지, 각 문단의 내용과 전체와의 유기적 연결, 내용 전개의 적절성과 타당성을 설정하였으며 서수현(2008ㄴ: 91)에서는 구조의 체계성, 문단과 문단 구성의 유기성, 주장과 근거의 명료한 전개, 전체적인 통일성과 응집성, 문장과 문장 간 조직의 논리성을 설정하였다. 이은혜(2011: 46)에서는 구조가 '서론-본론-결론'으로 조직되어 있는지, 논증 유형[24]의 적절성, 문단 조직을 설정하였다. 주재우 · 박은지 · 김종철(2014: 241)에서는 서론-본론-결론

24 이은혜(2011: 46)에서 언급된 논증 유형은 포함, 비교, 반대, 인과, 귀납적 예시, 설명적 예시, 유추, 권위 등이 포함된다.

으로 구성하는지, 논증적 글의 구조적 특성에 맞게 구성하는지를 언급하였다. 응웬 티 후옹 센(2015: 68)에서는 전체 구조의 명확성과 구성의 적절성을 통한 주장과 근거의 제시, 내용의 통일성과 문장 간 연결의 응집성, 논증 표지의 사용을 언급하였다. 선행연구에서 언급된 평가 범주는 전체 구조, 각 문단과 전체 내용, 문단과 문단의 조직, 문장 간 조직이 있다. 따라서 조직에 있어, 전체적으로 서론-본론-결론으로 일관성 있게 조직하는지, 각 문단의 내용과 전체의 내용이 유기적으로 연결되어 있는지(응집성), 문단과 문단, 문장과 문장의 연결이 잘 되어 있는지(응결성)를 평가의 기준으로 설정하면 될 것이다.

표현에 있어, 서수현(2003: 39)에서는 문장의 적절성과 정확성, 문장 간 연결의 논리성, 추측이나 개인 느낌의 배제를 언급하였고 서수현(2008ㄴ: 91)에서는 표현의 명료성을 언급하였다. 주재우 · 박은지 · 김종철(2014: 241)에서는 문장의 적법함과 어휘 사용의 적절성, 그리고 맞춤법을 언급하였으며 응웬 티 후옹 센(2015: 68)에서는 주장에 필요한 고급 수준의 어휘와 표현, 그리고 문법의 사용을 언급하였다. 서수현(2003: 39)에서 언급된 문장 간 연결의 논리성은 조직 부분에서 다룬 응결성에 해당되며 표현 부분에서 다루기가 다소 적절하지 않을 것이다. 추측이나 개인 느낌 표현의 배제는 한국이라는 담화 공동체에서 논증적 글에서 피해야 하는 것이라는 점에서 쓰기에서 요구되는 사회언어학적 능력으로 사회언어학적 요소에서 다루는 것이 더 적절하다고 할 수 있다. 선행연구에서 기본적으로 언급된 것은 어휘, 문법, 맞춤법이다. 특히 응웬 티 후옹 센(2015: 68)에서는 주장하는 글의 특성을 반영하여 주장에 필요한 고급 수준의 어휘, 표현, 문법을 언급하였다. 주장에 필요한 고급 수준의 어휘, 표현, 문법의 사용은 물론 중요하지만 쓰기 평가에서 일반적으로 요구되는 어휘, 문법, 맞춤법의 정확성도 간과하지 못할 것이다. 따라서 본 연구에서는 어휘, 문법, 맞춤법의 정확성은 물론이고 논증적 글에 필요한 고급 수준의 어휘와 문법의 사용도 평가의 기준으로 설정하고자 한다.

사회언어학적 요소에 대하여 서수현(2003: 39, 2008ㄴ: 91)에서는 독자 고려를 언급하였고 이은혜(2011: 46)에서는 의사소통의 목적, 필자와 독자의 관계, 수사적 지식을 언급하였으며 응웬 티 후옹 센(2015: 68)에서는 독자 설정과 필자의 의도를 언급하였다. 선행연구에서 공통적으로 언급된 것은 독자 고려이다. 그리고 이은혜(2011: 46)에서 제시된 수사적 지식은 논증 유형, 논설문에 적절한 문어 표현과 어조의 사용을 가리키는데 이것은 사회언어학적 요소에 포함시켜야 하고 또 한국어 학습자들이 습득해야 할 중요한 것이다. 그러나 독자 고려와 의사소통 목적은 너무 추상적이므로 채점하기 어려울 것이다. 즉 어떻게 하면 독자 고려를 잘하는 것인가를 판단하기가 쉽지 않을 것이다. 따라서 본 연구에서 사회언어학적 요소에서 적절한 문어 표현과 어조의 사용을 설정하기로 하였다.

작문 평가 기준을 적용하여 채점할 때 어떤 범주에 몇 점을 배정해 주는 것도 중요한 문제이다. 주재우 · 박은지 · 김종철(2014: 241)에서는 내용 50%, 조직 30%, 표현 20%로 채점하였다. 이를 통하여 표현보다 어떤 내용을 어떻게 조직했는지를 더 중요시함을 알 수 있다. 응웬 티 후옹 센(2015: 67-68)에서는 내용 30점(논제 파악, 주장, 근거 각 10점), 형식 60점(전체 구조와 단락 구조 각 15점, 표현 20점, 표지 사용 10점), 사회적 맥락 10점(독자 설정과 쓰기 목적 각 5점)으로 채점을 하였다. 즉 내용은 30점, 조직에 해당되는 전체 구조와 단락 구조, 표지 사용은 40점, 표현은 20점, 사회언어학적 능력은 10점이다. 응웬 티 후옹 센(2015)에서도 내용과 조직을 더 중요시하였지만 내용보다 조직을 더 중요시하였다. 두 연구의 공통점은 내용과 조직을 매우 중요시하는 것이며 각각 전체 점수의 80%와 70%를 차지하였다. 설득적 말하기의 경우, 조재윤(2007: 352)에서는 주장 20.2%, 근거 20.8%, 내용 생성 9.9%, 내용 조직 12.7%, 표현 9.3%, 청자 고려 9.9%으로 배점하였는데 내용과 조직은 63.3%를 차지하고 표현과 청자 고려는 각 10% 정도를 차지하였다. 민병곤 · 정재미 · 박재현(2014: 111)에서는 내용과 조직 각 30%, 표현은 20%로 배점하였고 이정연(2016: 256-257)에서는 내용과 구성 각 25%, 표현 25%, 사회언어

학적 능력 12.5%로 배점하였다. 설득적 말하기 평가에서 내용과 조직은 보통 전체의 50%-60%를, 표현은 10%-20%를, 사회언어학적 능력은 10% 정도를 차지하였다. 위와 같은 논의를 통해 설득적 쓰기와 말하기 평가에서 배점의 비중은 내용, 조직, 표현, 사회언어학적 능력 순으로 되어 있음을 알 수 있다. 내용과 조직에 동등하게 배점하는 연구도 있었지만 본 연구에서는 주장과 근거 외에 '예상 반론에 대한 반박'을 포함한 내용 범주에 더 많은 점수를 배정하기로 하였다. 따라서 본 연구에서는 논증적 글쓰기 평가에서 중시하는 범주에 따라 배점의 비중을 결정하기로 하여 만점 100점에 내용, 조직, 표현, 사회언어학적 능력에 각각 40점, 30점, 20점, 10점을 배정하기로 하였다. 지금까지 논의한 한국어 논증적 글쓰기 과제의 평가 범주, 평가 항목, 배점은 다음과 같다.

〈표Ⅰ-9〉 한국어 논증적 글쓰기 과제의 평가 범주, 평가 항목, 배점

평가 범주	평가 항목	배점
내용	주장이 명확하고 일관적인가? 근거가 적절하고 다양하며 신뢰성이 있는가? 예상 반론에 대한 반박을 설득력이 있게 하는가?	40
조직	전체적으로 서론-본론-결론으로 일관성 있게 논리적으로 조직하는가? 각 문단의 내용과 전체의 내용이 유기적으로 연결되어 있는가? 문단과 문단, 문장과 문장의 연결이 잘 되어 있는가?	30
표현	어휘, 문법, 맞춤법이 정확한가? 논증적 글에 필요한 고급 수준의 어휘와 문법을 적절하게 사용하는가?	20
사회언어학적 능력	논증적 글에 적절한 문어 표현과 어조를 사용하는가?	10

나. 중국어 논증적 글 평가 기준

모국어로서의 중국어 작문 평가의 경우, 중국의 대학 입시 작문 평가가 대표적인 것이며(辛平, 2007: 20) 평가 범주는 내용, 표현, 발전으로 나누어진다. 이 중에서 내용과 표현은 기본 등급이며 발전 등급은 기본적 쓰기 능력에 기반으로 창의성, 문학적 재능, 현상에 대한 깊이 있는 탐색을 요구한다. 중국 대학 입시 작문 평가 범주와 배점을 정리하면 다음과 같다.

〈표 I -10〉 중국 대학 입시 작문 평가 범주 및 배점

<table>
<tr><th colspan="2">범주</th><th>평가 범주</th><th>배점</th></tr>
<tr><td rowspan="2">기본등급</td><td>내용</td><td>주제에 맞아야 한다.
중심 생각이 뚜렷해야 한다.
내용이 충실해야 한다.
감정을 성실하게 표현해야 한다.</td><td>20</td></tr>
<tr><td>표현</td><td>장르 요구에 맞아야 한다.
구조가 엄밀해야 한다.
언어가 유창해야 한다.
글씨가 반듯하고 또박또박해야 한다.</td><td>20</td></tr>
<tr><td colspan="2">발전 등급</td><td>(현상에 대한 탐색 등) 깊이 있어야 한다.
(자료 등)풍부해야 한다.
문학적인 재능이 뛰어나야 한다.
창의적이어야 한다.</td><td>20</td></tr>
</table>

중국의 대학 입시 작문 평가 기준은 어휘와 문법 등에 대한 요구가 그렇게 많지 않고 내용, 창의성, 문학적 재능이 차지하는 비율이 크다(辛平, 2007: 20). 이는 모국어로서의 중국어 작문 평가이기 때문이다. 이는 원진숙(1992: 120)에서 지적한 고급 단계에 올라갈수록 표현보다 사회문화적 요소를 더 중요시해야 하는 것과 일치하였다.

중국의 대학 입시 작문 평가 기준 외에 본 연구와 같이 중국인 외국어 학습자의 중국어 작문과 외국어 작문을 평가하는 연구들이 있다. 高霄(2011)에서는 중국인 영어 학습자의 중국어 작문과 영어 작문을 수집하여 각각 평가하였다. 중국어 작문의 평가 기준은 작문의 내용과 형식 두 범주를 평가하였다. 그는 작문 내용에 대해 文秋芳(2007)를 참고하여 주제와의 관련성, 주장의 명확성, 작문의 응집성, 논증의 타당성 4가지 평가 항목을 설정하였다. 주제와의 관련성은 작문의 중심 주장이 주제와의 관련성, 하위 주장과 중심 주장의 관련성, 근거와 하위 주장의 관련성, 전체 논술과 지시어의 관련성을 가리킨다. 주장의 명확성은 중심 문장(thesis statement)이 있는지, 중심 문장으로 표현된 중심 주장이 뚜렷하고 타당한지, 그리고 주제문(topic sentence)이 있는지, 주제문으로 표현된 하위 주장이 뚜렷하며 타당한지를 평가한다. 작문의 응집성은 서론, 본론, 결론이 잘 연결되어 있는지, 하위 주장들이 조리가 있고 논리적인지, 하위 주장 부분의 문장들이 논리적으로 잘 연결되어 있는지를 평가한다. 논증의 타당성은 하위 주장들이 중심 주장을 잘 뒷받침하는지, 논증이 충분한지, 하위 주장의 근거가 뚜렷하며 충분한지를 평가한다. 작문 형식에는 유창성, 정확성, 문학적 재능을 설정하였다. 유창성이란 작문의 유창성을 말하는데 문장이 매끄러운지, 자연스러운지, 그리고 작문의 길이를 평가한다. 정확성은 표현의 정확성을 말하는데 문장구조의 타당성, 단락 구분의 타당성을 평가한다. 문학적 재능에 있어서는 표현의 생동감, 수사법의 타당한 사용, 문형의 풍부성과 융통성을 평가한다.

중국의 입시 작문의 출제 스타일과 주제는 본 연구의 과제 스타일과 주제와 서로 다르다. 본 연구에서 선택된 주제는 高霄(2011)에서 선정한 주제와 같이 모두 사회 문제에 관한 것이라서 高霄(2011)의 기준을 선택하는 것이 타당할 것이다. 高霄(2011)의 연구는 본 연구와 같이 모두 중국인 학습자의 모국어와 외국어 작문을 비교하는 연구이기 때문이다. 각 평가 범주에 부여하는 점수에 있어, 중국의 대학 입시 작문과 高霄(2011)에서는 모두 같은 점수를 부여하였기 때문에 본 연구에서도 이를 따르기로 하였다. 이는 중국어의 작문 평가와 한국어 작문 평가의 차이를 말해 주기도 한다. 평가의 하위 범주는 총 7가지가 있는데 모두 10점을 부여하고 전체 점수는 100점으로 환산한다. 중국어 글의 평가 범주, 평가 항목, 배점은 다음과 같이 정리할 수 있다.

〈표 I -11〉 중국어 논증적 글의 평가 범주, 평가 항목, 배점(高霄, 2011)

범주	하위 범주	채점 내용	배점
내용	주제와의 관련성	중심 주장, 하위 주장과 작문 과제 요구와 잘 관련되어 있는가?	10

	주장의 명확성	중심 주장이 뚜렷한가?	
		하위 주장이 뚜렷한가?	10
	작문의 응집성	하위 주장과 중심 주장과 일관성을 유지하는가?	
		각 하위 주장 간에 조리 있게 논리적으로 연결되어 있는가?	
내용		하위 주장 안에서 문장 간에 의미적으로 밀접하게 관련되어 있는가?	10
		결론은 중심 주장과 하위 주장과 연결되어 있고 중심 주장과 하위 주장을 합리적으로 요약하는가?	
	논증의 타당성	하위 주장이 중심 주장을 잘 뒷받침하는가?	
		논증이 논리적이고 근거가 하위 주장을 잘 뒷받침하는가?	10
	유창성	표현이 매끄럽고 자연스러운가?	10
형식	정확성	표현이 정확하고 적당한가?	10
	문학적 재능	수사법을 잘 활용하고 문형의 사용이 융통성이 있는가?	10

② 채점 실시 및 결과

채점자는 한국어 작문 채점자와 중국어 작문 채점자로 구성되었다. 본 연구에서 한국어 작문 채점자를 석사 학위 소지자 이상인 한국인 한국어 표현 교육 전공자 2명을 선정하였다. 한 명은 TOPIK 채점 훈련을 받았고 TOPIK 채점 경험도 있었으며 다른 한 명은 설득적 말하기 채점 훈련을 받았고 채점 경험도 있었다. 제효봉 · 장배근(2017)에서는 중국인 한족, 조선족, 중국어를 전혀 모르는 한국인, 중국어를 아는 한국인 4 집단 간 작문 평가의 차이를 살펴보았는데 결과는 '글의 구성 방식'에 있어, 중국인 집단(한족, 조선족)과 한국인 집단 사이에 유의미한 차이가 나타났으며 한족과 조선족 채점자 간에는 유의미한 차이가 발견되지 않았다. 그는 조선족 채점자들이 채점할 때 중국어의 영향을 많이 받는다고 밝혔다. 즉 결국은 중국인과 한국인의 채점이 '글의 구성 방식'에 있어 유의미한 차이가 나타나기 때문에 한국어 작문은 한국인 채점자가 하는 것이 더욱 타당할 것이다.

이런 논리에 따르면 중국어 작문은 석사 학위 소지자 이상인 중국어 작문

교육 전공자가 채점해야 한다. 따라서 중국어 작문은 중국의 모 대학교 박사 과정으로 재학 중인 중국어 작문 교육 전공자 2명을 모집해서 채점을 진행하게 하였다. 선정된 중국어 작문 교육 전공자는 모두 소재 지역의 고등학교 입시 작문 채점 경험이 있고 채점 훈련도 받았다.

수집된 중국인 한국어 학습자의 중국어 작문과 한국어 작문은 각각 96편이고 한국어 모어 화자의 작문은 총 45편이다. 중국인 한국어 학습자의 작문은 분량이 지극히 적거나 중국어와 한국어 작문을 같은 주제로 쓴 작문 23편을 평가에서 제외시켰다. 따라서 평가 대상으로 선정된 중국어 작문은 73편, 한국어 작문은 118편이었다. 분량을 보면, 중국어 작문의 경우, 절반 이상의 작문은 800자 이상이었고 700-800자의 작문은 14편이 있었고 600-700자의 작문은 6편이었으며 600자 이하의 작문은 4편뿐이었다. 중국인 한국어 학습자의 한국어 작문의 경우, 800자 이상의 작문은 18편이었고 700-800자의 작문은 14편이었고 600-700자의 작문은 18편이었고 400-600자의 작문은 20편이었고 400자 이하의 작문은 3편이었다. 즉 절반 이상의 중국인 한국어 학습자의 작문 분량은 600자 이상이었고 본 연구에서 요구하는 800자 내외에 도달하지 못하였지만 TOPIK 고급 글쓰기의 최소 분량 요구에 도달하였다. 한국어 모어 화자의 경우, 41명이 800자 이상을 썼고 이 중에서 16명이 1000자 이상을 썼으며 800자 이하의 작문은 4편뿐이었다. 채점을 할 때 한국어 작문의 경우 하나의 파일에 묶고 국적 표시를 하지 않았고 임의로 배열하여 번호만 표시하였다. 채점은 2018년 2월 5일부터 2월 23일까지 실시하였다. 채점 결과의 신뢰성을 검정하기 위해 SPSS 23.0에서 크론바흐(Cronbach) 알파 계수를 계산하였는데 결과는 다음과 같다.

〈표 Ⅰ-12〉 채점자 간 신뢰도 검정 결과

검정결과 / 검정대상	Cronbach의 알파
한국어 작문 채점자 간 신뢰도	.871
중국어 작문 채점자 간 신뢰도	.949

〈표 Ⅰ-12〉에 따르면 한국어 작문과 중국어 작문의 채점자 간 신뢰도는 크론바흐(Cronbach) 알파 계수가 각각 .874, .949로 나왔고 매우 양호한 채점자 간 신뢰도를 확인하였다. 채점의 결과에 의해 등급화를 하였다. 본 연구는 사분위수로 하여 작문을 상위, 중상, 중하, 하위 4 등급으로 나누었다. 한국어 작문의 경우, 85점, 74점, 54점을 분할 점수(cut-score)로 하여 4 등급으로 나누었는데 다음 그림과 같다.

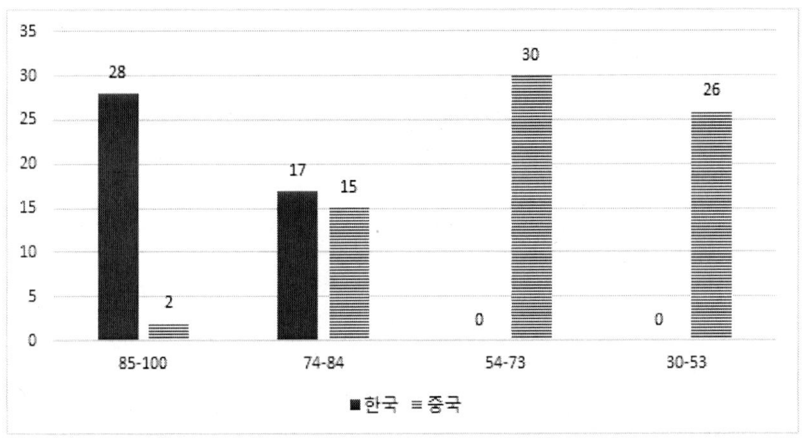

[그림 Ⅰ-1] 한국어 작문 등급화 결과

[그림 Ⅰ-1]을 보면 대부분 한국어 모어 화자의 작문은 상위 등급에 있고 나머지는 중상 등급에 있으며 중하나 하위 등급에는 없었다. 그러나 중국인 한국어 학습자의 경우 상위 집단에 2명만 있고 중상 수준은 한국어 모어 화자와 비슷하였으며 대부분은 중하나 하위 등급에 있었다. 중국어 작문의 등급화 결과는 다음과 같다.

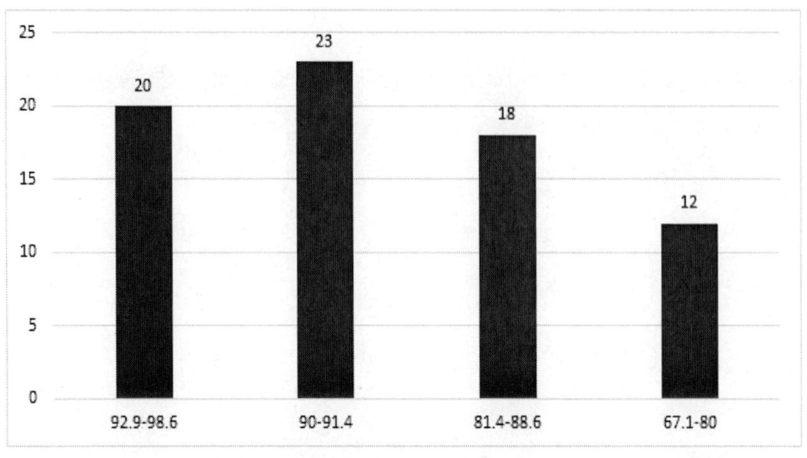

[그림 I -2] 중국어 작문 등급화 결과

[그림 I -2]에서 보듯이 중국어 작문은 92.9점, 90점, 81.4점을 분할 점수로 하여 4등급으로 나누었다. 상위, 중상, 중하, 하위 수준으로 평가 받은 작문은 각각 20편, 23편, 18편, 12편이었다. 이는 중국인 한국어 학습자의 한국어 작문의 등급 분포와 비교할 때 크게 달랐다.

(2) 분석 대상

분석 대상은 채점 결과에 따라 선정하였다. 한국어 모어 화자 작문의 질을 확보하기 위해 한국어 모어 화자의 작문 채점 결과를 다시 사분위수로 등급화하여 1등급만을 선정하였다. 1등급은 93점을 분할 점수로 총 14편을 분석 대상으로 선정하였다. 분석 대상으로 선정된 한국어 모어 화자의 작문의 분량은 모두 800자 이상이었다. 중국인 한국어 학습자의 경우 중국어 작문은 상위 수준이지만 한국어 작문은 중하, 혹은 하위 수준인 작문 총 13편을 분석 대상으로 선정하였다. 분석 대상으로 선정된 중국인 한국어 학습자의 중국어 작문의 분량은 절반 이상이 800자 이상이고 700-800자의 작문 4편이었으며 600-700자의 작문은 1편이었다. 한국어 작문의 경우, 700-800자, 800자 이상의 작문은 각 2편이었고 600-700자의 작문은 6편이었으며 600자 이하의 작문은 3편이었다. 선정된 중국인 한국어 학습자의 정보는 다음과 같다.

〈표 I-13〉 분석 대상으로 선정된 중국인 한국어 학습자의 정보

연구 참여자	중국어 작문 등급	한국어 작문 등급	TOPIK 등급
CKL002	상위	중하	5
CKL017	상위	하위	6
CKL021	상위	하위	6
CKL023	상위	중하	5
CKL025	상위	중하	5
CKL048	상위	하위	6
CKL051	상위	중하	6
CKL053	상위	중하	6
CKL057	상위	중하	6
CKL062	상위	중하	6
CKL064	상위	하위	6
CKL067	상위	하위	6
CKL071	상위	하위	6

조인옥(2014: 49)에서는 중국어 작문 우수-한국어 작문 우수, 중국어 작문 우수-한국어 작문 열등, 중국어 작문 열등-한국어 작문 우수, 중국어 작문 열등-한국어 작문 열등 4가지 경우를 예상할 수 있다고 하였다. 이 중에서 세 번째 경우는 가능성이 거의 없을 것이고 네 번째 경우는 모국어 작문 능력의 문제로 귀결할 수 있으며 가장 문제가 되는 것은 두 번째 경우이다(조인옥, 2014: 49). 즉 모국어 작문 능력이 우수함에도 불구하고 한국어 작문은 중하, 하위 수준으로 평가를 받았다. 이는 언어적 요소 외에 중국식 글쓰기 습관의 영향도 받았을 것이다(조인옥, 2014: 50). 본 연구는 이와 같은 맥락에서 중국어 작문은 상위, 한국어 작문은 중하, 하위 수준으로 평가를 받은 학습자의 작문을 분석 대상으로 선정하였다. 본 연구에서 중국어 작문 등급별 한국어 작문 등급은 다음 표와 같다.

〈표 Ⅰ-14〉 중국인의 중국어와 한국어 작문의 등급

중국어 작문 \ 한국어 작문	상위	중상	중하	하위
상위	1	5	8	6
중상	1	3	8	10
중하	0	3	7	8
하위	0	4	5	3

〈표 Ⅰ-14〉에서 보듯이 중국어 작문의 수준과 상관없이 한국어 작문은 모두 중위, 하위 수준에 집중되는 경향이 있었다. 중국어 작문은 상위와 중상 수준인 학습자의 한국어 작문은 상위, 중위, 하위 수준에 모두 분포되어 있다. 중국어 작문은 중하나 하위 수준인 학습자의 한국어 작문은 중위, 하위에 분포되어 있다. 한국어 작문이 상위 수준이라면 한국의 언어와 문화를 충분히 습득하였다고 볼 수 있을 것이며 이 중에서 가장 주목할 만한 것은 중국어 작문은 상위 수준이지만 한국어 작문은 중하, 하위 수준인 경우인데 이런 학습자는 가장 개선할 여지가 있는 집단으로 볼 수 있다. 이런 경우에는 물론 전반적인 한국어 능력이 부족한 데 비롯될 수는 있으나 언어적 문제와 작문 능력 외에 다른 요소에서 원인을 찾을 필요도 있다(조인옥, 2014: 56). 즉 언어 능력의 한계가 학습자의 글쓰기에 큰 영향을 미쳤겠지만 문화 요소의 영향도 크다고 할 수 있다. 언어 능력의 문제는 중국의 현행 한국어 교육과정으로 충분히 해결할 수 있을 것이지만 문화에 관한 것은 현행 한국어 교육과정으로 해결하기가 어려울 것이다. Ⅲ장에서 밝히겠지만 현재 중국에서의 글쓰기 교육은 표현을 아주 강조하지만 중국과 한국 글쓰기의 차이와 같은 문화적 요소에 대한 교육은 소홀히 다루어져 있기 때문이다. 따라서 본 연구는 문화에 초점을 맞추고자 한다.

중국어 작문은 상위 수준이지만 한국어 작문은 중하, 하위 수준인 중국인 학습자들은 모국어 글쓰기 능력은 크게 문제가 없고 언어적 능력의 부족과 한국어 글쓰기 관습의 미숙지로 인해 한국어 논증적 글을 잘 쓰지 못한다고 할 수 있다. 따라서 한국어 논증적 글쓰기 능력을 향상시키고자 하면 언어적 능력과 문화적 요소를 교육하면 될 것이다. 그런데 중국어 작문은 중위 혹은 하위 수준인 중국인 학습자는 모국어 글쓰기 능력 자체가 문제가 있어 한국어 논증적 글쓰기 능력을 향상시키려면 글쓰기 능력은 물론이고 언어적, 문화적 요소도 같이 교수해야 한다. 즉 이중적 교육 처치를 해야 하는 것이다. 이는 별도의 문제가 되어 후속 연구에서 다루기로 하고 본 연구는 중국어 작문은 상위 수준이지만 한국어 작문은 중하, 하위 수준인 학습자에 초점을 맞추도록 한다.

(3) 분석 방법

먼저 분석 대상으로 선정된 작문에 나타난 '개입'을 추출하였다. '개입' 자원 추출[25]은 마틴과 화이트(Martin & White, 2005), 이숙희(Lee, 2006), 호(Ho, 2011), 맹강(2017ㄱ, ㄴ)에 따라 한 다음에 Excel에 각 '개입'의 개수를 입력하여 해당 작문의 각 '개입'의 전체 '개입'수당 평균을 산출하여[26] SPSS 23.0에서 t 검정으로 중국인 한국어 학습자의 중국어 작문과 한국어 작문, 중국인 한국어 학습자와 한국어 모어 화자의 한국어 작문, 중국인 한국어 학습자의 중

---

25 한국어 논증적 텍스트의 경우 연구자는 한국어 교육 전문가 1명과 '개입' 추출의 신뢰도를 확인해 보았다. 연구자는 우선 '개입'의 개념과 유형을 소개하고 그 다음에 추출의 기준을 소개하였다. 그 다음에 샘플로 논증적 글 3편을 뽑아서 같이 '개입'을 추출하였다. 첫 편의 경우, 첫 단락의 '개입'을 추출할 때 일치도가 낮았다. 하지만 2번째 단락부터 일치도가 점차 높아졌다. 두 번째 텍스트와 세 번째 텍스트의 '개입'을 추출할 때 점차 일치도가 높아졌으며 대부분의 '개입'은 일치한 것으로 나왔고 신뢰도가 높은 것으로 확인하였다.

26 이는 맹강(2017ㄱ: 97, 2017ㄴ: 131)에 따른 것이다. 맹강(2017ㄱ, ㄴ)에서 지적한 바와 같이 孟勐·李雪(2010), 이숙희(Lee, 2006), 호(Ho, 2011), 리우(Liu, 2015) 등 선행연구에서는 그냥 빈도수만을 가지고 통계적 검정을 하였는지, 몇 단어/어절 수당 빈도로 통계적 검정을 하였는지가 명확하지 않았다. 그리고 텍스트의 길이가 다르면 나타나는 '개입'의 수도 다를 것이며 텍스트가 길수록 '개입'이 더 많이 나타날 것이다. 따라서 빈도수만 가지고 통계적 검정을 하면 타당하지 않고 본 연구에서는 한 작문의 전체 '개입' 수당 각 '개입'의 빈도를 산출하여 통계적 검정을 하였다.

국어 작문과 한국어 모어 화자의 한국어 작문 간에 개별 '개입'의 수가 통계적으로 유의미한 차이가 있는지를 검정하였다. 그러고 나서 이숙희(Lee, 2006), 맹강(2017ㄴ)에 따라 중국인 한국어 학습자와 한국어 모어 화자의 작문에 나타난 '개입'의 유형, 기능, 결합 사용에 대해 분석을 하였다.

설문조사의 결과는 주로 중국인 한국어 학습자와 한국어 모어 화자의 작문에 반영된 '개입' 사용 양상을 해석하는 데 사용되는데 통계적 처리가 가능한 문항에 대해 문항별로 정리하여 SPSS 23.0에서 t 검정으로 중국인 한국어 쓰기 교수자와 한국인 한국어 쓰기 교수자의 응답 결과가 유의미한 차이가 있는지를 검정하여 중국인 한국어 학습자와 한국어 모어 화자의 '개입' 사용의 차이를 해석하는 자료로 사용하였다. 통계적 처리가 불가능한 문항에 대해 문항별로 응답한 결과를 정리하여 귀납적으로 분류하여 중국인 한국어 학습자와 한국어 모어 화자의 '개입' 사용의 차이를 해석하는 자료로 활용하였다. 인터뷰 자료도 중국인 한국어 학습자와 한국어 모어 화자의 작문에 반영된 '개입' 사용 양상을 해석하는 데 활용하는데 전사하고 '개입' 사용 양상과 관련되는 부분을 인용하여 '개입' 사용 양상의 차이를 해석하는 자료로 활용하였다.

Ⅱ. 한국어 논증적 글쓰기 교육 논의를 위한 이론적 전제

한국어 논증적 글쓰기에서 필자와 독자의 상호작용을 살펴보려면 우선 논증을 바라보는 관점을 정립해야 한다. 민병곤(2001: 250, 253, 257)에 의하면 논리학은 청중에 대한 고려를 하지 않고 맥락에 민감하지 않고 실용-대화론적 접근은 청중 지향적이지 않으며 논리학과 실용-대화론적 접근과 달리 신수사학은 청중 지향적이고 청중을 중요하게 다룬다. 청중이론은 신수사학의 핵심이라 할 수 있고 논증의 건전성을 궁극적으로 청중에 달려 있다. 신수사학은 청중과의 상호작용을 중요시하며 맥락을 가능한 한 풍부하게 복원하고자 한다(민병곤, 2004: 34).

본 연구는 제2언어 쓰기에 관한 연구로서 제2언어 쓰기 이론에 기반을 두고자 한다. 문화 간 수사학은 서로 다른 문화적 배경을 갖는 학습자 내 혹은 학습자 간 쓰기 담화에 대한 연구로서 신수사학, 담화분석, 텍스트언어학 등 이론을 수용하여 최근에 들어와 '독자'와 사회적 맥락을 중요한 요소로 다루고 있다. 캐플런(Kaplan, 1966)을 시작으로 제2언어 쓰기 연구는 통사론에서 벗어나 텍스트적 층위에 초점을 맞추게 되어 문화 간 수사학의 효시가 되었다. 지금까지 50여 년 동안 계속 다양한 이론을 수용하여 발전해 와서 제2언어 쓰기 연구에 중요한 영향을 미쳤다. 특히 제2언어 학습자와 모어 화자의 글을 비교하는 연구라면 문화 간 수사학의 틀에서 진행하는 것이 대부분이다. 본 연구는 중국인 한국어 학습자와 한국어 모어 화자의 작문에 반영된 '개입'을 비교하는 연구로서 문화 간 수사학의 틀에서 다루어져야 한다.

또한 전술하였듯이 필자와 독자의 상호작용에 관한 이론으로 책임 분포(responsibility distribution, Hinds, 1987), 화용적 이해(pragmatic interpretation, Hinkel, 1994), '입장'과 '개입'(stance and engagement, Hyland, 2005), 평가어 이론(appraisal theory, Martin & White, 2005)을 들 수 있다. 이 중에서 책임 분포는 텍스트의 의미를 명확하게 제시하고 쉽게 이해할 수 있도록 하느냐에 따라 독자 책임과 필자 책임으로 나누어진다. 하지만 이는 주로 필자와 독자의 상호작용을 텍스트 조직 패턴에서 보는 것이 한계성을 지닌다. 화용적 이해는 일관적이고 명확한 틀을 제시하지 못하였다(Ho, 2011: 40). 그리고 입장과 개입은 평가어 이론의 '개입'과 겹치는 부분이 있기는 하지만 분류 기준이 다소 모호하고 한국어에 맞지 않는 부분도 있다. 평가어 이론은 체계기능언어학의 상호작용적 기능을 발전시키는 것으로(Martin & White, 2005: 1) 필자와 독자의 상호작용에 관한 체계적 이론이라 할 수 있다. 평가어 이론은 다시 '태도', '개입', '강도'로 나누어지는데 호(Ho, 2011: 43)에 의하면 '개입'은 논증적 글쓰기와 직접 관련되는 것이다. 그리고 '입장'과 '개입'에 비해 평가어 이론은 보다 더 체계적이고 코딩의 기준도 제시되어 있으며 사회적 맥락도 중요시하고 계속 발전하고 있다. 따라서 평가어 이론은 본 연구의 목적에 더 적합하다고 판단하였다.

위와 같은 논의를 바탕으로 신수사학과 문화 간 수사학, 그리고 평가어 이론이 공통적으로 지향하는 지점은 '독자'와 '사회적 맥락'을 중요시하는 것이라 할 수 있다. 신수사학은 논증에서 청중과의 상호작용을 중요시하고 문화 간 수사학은 누가 누구에게 어떤 글을 쓰는가를 중요한 문제로 다루고 있으며 평가어 이론은 화자/필자와 청자/독자의 상호작용에 관한 체계적인 이론이다. 아래에서 위 3가지 이론을 보다 자세히 살펴보자.

1. 논증적 글쓰기에 관한 제2언어 이론

1) 신수사학

신수사학은 페렐만(Perelman, 1958/1969)에 의하여 제시된 논증이론이다. 신수사학은 일상어에서 비형식적이고 비분석적인 논증의 실천에 주목하여 실제로 성공 가능성이 있는 논증을 연구하고자 하였다. 페렐만(Perelman, 1969: 4)에 의하면 논증이론의 목표는 '평가 받기 위하여 제시된 테제에 대한 정신의 지지를 이끌어 내거나 증대시켜주기 위한 논변적 기법에 대한 연구'[1]이다. 페렐만(Perelman)은 논증에서 심리적, 사회적 조건을 홀시하면 의의가 없다고 하면서 사회적 맥락의 중요성을 강조하였다. 신수사학은 맥락을 가능한 한 풍부하게 복원하고자 한다(민병곤, 2004: 34). 이로 보아 신수사학은 논증을 사회적 행위로 본다고 할 수 있다.

사회적 맥락을 중요시하는 신수사학의 가장 중요한 특징은 청중에 대한 설득이고 청중 이론은 페렐만(Perelman)의 신수사학 이론의 핵심이라 할 수 있다. 신수사학에서 청중은 화자가 자신의 논증을 통해 영향을 미치려는 사람의 집단이다(Perelman, 1969: 19). 신수사학은 어떻게 청중이 화자/필자가 제시한 명제에 찬성하도록 하는 것을 연구하고 청중은 논증의 질을 결정하는 핵심적인 역할을 하며 청중이 명제를 얼마나 찬성하느냐가 논증의 건전성을 평가하는 기준이 된다. 그리고 페렐만(Perelman, 1969: 23-24)에서는 '논증에서 중요한 것은 화자가 옳거나 중요하다고 믿는 것을 아는 것이 아니라 그것을 받아들이는 청중의 관점을 아는 것이다.'라고 할 만큼 논증에서 청중의 중요성을 강조하였다. 이처럼 청중을 중요하게 다루는 것은 고전수사학과 일치하였다. 고전 수사학은 설득 방법으로서의 대중 연설의 기술에 초점을 두고 있었으며 청중은 주로 공공 광장에서 모이는 대규모 청중이었다. 이

1 번역은 민병곤(2001: 259)을 참고하였다.

와 달리 신수사학은 구어 논증보다 문어 논증을 더 강조하여 다루고자 하였고 청중도 공공 광장에서 모이는 대규모 청중에만 한하지 않고 어떤 하나의 청중 혹은 논증자 자신도 모두 포함된다. 그리고 신수사학에서 청중의 개념은 실제적 청중은 물론이고 이상화된 청중의 개념도 포함한다. 페럴만(Perelman)은 청중을 보편 청중과 특수 청중으로 나누었는데 보편 청중은 확신시키는(convincing) 논증과 관련되어 어떤 논증으로 보편 청중의 인정을 얻었으면 해당 논증이 효과적이고 확신되는 것이다. 보편 청중을 설득할 때 제시한 이유가 설득적이고 자명하고 절대적이고 영구한 유효성을 지니는 것으로 확신시켜야 한다. 특수 청중은 설득적(persuading) 논증과 관련되는데 어떤 논증으로 일부 특수한 청중의 인정을 얻었으면 해당 논증은 효과적이고 설득적이다. 물론 확신시키는 논증과 설득하는 논증은 뚜렷한 경계가 없으며 실제로 그 차이를 말하기가 어렵다. 그리고 페럴만(Perelman, 1969)에서 단일 청중(single audience)과 자아 청중(self-audience)의 개념도 제시하였다. 단일 청중은 어느 한 사람이 청중이 되는 것이고 자아 청중은 논증자 자신을 청중으로 하는 것이다. 자신을 청중으로 하는 것은 자신의 마음속에서 사고하고 논증하는 과정이다. 자신과의 토론을 통해 자신의 주장을 더욱 잘 인식할 수 있고 자신의 주장이 합리적인가, 근거가 튼튼한가를 확인할 수 있다. 이는 보편 청중을 확신시키는 전제 조건이 될 수도 있다. 즉 일단 자신을 청중으로 하고 마음속에서 자신 주장의 합리성을 충분히 논증한 다음에 이런 사고와 논증의 과정을 표현하여 보편 청중을 설득하는 구체적 방법으로 사용할 수도 있다.

페럴만(Perelman)의 신수사학에서 논증의 출발점도 역시 청중과 관련되는데 화자/저자가 청중과 어떤 공유 지식(agreement)을 갖고 있고 청중이 자신의 주장을 받아들일 수 있다는 것이 논증의 출발점이 된다. 논증을 하기 전에 청중과 어떤 공유 지식을 갖고 있는지를 파악하는 것이 매우 중요한 것이다. 페럴만(Perelman, 1969: 66)에서는 이런 공유 지식을 두 가지로 분류하였는데 하나는 실제적인(real) 것과 관련되는 것으로 사실(facts), 진리(truths),

추정(presumptions)을 포함하고 다른 하나는 선호(preferable)와 관련되는 것으로 가치(values), 계층(hierarchies), 그리고 선호와 관련된 논점(lines of argument relating to the preferable)을 포함한다. 사실, 진리, 추정과 같은 실제적인 공유 지식은 보편 청중이 인정할 수 있는 객관적인 것이므로 보편 청중을 설득하는 데 효과적이다. 선호와 관련되는 공유 지식은 이미 존재하고 있는 사실에 부합하지 않지만 우리의 선택에 영향을 미쳐 특수한 관점과 관련되어 특수 청중을 설득하는 데 효과적이다. 즉 선호와 관련되는 것들은 보편적 정확성을 띠지 않아 보편 청중의 인정을 받기 어렵지만 논증의 전제가 될 수 있다. 비록 사실, 진리, 추정과 같은 효과가 없지만 사람의 선택에 영향을 미칠 수 있다.

이와 같이 신사수학은 청중을 중요하게 탐구하며 청중의 탐구 대상은 사회적 맥락이다. 논증은 항상 청중의 특성에 맞아야 하는데 청중의 특성에 맞지 않으면 좋은 논증으로 볼 수 없다. 화자나 저자가 청중을 설득하려고 할 때 청중의 유형과 범위를 정확히 파악해야 하며 소홀히 하거나 청중을 잘못 파악한다면 설득의 목적을 이루기가 어려울 것이다. 청중을 정확히 파악하려면 청중의 다양성, 그리고 청중과 환경과의 밀접한 관계를 인식해야 한다. 청중은 매우 다양하며 서로 다른 사회적 배경을 가지고 또한 청중은 환경과 밀접한 관계를 가지며 청중을 이해할 때 환경 외에 고립시키면 안 되기 때문이다.

물론 민병곤(2004: 34)에서 지적한 바와 같이 청중의 개념이 아주 복잡하고 가변적이며 불투명하여 특수 청중과 보편 청중으로 구분하는 것만으로는 이런 문제를 해결하지 못한다. 하지만 논증에서 청중의 중요성을 강조하는 것 자체가 무리가 없을 것이며 청중은 논증에서 중요한 역할을 함은 분명하다. 특히 논증적 글을 쓸 때 윌리엄스와 콜럼(Williams & Colomb, 2007; 윤영삼 역, 2008)에서 주장한 바와 같이 독자의 눈으로 질문하고 대답하기, 독자의 관심을 어떻게 끌 것인가, 독자를 어떻게 납득시킬 것인가 등을 중요하게 다루어야 할 문제들이다.

2) 문화 간 수사학

문화 간 수사학(intercultural rhetoric, IR)은 코너(Connor, 2004, 2008, 2011)에서 제안한 용어인데 초기의 연구에서 캐플런(Kaplan, 1966)에 의하여 대조수사학(contrastive rhetoric: CR)이라는 용어를 사용하였다. 캐플런(Kaplan, 1966)에서는 'Cultural thought patterns in inter-cultural education'이라는 주제로 서로 다른 문화 배경을 갖는 학생이 쓴 영어 작문을 비교함으로써 다른 문화 배경을 갖는 학생이 사용한 수사적 모형이 다르다는 것을 밝혔는데 이는 대조수사학 연구의 효시로 볼 수 있다. 캐플런(Kaplan, 1966)에서는 영어 학습자의 민족에 따라 영어의 선형적 모형, 동양어의 나선형 모형, 셈어족의 평행 모형, 러시아어의 이탈 모형, 그리고 로만스어의 굴절 모형으로 나누었다. 그는 쓰기와 문화는 직접적인 관련이 있고 언어와 문화마다 독특한 수사적 전통을 지니며 쓰기 구조의 순서 배열은 필자의 사고 패턴의 영향을 받는다고 밝혔다. 캐플런(Kaplan)의 연구는 제2언어 쓰기 연구를 통사론에서 벗어나 텍스트 구조에 옮겼다는 점에서 중요한 의의를 지닌다. 그러나 캐플런(Kaplan)의 '전통적' 대조수사학이 많은 비판을 받았다. 마타렌(Matalene, 1985)에서는 '전통적' 대조수사학이 너무 자민족 중심주의적이고 영어 모어 화자의 쓰기에 특권을 부여하였다고 지적하였고 모한과 로(Mohan & Lo, 1985)에서는 캐플런(Kaplan)의 연구가 L2 쓰기 결과물만 살펴보고 교육적, 발달적 과정을 무시하였다고 비판하였으며 힌즈(Hinds, 1983)에서는 중국어, 태국어, 한국어를 '동양' 집단에 묶고 관련 언어들의 언어적, 문화적 차이를 무시하였다고 비판하였다. 이런 비판에 대해 캐플런(Kaplan, 1987)에서는 수사적 차이는 꼭 사고방식의 차이를 반영하는 것이 아니고 수사적 차이는 아마 특정 문화에서 배운 쓰기 관습의 차이를 반영할 것이라고 밝혔다. 즉 L2 쓰기에 영향을 미치는 요인은 모국의 사고방식만이 아니라 배운 쓰기 관습도 있다는 것이다. 그리고 그는 무엇을 쓰는가, 누구에게 보여 주는가, 쓰는 목적이 무엇인가가 탐색할 만한 문제라고 밝혔다.

코너(Connor, 1996: 2)에 의하면 이와 같은 대조수사학에 대한 비판, 그리고 제1언어 쓰기 연구 초점의 전환, 담화분석과 텍스트언어학의 새로운 발전으로 인해 1990년대에 들어 대조수사학은 패러다임의 전환을 해서 전통적 틀(framework)이 확대되었다. 즉 인지적 변인과 사회적 변인, 그리고 언어학적 변인에 대한 종합적 고려가 쓰기 결과물의 구조 분석에 집중한 단순한 언어학적 틀을 대체하였다. 코너(Connor, 1996: 19)에서는 이런 패러다임의 전환을 새로운 지향(new directions)라고 하면서 5가지 분야를 언급하였다. 즉 대조 텍스트언어학, 문화적 활동으로서의 쓰기 연구, L2 쓰기의 교실 역동성에 관한 대조 연구, 다양한 목적으로 다양한 상황에서 진행되는 다양한 장르에 대한 대조수사학적 연구, 다른 문화의 지적 전통과 이데올로기의 차이에 대한 주입을 다루는 대조수사학적 연구가 그것이다. 이 시기에 코너(Connor, 1996: 5)에서는 대조수사학이라는 것을 제2언어 필자들이 쓰기에서 부딪치는 문제점을 탐색하고 그 문제점들을 제1언어의 수사적 전략으로 해석하려는 학문으로 정의하였다. 그리고 코너(Connor, 2001: 76)에서는 필자가 분리되고 인식 가능한 문화적 집단에 속해 있는 것으로 보기보다는 어떤 집단에 속해 있는 계속 변화하고 있는 개인으로 봐야 한다는 것을 지적하였다. 이 시기에 대조수사학은 위와 같은 다양한 분야의 이론을 수용하여 L2 학습자의 쓰기 결과물에 대한 언어학적 분석 외에 쓰기 결과물 생산과 관련된 학습자를 둘러싼 인지적 요인, 사회적 요인을 중요시해서 같이 분석하게 되었다. 그리고 쓰기 활동을 더 이상 정적인 것으로 보지 않고 역동적인 것으로 보게 되었다.

비슷한 시기에 캐플런(Kaplan, 2001)에서는 제2언어/외국어 쓰기 교실에서 직면하는 중요한 5가지 문제를 제시하였다. 즉, '1. 토론 가능한 것이 무엇인가?(주제)', '2. 누가 말하거나 쓰는 권위가 있는가?(필자)', '3. 쓰기가 어떤 형식을 취하는가?(장르)', '4. 근거가 무엇인가?(근거)', '5. 근거를 어떻게 조직하여 독자에게 호소하는가?(조직 및 독자 고려)'이다. 이를 한 마디로 말하면 '누가 언제 어디에서 어떤 목적으로 누구에게 무엇을 어떻게 쓰는가?'

(Kaplan, 2001: xiii)이다. 이 5가지 문제를 통해 캐플런(Kaplan, 2001)에서는 사회문화적 요소가 제2언어 쓰기에 미치는 영향을 충분히 의식하였다고 할 수 있다. 캐플런(Kaplan, 2005)에서는 위에서 언급된 5가지 문제를 6가지로 제시하였는데 '1a. 누가 쓰는 권위를 갖고 있는가?(필자)', '1b. 누구에게 쓰는가?(독자)', '2a. 토론 가능한 것이 무엇인가?'(주제), '2b. 쓰기가 어떤 형식을 취하는가?(장르)', '3a. 근거가 무엇인가?'(근거), '3b. 근거를 어떻게 설득력 있게 조직하는가?'(조직)이다. 이런 질문들은 독자, 장르, 수사적 구조의 핵심적 이슈를 지적하였다. 즉 '누가 누구에게 무엇을 어떻게 어떤 상황에서 어떤 목적으로 쓰는가?'이다. 캐플런(Kaplan, 2005)은 캐플런(Kaplan, 2001)에 비해서 독자를 명확히 제시하였고 필자의 쓰기는 목표 독자의 제한을 받는다고 하였다. 필자가 제2언어로 글을 쓸 때 목표 독자와 같은 공유 지식을 갖고 있지 않는다면 텍스트를 통하여 의미 있는 상호작용을 이루지 못한다고 하였다.

비슷한 시기에 코너(Connor, 2004)에서는 대조수사학 대신 문화 간 수사학이라는 개념을 제시하여 연구방법론에 대해 텍스트 기반에서 맥락 의존으로, 문화에 대해 정적인 것으로부터 역동적인 것으로 해야 한다고 지적하였다. 그리고 텍스트 분석, 장르 분석, 코퍼스 분석도 문화 간 수사학 연구에서 필요한 방법이라 하였다. 특히 데이터를 수집하고 분석하고 해석할 때 소문화(small culture)와 대문화(big culture)의 상호작용을 고려해야 한다고 지적한 바 있었다. 이어서 코너(Connor, 2008)에서는 대조수사학에서부터 문화 간 수사학으로 바꾸자고 다시 호소하였다. 그는 모든 문화와 사회적 실천은 다른 문화적 실천의 영향을 받는다는 의미에서 'inter'는 문화적, 수사적 차이보다 관련성(connection)을 강조하고 문화 간 수사학 연구는 다문화적, 문화 간의 연구를 모두 포함할 수 있을 것이며 문화 간 연구는 맥락을 중요시하고 학습자 간(inter-person)과 문화 간(inter-culture)의 영향을 모두 고려한다고 하였다. 그리고 문화 간 수사학 연구에서 쓰기 상황에 영향을 미치는 문화적, 사회적, 교육적 요인의 복잡성을 기술할 필요가 있다고 지적하였다. 또한 화자와 필자, 그리고 독자를 이해할 필요가 있고 무엇이 쓰기 과정에 들어가는지, 쓰기와 필자에 영향을 미치는 역사적 배경과 맥락을 알 필요가 있다고 하였다. 아울러 대조수사학을 개념화하기 위해서 첫째, 쓰기를 사회구성적 활동과 과정으로 봐야 한다, 둘째, 제2언어 쓰기를 가르칠 때 대문화(국가 문화)와 소문화(교실 문화, 학문적 문화, 학습자 문화 등)를 고려해야 한다, 셋째, 문화 간 의사소통(intercultural communication)과 비교문화적 의사소통(cross-cultural communication)을 고려하여야 한다고 밝혔다. 이런 관점에서 코너(Connor, 2011: 2)에서는 문화 간 수사학은 서로 다른 문화적 배경을 갖는 학습자 내 혹은 학습자 간 쓰기 담화에 대한 연구로 정의하였다.

문화 간 수사학은 다양한 이론을 수용하면서 충분히 발전해 왔다고 할 수 있다. 다음에 문화 간 수사학의 연구 분야, 연구방법론, 교육적 적용을 중심으로 살펴보고자 한다.

(1) 문화 간 수사학의 연구 분야

문화 간 수사학 연구는 초기부터 담화 패턴에 관한 연구가 아주 활발히 진행되어 왔다. 대조수사학 연구의 효시로서 캐플런(Kaplan, 1966)에서는 영어 학습자의 L2 작문의 조직 패턴을 살펴보았고 문화권에 따라 학습자의 조직 패턴을 5가지로 귀납하였다. 그리고 고바야시(Kobayashi, 1984), 클라인(Clyne, 1987), 구보타(Kubota, 1988), 히로세(Hirose, 2003), 위살(Uysal, 2008), 양과 케이힐(Yang & Cahill, 2008), 진대연 외(2006), 제효봉(2015) 등에서는 학습자 작문의 조직 패턴을 살펴보았다. 또한 더 미시적 측면에서 차이(Cai, 2007)에서는 주장 진술(thesis statement), 위살(Uysal, 2008), 리우와 퍼노(Liu & Furneaux, 2013), 리우(Liu, 2015)에서는 주제문(topic sentence)을 살펴보았다. 리우(Liu, 2015)에서는 학습자의 서론, 결론 쓰기도 살펴보았다.

이외에 텍스트언어학을 바탕으로 학습자 작문의 응집성(coherence)과 응결성(cohesion)을 살펴보는 연구도 이루어졌다. 이를테면, 위살(Uysal, 2008)

에서는 학습자 작문의 응집성과 응결성을 살펴보았다.

위와 같은 연구 외에는 논증이론에 기반을 둔 연구도 있었다. 코너와 라우어(Connor & Lauer, 1988)와 위살(Uysal, 2012)에서는 각각 미국, 영국, 뉴질랜드 고등학생의 영어 논설문과 터키 영어 학습자의 터키어와 영어 논설문에 반영된 아리스토텔레스의 수사적 호소(에토스, 페토스, 로고스)와 논증구조(Toulmin, 1958)를 살펴보았다. 그리고 조인옥(2014)에서는 중국인 한국어 학습자와 한국어 모어 화자의 한국어 논설문에 반영된 근거를 비교하였다.[2]

비록 많지 않지만 필자와 독자의 상호작용에 초점을 맞추는 연구도 있었다. 힌즈(Hinds, 1987)에서는 필자 책임과 독자 책임이라는 개념을 제시하였는데 필자 책임은 쉽게 이해하도록 글의 의미를 명확히 밝히는 책임이 있다는 것이며 독자 책임은 글의 의미를 명확히 밝히는 것이 필자의 책임이 아니라 독자가 스스로 이해해야 한다는 것이다. 힌즈(Hinds, 1987: 144-145)에서는 일본에서는 독자 책임이며 중국은 현대에 들어 독자 책임으로부터 필자 책임으로 바뀌고 있다고 밝혔다. 리우(Liu, 2015)에서는 평가어 이론을 바탕으로 중국인 영어 학습자와 영어 모어 화자의 논증적 글에 반영된 '개입'을 살펴보았다.

위의 논의를 통해 알 수 있듯이 문화 간 수사학 관련 연구는 주로 담화 패턴에 집중하고 있었고 논증이론에 바탕으로 한 연구와 필자와 독자의 상호작용에 관한 연구도 있었지만 드문 실정이다. 문화 간 수사학의 연구 분야는 다양한 이론을 수용하여 계속 발전되어 와서 텍스트언어학, 논증이론, 체계기능언어학 등 이론과 불가분의 관계에 있다고 할 수 있다. 따라서 향후에도 문화 간 수사학의 연구 분야는 새로운 이론을 수용하여 계속 확대될 것으로 예상된다.

---

2 조인옥(2014)에서는 비록 명확히 근거를 논증구조의 일부로 보지 않았겠지만 '근거'는 툴민(Toulmin, 2003, 謝小慶·王麗 역, 2016)의 논증구조와 윌리엄스와 콜럼(Williams & Colomb, 2007, 윤영삼 역, 2008)의 논증구조에 모두 포함되어 있음을 고려하여 조인옥(2014)을 논증구조에 관한 연구로 포함시켰다.

(2) 문화 간 수사학의 연구방법론

① 자료 수집 방법

캐플런(Kaplan, 1966)과 같은 초기 대조수사학 연구는 주로 학습자의 L2 쓰기 결과물만 수집하여 L2 작문에 나타난 조직 패턴이 L1 작문의 영향을 받는다고 주장하였다. 이렇게 학습자를 둘러싼 인지적, 사회적 요인에 대한 분석 없이 L2 작문만으로 L1 작문의 조직 패턴을 추측하는 것은 지나치게 단순한 것이다. 그 이후의 연구들은 이런 문제점을 극복하기 위해 학습자의 L1과 L2 작문을 모두 수집하고 학습자를 둘러싼 인지적, 사회적 요인도 같이 수집하게 되었다. 그런데 L1과 L2 작문의 주제는 같아야 하는가, 달라야 하는가라는 논쟁이 생겼다.

조인옥(2014), 햄프 라이언스(Hamp-Lyons, 1990), 사사키와 히로세(Sasaki & Hirose, 1996), 리시디와 다스트크헤즈(Rashidi & Dastkhezr, 2009), 자레 에(Zare-ee, 2009), 이스마일(Ismail, 2010), 강숙진과 오선영(Kang & Oh, 2011), 리우와 퍼노(Liu & Furneaux, 2014), 리우(Liu, 2015) 등 연구에서는 같은 주제로 L1과 L2 작문을 수집하였다. 학습자에게 다른 주제를 준다면 글의 내용과 질에 영향을 미치기 때문이다. 그리고 이런 연구들에서 첫 번째로 쓰는 작문이 두 번째로 쓰는 작문에 영향을 미치지 않도록 두 번 쓰기 과제 수행이 일정한 시간 간격[3]을 두거나 먼저 L2로 글을 쓰는 다음에 L1으로 쓰게 하였다. 하지만 시간 간격이 짧으면 학습자들이 첫 번째로 쓰는 작문의 내용을 그대로 두 번째로 쓰는 작문에 번역할 가능성이 있으며 시간 간격을 너무 길면 자료 수집 기간도 길어진다. 이에 반해 히세로(Hirose, 2001)와 위살(Uysal, 2008, 2012)에서는 L1과 L2 작문을 각각 다른 주제로 하였다. 이는 먼저 쓰는 작문

---

3 시간 간격은 1주일(Rashidi, 2009), 2주일(Ismail, 2010), 1달(Kang & Oh, 2011), 5달(Liu & Furneaux, 2014) 등으로 서로 달랐다.

이 두 번째로 쓰는 작문에 영향을 미치지 않도록 하기 위한 것이며(Hirose, 2001: 45) L1에서 간단하게 L2로 전이함을 방지하기 위한 것이다(Uysal, 2012: 138). 같은 주제를 주고 중국어 작문과 한국어 작문을 한다면 연습 효과(practice effect)가 나타날 것이며(高霄, 2011: 59) 다른 화제를 준다면 작문의 질에 영향을 미칠 수도 있기 때문에 망숑과 머피, 그리고 데 라리오스(Manchon, Murphy & de Larios, 2005: 194)와 高霄(2011: 59-60)에서는 주제 유사 전략을 취하였다. 즉 유사한 주제로 L1과 L2 작문을 쓰게 하는 것이다. 이렇게 하면 L1 작문에서 간단하게 L2 작문으로 전이함을 방지할 수도 있으며 L1과 L2 작문의 질이 다름을 방지할 수도 있다. 그리고 쓰기 과제의 제시도 중요한 문제라 할 수 있는데 선행연구에서 주제와 시간 제한, 분량 등만 간단하게 제시하거나 TOEFL 시험의 쓰기 문제를 그대로 제시하는 경우가 많았다. 쓰기 과제의 제시 방법은 학습자의 과제 수행에 매우 중요한 영향을 미치기 때문에 과제 제시 방법에 대한 검토가 필요하다.

학습자를 둘러싼 인지적, 사회적 요인은 주로 설문조사나 인터뷰를 통해서 수집해 왔다. 설문이나 인터뷰의 내용으로는 L1/L2 작문 학습 경험, 쓰기 경험, 그리고 학습자가 쓴 글과 관련된 것이었다. 예컨대, 위살(Uysal, 2008)에서는 작문 학습 경험과 작문 조직에 관한 것을 설문조사와 인터뷰를 통해 수집하였고 위살(Uysal, 2012)에서는 교육 경험과 해당 조직 패턴을 선택하는 이유를 인터뷰로 수집하였다. 그리고 리우(Liu, 2015)에서는 연구 참여자의 L1/L2 작문 학습 경험, 쓰기 경험, 쓰기 지식과 전략 등을 설문조사로 수집하였으며 쓰기 전 준비 여부, 독자 설정, 쓰기 목적 등 쓰기 과정에 관련된 것은 인터뷰를 통해 수집하였다. 이러한 자료는 학습자의 작문에 나타난 현상에 대한 해석에 도움이 된다.

② 자료 분석 방법

문화 간 수사학은 다양한 이론을 수용하여 자료 분석에 적용해 왔다. 여기서 말하는 자료 분석 방법은 수집된 작문 텍스트 분석 방법과 작문에 나타난 현상에 대한 해석을 포함한다.

텍스트 분석은 갈수록 맥락 의존적인데 텍스트를 맥락에서 분리시키기보다는 그것을 큰 맥락에 두어 분석한다. 특히 의사소통 목적의 측면에서 분석하는 경우가 많아지고 있다(Connor, 2011: 36). 그리고 쓰기는 갈수록 사회 상황적인 것으로 여겨져 각 상황마다 독자, 쓰기 목적, 수준에 대한 고려가 수반되고 이에 상응하여 수정, 협상, 세부적 사항에 대한 주의가 요구될 수도 있으며 연구의 초점은 텍스트가 무엇을 의미하는가로부터 의미를 어떻게 구성하는가로 바꾸었다(Connor, 2011: 37). 문화 간 수사학은 그 동안 페어클럽(Fairclough, 1992)의 담화의 3차원 개념, **담화**[4](Big D Discourse), 학문 목적 쓰기, 장르 분석, 코퍼스 분석, 다중 모달 시각 분석(multi-modal visual analysis), 민족지학적 접근 및 텍스트 분석 이론을 수용하여 연구를 해 왔다. 그리고 '문화'라는 개념은 문화 간 수사학에서 매우 중요한 개념이라 할 수 있는데 대문화와 소문화의 개념이 도입되었다.

가. 텍스트 분석 방법

코너(Connor, 2011)에서는 기존에 문화 간 수사학 연구에서 많이 사용하는 텍스트 분석 방법을 살펴보았다. 페어클럽(Fairclough, 1992)의 3차원 담화 이론은 문화 간 수사학 연구에 중요한 영향을 미쳤다. 페어클럽(Fairclough, 1992)에 의하면 담화는 텍스트와 사회적 상황의 상호작용의 통합으로 봐야 한다. 그에 의하면 담화의 3차원은 텍스트(text), 추론적 관행(discursive practice), 사회적 실천(social practice)으로 구성되는데 텍스트는 텍스트에 대한 언어적 분석이고 추론적 관행은 텍스트에 담겨 있는 상호작용, 담화에 대한 상호작용적 관점, 특히 텍스트 생산과 이해의 과정의 실체를 말하며 사회적 실천은

---

4 지(Gee, 2005)에서 'big D discourse'라는 용어를 사용하였는데 본 연구에서는 진하게 표시된 '**담화**'로 번역한다.

사회적 분석이다. 코너(Connor, 2011: 38-39)에 의하면 담화의 3차원 개념은 쓰기 담화 분석에 중요한 영향을 미쳤다. 학생의 에세이는 '텍스트'로 볼 수 있고 에세이의 생산 및 이해의 과정은 '추론적 관행'으로 볼 수 있으며 에세이 쓰기의 목적은 '사회적 실천'으로 볼 수 있다. 현재까지 문화 간 수사학에 관한 대부분 연구는 '텍스트'와 '추론적 관행'을 적용하였지만 '사회적 실천'을 적용하는 경우가 미미하였다.

그리고 지(Gee, 2005: 21)에 의하면 **담화**는 '언어, 행위, 상호작용 통합의 방법, 사고, 신념, 가치화의 방법, 다양한 기호, 도구, 목적으로 사회적으로 식별할 수 있는 특별한 정체성을 만드는 방법'이다. 그리고 담화는 언제나 언어와 '기타 요소'의 합체이다(Gee, 2005: 26).

코너(Connor, 2011: 42)에서는 **담화**의 전체 모형은 문화 간 수사학의 분석에 도움이 된다고 하였다. **담화**는 의미의 위치귀속성(situatedness)과 맥락의 중요성을 지지하고 담화의 경계선이 모호함을 인정하기 때문에 그것들이 기술할 수 있음을 인정한다. 그리고 더욱 중요한 것은 **담화**는 문화적 모형에 가치를 부여하였다.

또한 학문 목적 쓰기 이론도 문화 간 수사학에 중요한 영향을 주었다. 하이랜드(Hyland, 2009)에서는 사회 맥락적 학문 목적 쓰기 이론을 발전하여 학문적 담화에 대한 3차원 접근법을 제안하였다. 즉, 텍스트, 맥락, 비판이 그것이다. 코너(Connor, 2011: 44)에 의하면 하이랜드(Hyland)의 3차원 접근은 페어클럽(Fairclough)와 지(Gee)의 접근과 유사하고 모두 텍스트에 대한 텍스트적, 맥락적, 비판적 고려가 포함되어 있다. 그리고 하이랜드(Hyland)의 접근은 접근의 조작화에 대한 분명한 표명으로 인해 특히 문화 간 수사학 연구자에 도움이 되고 특히 비판과 이데올로기 차원은 현재까지 많이 다루어지지 않고 있다고 하였다.

향후의 연구는 복잡한 텍스트적 현상에 대한 통합적 이해를 파악하기 위해 다양한 접근법을 사용해야 한다. 텍스트를 텍스트적, 맥락적, 사회적 차원에서 이해할 필요가 있다. 연구자로서 문화는 위 3차원 중에서 어느 차원에 임의로 들어갈 수 있다는 것을 의식할 필요가 있다.

문화 간 수사학에 중요한 영향을 미치는 또 한 가지 이론은 장르 분석이다. 코너(Connor, 2011: 45-47)에서는 장르 분석은 장르적 구조가 분석과 교육적 적용에 도움이 될 것이라고 하였으며 기존의 대부분 연구는 국가적 문화만 고려했고 소문화에 관한 연구가 미미하였다고 지적하였다. 그리고 장르 분석의 영향을 받아 텍스트 분석의 초점은 쓰기의 목적에 바뀌게 되었고 연구자도 서로 관련된 쓰기 활동을 통해 쓰기의 일부를 살펴보게 되었다.

그 외에 코퍼스 분석도 문화 간 수사학에 영향을 끼쳤다. 코너(Connor, 2011: 50)에 의하면 대규모의 텍스트적 분석은 문화 간 수사학에 도움이 되며 이런 연구의 결과는 외국어로서의 영어 교육에서 단일민족 학생들이 많을 때 특히 도움이 된다. 그리고 장르 분석을 통해 두 가지 언어가 어떤 공통점과 차이점이 있는지만 확인하는 것이 아니라 공통점과 차이점의 원인도 탐색해야 한다고 지적하였다. 코퍼스 언어학적 방법론은 양적 문화 간 수사학 연구에 엄밀한 기준을 마련해 주었는데 지금은 양적 엄밀성과 주석, 조사, 인터뷰, 관찰을 통해 상황, 맥락, 쓰기 목적에 대한 융통성 간의 균형을 잡는 것은 직면하고 있는 도전이다(Connor, 2011: 51).

최근에 들어와 통합 리터러시의 발전에 힘입어 시각, 멀티미디어, 다중 모형 리터러시에 대한 강조가 강화되어 다중 모형 시각 분석은 텍스트 분석에서의 역할이 중요해진다(Connor, 2011: 51). 코너(Connor, 2011: 52)에 의하면 다중 모형 시각 분석은 쓰기 교사에 의의를 가지며 중요한 문화적 시사점을 제시해 줄 수 있지만 기존의 연구는 텍스트의 개념과 서양 언어를 사용한 쓰기 체계에 기반을 두고 있다는 한계가 있다. 따라서 코너(Connor, 2011: 52)에서는 비교문화적 시각 수사학의 학습과 교수는 연구할 만한 중요한 분야라고 밝혔다.

나. 학습자 글쓰기의 요인 분석 방법

텍스트 분석에서 맥락이 강조되면서 민족지학적 접근이 대두되었다. 담화의 본질은 사회적이라는 인식이 발전되면서 쓰기 연구에서 민족지학적 접근은 갈수록 중요해진다(Connor, 2011: 52). 그간 문화 간 수사학 연구는 민족지학적 접근으로 서로 다른 '문화'의 공통점과 차이점을 탐색해 왔고 '문화'를 바라보는 시각도 계속 변해 가고 있다. 앳킨슨(Atkinson, 2004)에서는 대조수사학이 문화에 대한 더 타당한 개념화를 할 필요가 있다고 호소하여 문화를 보는 시각은 '일반적으로 인정되는(received)' 문화에서 선택 가능한(alternative) 문화로 전환해야 한다고 주장하였다. 일반적으로 인정되는 문화는 민족적, 국가적, 고정적인 것이며 선택 가능한 문화는 글로벌 의사소통이 계속 변해 가는 본질과 지속 변해 가는 문화의 정의를 고려한다. 앳킨슨(Atkinson, 2004)에서는 홀리데이(Holliday, 1999)의 대문화와 소문화를 살펴보았는데 이는 문화 간 수사학에 가장 의의 있는 것이다. 홀리데이(Holliday, 1999: 241)에 의하면 대문화는 민족적, 국가적, 혹은 국제적 그룹의 필수적 특징으로서 규범적이고 관행으로 인정되는 것이며 소문화는 역동적 과정에 기반을 두고 임의의 사회적 집단에서 응집력이 강한 행위와 관련되고 필수적인 것이 아니다. 그리고 교육적 상황에서 문화는 〈그림 Ⅱ-1〉처럼 복잡하고 서로 겹친다.

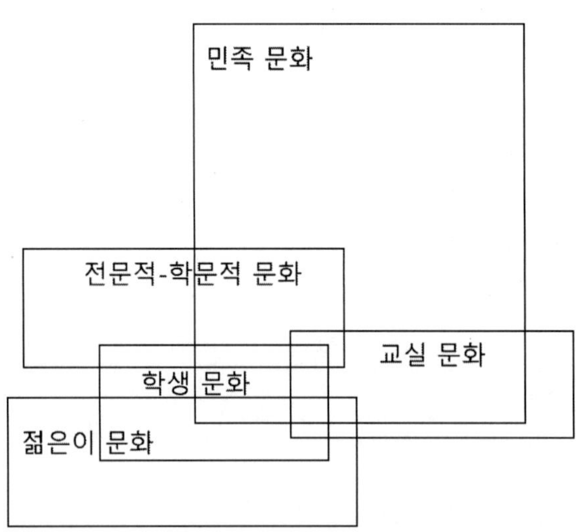

[그림Ⅱ-1] 교육적 맥락에서 소문화와 기타 문화의 복잡한 상호작용(Atkinson, 2004)

코너(Connor, 2008: 308)에 의하면 홀리데이(Holliday, 1994)에서 제시된 교육적 상황에서의 문화 모형은 문화 간 수사학에 의의 있는 도구를 제공했고 교실에서 많은 문화가 서로 겹치고 제2언어 쓰기를 연구하거나 가르칠 때 고려해야 한다고 주장하였다. 문화 간 수사학에서 쓰기의 국가적, 문화적 특징만으로는 한계를 지니고 국가적, 문화적 규범과 서로 겹치고 쓰기 과정과 결과물과 관련될 수 있는 기타 사회적, 교육적 영향을 고려해야 한다. 홀리데이(Holliday, 1999)의 모형은 문화의 복잡성과 쓰기와 의사소통 상황에서 서로 관련된 문화를 고려하는 중요성을 강조한다.

문화 간 수사학은 대문화를 인정하면서 소문화도 중요시하며 개인적 변이를 인정하면서 문화 간 상호작용에서 협상에 초점을 둔다(Connor, 2011: 34). 코너(Connor, 2011: 34)에서는 문화 간 수사학 연구를 할 때 문화에 대한 예전 관점과 새로운 관점의 균형을 잡아야 한다고 하였다. 이를 위해 우선 대문화와 소문화에 내재하는 안정성을 인정해야 하며 다른 한 편으로는 문화의 특성은 시간의 흐름에 따라 스스로 변해 갈 뿐만 아니라 기타 문화(대문화와 소문화)와의 상호작용에 의해 변화를 가속화하기도 하는 것을 명심해야 한다고 하였다.

기존 문화 간 수사학 연구에서는 주로 글쓰기 자료를 수집하고 나서 학습자를 대상으로 작문 학습 경험, 쓰기 경험, 학습자의 글과 관련된 자료를 수집하곤 하였다. 이런 자료는 텍스트에 나타나는 현상을 해석하는 데 도움이 될 수 있다. 기존의 연구는 작문 학습 경험과 쓰기 경험에 초점을 맞추었고 학습자들이 글을 쓸 때 어떤 사고 과정을 거쳤는지가 상대적으로 소홀히 다루어졌다. 향후에 학습자가 글을 쓸 때의 사고 과정에 관한 연구도 필요할 것으로 보인다.

코너(Connor, 2001: 76)에서 밝혔듯이 문화 간 수사학은 이론과 방법론 면에서 계속 새로운 영향을 환영한다. 따라서 향후 새로운 이론을 수용하여 연구에 적용할 수도 있다. 그리고 코너(Connor, 2011)에서는 어느 한 가지 분석 방법보다 위에서 다룬 방법들을 결합하여 연구를 하는 것을 제안하였다.

(3) 문화 간 수사학의 교육적 적용

문화 간 수사학의 교육적 적용에 대해 마츠다(Matsuda, 1997)에서는 제2언어 쓰기의 고정적 모형을 비판하고 제2언어 쓰기의 역동적 모형을 제시하여 이에 따라 교육적 시사점을 제시한 바 있다. 마츠다(Matsuda, 1997: 58)에 의하면 학습자는 실제적 경험을 통해 쓰기 맥락과의 협상을 학습해야 하기 때문에 진실한 담화공동체에서 진실한 독자를 설정하고 진실한 맥락에서 쓰기를 해야 한다고 주장하였다. 이를테면, 어떤 반에서 어느 학습자가 다른 학습자의 에세이를 비판하는 글을 쓰게 하고 모든 사람과 공유하는 활동을 할 수 있다. 이를 통해 자신의 에세이에 대해 잠재적 독자들이 어떻게 반응하는지를 알 수 있다. 그리고 교사는 쓰기에서 맥락 의식의 중요성, 그리고 필자와 독자의 배경의 교착점에 나타나는 협상을 강조해야 한다. 이렇게 함으로써 학습자들의 맥락 의식을 강화할 수 있다. 제2언어 학습 환경에서는 진실한 담화공동체와 독자들이 존재하므로 이런 접근법은 특히 제2언어 학습 환경에 적합하다(Connor, 2011: 67).

그리고 카사나베(Casanave, 2004: 46-52)에서는 L1과 L2 텍스트의 차이, 학습자의 작문 교육 배경, 독자 기대에 대한 탐색적 교육 접근(investigative pedagogical approach)을 제안하였다. 이 접근법은 실제적 쓰기보다는 의식 구축(awareness building)과 관련된다. 첫 번째는 학습자로 하여금 L1과 L2 텍스트의 차이를 비교/대조하게 하는 것으로 단락 혹은 전체 텍스트를 비교/대조함으로써 L1과 L2 텍스트의 구조적 특징을 파악하게 할 수 있다. 이런 활동은 토론이나 인터뷰를 통해 할 수 있고 L1과 L2 텍스트에 대한 간단하거나 복잡한 분석을 통해서도 이루어질 수 있다. 두 번째는 학습자가 받은 작문 교육인데 L1과 L2 작문 교육이 모두 포함된다. 학습자들이 어떤 작문 교육을 받았느냐에 관한 질문을 하는 식으로 진행할 수 있다. 예를 들어, 좋은 글이 무엇이냐와 같은 질문은 할 수 있다. 세 번째는 L1과 L2 텍스트의 독자의 기대에 대해 물어볼 수 있다. 학습자들이 독자의 기대가 무엇인지를 모르면 교사가 질문을 던지는 방법으로 학습자를 인도할 수 있다.

카사나베(Casanave, 2004)에서 제안한 교육적 접근법은 문화 간 수사학의 전제인 맥락과 텍스트의 중요성, 모어 화자와 비모어 화자의 상호작용이 영어의 특정 장르 쓰기 규범에 관한 새로운 이해를 가져오는 것이 내포되었다(Connor, 2011: 66).

한편으로 구보타와 레너(Kubota & Lehner, 2004)에서는 동화적 교수에서 반패권주의적 교수법으로 바꾸자고 제안하였다. 구보타와 레너(Kubota & Lehner, 2004)에 의하면 교사보다 학습자가 중심이고 학습자로 하여금 모국어 쓰기 방법을 어떻게 인식하고 이런 인식을 어떻게 비판적으로 제2언어 쓰기에 반영하는지를 사고하거나 토론하거나 쓰게 할 수 있다. 이를 통해 학습자는 모국어가 제2언어 쓰기에서 효과가 있을 뿐만 아니라 아주 체계적이고 도움이 됨을 인식할 수 있다. 그리고 학습자로 하여금 자신의 작문 교육 경험을 바탕으로 질문을 하게 할 수도 있다. 목표어의 쓰기 관습에 따라 글을 쓰도록 하는 것은 일종의 패권주의로 이해될 수 있을 듯하다. 그러나 鞠玉梅(2016: 8)에서 지적한 바와 같이 제2언어 글쓰기에서 목표어의 언어와 문화 관습에 존중하고 적응하도록 하는 것이 좋고 목표어 독자들이 받아들일 수 있는 수사적 관습으로 글을 써야 상응의 수사적 효과를 거둘 수 있다. 이런 맥락에서 목표어 글쓰기 관습에 따라 글을 쓰도록 하는 것은 패권주의로 보기가 어려울 것이다. 모국어와 목표어 글쓰기의 차이를 인식하게 하며 모국어와 목표어 글쓰기의 우열 혹은 패권주의보다 목표어 글쓰기 관습에 따라 글을 쓸 수 있는 능력을 기르는 것이 가장 중요하다.

위의 검토를 통해 알 수 있듯이 문화 간 수사학의 교육적 적용은 주로 L1과 L2 텍스트 차이에 대한 인식, L1과 L2 쓰기 방법이나 학습 경험의 차이, 독자 기대가 있다. 실제로 글을 쓰는 것도 중요하게 다루고 있을 것이지만 L1과 L2 텍스트 차이나 쓰기 방법의 차이에 대한 인식을 더욱 강조한다고 할 수 있다. 이는 제2언어 글쓰기 교육에서 '인식'의 중요성을 말해 주는 데 의의를 지닌다. 하지만 '인식'만으로는 제2언어 글쓰기의 모든 문제를 해결하지 못하며 결국은 쓰기 연습을 많이 해야 한다. 향후에 쓰기 연습을 많이 할 수 있는 적용 방법을 탐색해야 한다.

2. 개입과 논증적 글쓰기의 관계

1) 개입의 개념

'개입'(engagement)[5]은 마틴과 화이트(Martin & White, 2005)의 평가어 이론의 하위 범주이다. 평가어 이론은 학습 부진 학생의 글쓰기와 문식성 향상 프로젝트(the Disadvantaged Schools Program's Write Right Literacy Project)의 일환으로 시작되어 글을 읽고 쓰는 능력을 양성시키는 과정에서 탄생하였다(김해연, 2016: 172). 평가어 이론은 체계기능언어학의 상호작용적 기능을 발전시키는 것으로서 '태도', '개입', '강도'가 포함된다(Martin & White, 2005). '태도'는 사물, 사람, 행동, 사건, 상황에 대한 필자 또는 화자의 생각이나 평가를 나타내는 언어 자원이고 '개입'은 기술된 입장에 대한 필자의 위치를 보여 주는 언어 자원이며 '강도'는 '태도'나 개입의 강도를 높이거나 낮추는 언어 자원이다.

'개입'은 기술된 입장에 대한 저자의 위치를 보여 주는 언어 자원으로서 텍스트를 위한 다성적 배경을 구축하기 위해 선행 발화, 가능한 대안적 관점,

---

5 'engagement'에 대한 번역은 이창수(2009), 마승혜(2011), 신진원(2014), 이주리애(2011, 2015), 김병건(2016ㄱ, ㄴ)에서는 모두 '개입'으로 번역하였고 박미준(2015)에서는 '참여'로 번역하였으며 김해연(2016)에서는 '관여'로 번역하였고 이슬비(2016)에서는 '독자 관여'로 번역하였다. 중국 학계에서 潘小珏(2008), 向平 · 肖德法(2009), 陳曉燕 · 王彥(2010), 孟勐 · 李雪(2010), 王繼美 · 李長忠(2010), 王振華 · 路洋(2010), 袁傳有 · 胡錦芬(2011), 岳穎(2011), 李長忠 · 眭丹娟(2012), 劉丹(2013), 付瑤(2014), 梁海英(2014)에서는 모두 '介入(개입)'으로 번역하였다. 이를 통해 대부분 연구자는 '개입'으로 번역한 것을 알 수 있다. 따라서 본 연구에서도 학계에서 널리 받아들여진 '개입'이라는 용어를 쓰기로 하였다.

필자가 기대하는 담화가 모두 혼재된다(Martin & White, 2005). 선행 발화는 논증적 텍스트에서 보고서의 내용과 전문가 의견의 인용과 관련되는 것이다. 가능한 대안적 관점은 예상 독자의 가능한 반대 입장과 관련되는 것인데 이는 툴민(Toulmin, 2003, 謝小慶 · 王麗 역, 2016)과 윌리엄스와 콜럼(Williams & colomb, 2007, 윤영삼 역, 2008)의 논증구조의 필수적 요소이다. 그리고 스웨인(Swain, 2010: 295)에 의하면 학문 목적 교육에서 다루어지는 완곡 표현(hedges)은 '개입'의 하위 범주인 '판단유보'(-(으)ㄹ 것이다, -(으)ㄹ 수도 있다 등)에 해당되는 것이다. 그리고 예상 반론을 고려한 논증을 할 때 서로 다른 주장에 대한 참고 · 비교 · 대조가 필요한데 서로 다른 주장을 비교 · 대조할 때 '반대' 자원(그러나, 그런데)과 관련되며 서로 다른 주장을 참고할 때 객체화 자원을 사용해야 한다.[6] 이처럼 '개입'은 논증적 텍스트에서 중요한 역할을 하므로 호(Ho, 2011: 43)에서 지적한 바와 같이 '개입'은 논증적 글쓰기와 직접적 관련이 있다. '개입'은 필자 자신의 목소리와 타자의 의견으로 나눌 수 있는데 필자는 자신의 목소리와 타자의 의견의 조율을 통해 독자와 상호작용하고 자신의 입장을 표현한다. 이를테면, 어떤 문제에 대한 찬반 논의에서 필자는 자신의 입장을 포함한 다양한 입장을 텍스트에 도입하고 서로 다양한 입장들을 조율하여 예상 독자와의 상호작용을 하면서 필자의 입장을 표현할 수 있다. 이숙희(Lee, 2006)와 리우(Liu, 2015)에 의하면 능숙한 필자들은 '다성적 목소리'를 많이 사용하는 경향이 있고 '다성적 목소리' 간의 결합 사용을 중요시하는 경향이 있다. 물론 '단성적 목소리'도 사용하지만 보통 '다성적 목소리'와 밀접한 관련을 맺어 사용한다(Lee, 2006).

'개입'의 전통으로는 모든 의사소통이 '대화적'이라고 보는 바흐친(Bakhtin)과 보로시노브(Voloshinov)이다(Martin & White, 2005: 92). 즉 '개입'은 필자와 잠재적 독자와의 대화와 의사소통을 강조한다. '개입'은 텍스트 속 저자의 목

6 '개입'이 구체적으로 논증적 텍스트에서 어떤 역할을 하는지에 대해 다음 절 '개입의 유형'에서 보다 더 구체적으로 설명하도록 한다.

소리와 다른 목소리의 관계를 살피는 이론적 틀을 제공하면서 저자의 입장, 정체성 등에 대한 메시지를 전달한다(김병건, 2016ㄱ: 34). 특히 특정 장르를 대상으로 문화 간 기술방식 비교 혹은 영어 모어 화자와 비모어 화자의 서술 방식 비교에 많이 활용되고 있다(신진원, 2014: 32). 그리고 '개입'은 어휘나 표현을 통해 이루어지지만 문법적 표현보다 맥락에서의 의미와 수사적 효과를 지향한다(Martin & White, 2005: 94). 즉 '개입'을 이루는 표현보다 실제로 필자와 독자의 상호작용에서 어떤 수사적 효과를 거둘 수 있는지에 초점을 둔다. 王振華 · 路洋(2010: 52)에 의하면 '개입'은 언어학에서 '태도'의 개입을 가리키는데 언어로 태도를 표현할 때 직설적으로 자신의 생각을 표현하거나 타인의 관점이나 입장을 인용하여 자신의 입장을 간접적으로 표현한다. 이렇게 직설적인 입장 표명과 간접적인 입장 표명은 '개입'의 두 가지 요소가 되는데 전자는 '단성적 목소리'(monogloss)이고 후자는 '다성적 목소리'(heterogloss)[7] 이다.

7 'monogloss'와 'heterogloss'에 대해 마승혜(2011), 김병건(2016ㄱ)에서는 발음대로 각각 '모노글로스'와 '헤테로글로스'로 음역(音譯)하였고 이주리애(2015)에서는 각각 타인 의견 차단과 타인 의견 제시로 번역하였으며 이슬비(2016)에서는 각각 단일 목소리와 다성적 목소리로 번역하였다. 중국 학계에서 孟勐 · 李雪(2010), 王繼美 · 李長忠(2010), 王振華 · 路洋(2010), 李長忠 · 眭丹娟(2012), 劉丹(2013), 付瑤(2014)에서는 각각 '自言(자언, 자신의 말)'과 '借言(타인에게서 빌린 말, 타인의 말)'으로 번역하였으며 潘小珏(2008), 劉世生 · 劉立華(2010), 袁傳有 · 胡錦芬(2011), 岳穎(2011)에서는 각각 '單聲(性)'('단성적 목소리')과 '多聲(性)'('다성적 목소리')으로 번역하였다. 이숙희(Lee, 2006: 91)와 마틴과 로스(Martin & Rose, 2007: 49)에서는 'monogloss'를 'single voice', 'heterogloss'를 'multiple voices'라고 하였다. 즉 'monogloss'는 '단성적 목소리'이고 'heterogloss'는 '다중 목소리'이다. 종합해서 본다면, 'monogloss'는 타인 의견을 차단하기 때문에 화자/필자 자신의 의견을 가리키고 'heterogloss'는 타인의 의견을 제시하는 것을 고려하면 '단성적 목소리'와 '다성적 목소리'로 번역하는 것이 무리가 없을 것이다. 즉 monogloss'는 오직 화자/필자 자신의 '단성적' 목소리이며 'heterogloss'는 외부의 많은 사람의 의견을 제시하기 때문에 '다성적' 목소리이다.

2) 개입의 유형[8]

마틴과 화이트(Martin & White, 2005: 99)에서 '개입'은 타자의 언급을 고려하느냐 여부에 따라 '단성적 목소리'와 '다성적 목소리'로 나뉘는데 '단성적 목소리'는 기타 목소리와 관점을 언급하지 않는 것이며 '다성적 목소리'는 기타 목소리와 관점을 언급하여 대화적 대안을 허용하는 것이다. '단성적 목소리'는 타인의 의견을 차단하는 것이며 화자/필자 자신의 의견만 제시하는 것이라면 '다성적 목소리'는 자신의 의견이 아닌 타인의 의견을 제시하는 것이다. '단성적 목소리'는 전적으로 자신의 말로 자신의 입장을 표현하고 다성적 목소리는 타인의 말로 자신의 입장을 표현한다. 그리고 '다성적 목소리'의 명제에 담겨 있는 잠재적인 '목소리'도 포함된다(王振華 · 路洋, 2010: 52).

(1) 단성적 목소리

'단성적 목소리'는 명백히 타자의 목소리를 언급하지 않거나 대안적 위치를 인정하지 않는다는 점에서 '다성적 목소리'와 구별된다. 이렇게 함으로써 현재의 의사소통 맥락에서 화자/저자는 제시된 명제를 인정하거나 개입할 대화적 대안이 없는 것으로 표현하여 대화성이 약하고 절대적 선포(declared categorically)가 된다. 마틴과 화이트(Martin & White, 2005: 100-102)에 의하면 명제가 당연시한 것으로 표현되느냐 현재 토론하고 있거나 토론할 것으로 표현되느냐에 따라 '가정'(presupposition)과 '단언'으로 나누어진다. '가정'은 더 이상 이슈가 아니고 이어진 대화에서 토론할 것이 아닌 정해진 기정사실로 볼 수 있다. '단언'은 현재 텍스트에서 토론하고 논증하고 있는 초점이다. '단언'을 하고 나서 근거를 들어 이에 대한 논증이 뒤따르는 것이 일반적이다. 이와 달리 이숙희(Lee, 2006: 170)에서는 '단성적 목소리'는 '가정'(presupposition/

8 이 부분은 주로 마틴과 화이트(Martin & White, 2005)에 의해 작성하였다.

assumption), '단순 사실'(simple fact/event), '단언'(assert)을 포함한다고 하였다. '단순 사실'은 현실 세계의 사건에 대한 진술로 입증할 수 있는 것이며 '단언'은 필자의 목소리와 판단에 기반을 두는 진술로 입증이 불가능하다(Lee, 2006: 170). '가정'은 일반적이거나 합의된 상식 혹은 공유된 신념이나 관점으로 '상호텍스트적 가정'(inter-textual presupposition)과 '근거 기반 가정'(intra-textual presupposition)으로 나누어지는데 '상호텍스트적 가정'은 어딘가에 말하게 되었거나 쓰인 것으로 필자와 독자 간에 공유한 것이며 '근거 기반 가정'은 텍스트에 나타난 것에 기반을 두는 것이다(Lee, 2006: 171-172). 그리고 호(Ho, 2011: 86)에서는 '단성적 목소리'를 '상호텍스트적 가정'(inter-textual)과 근거 기반 가정(intra-textual), 그리고 '내러티브'로 분류하였다. 호(Ho, 2011: 86-88)에 의하면 '근거 기반 가정'(intra-textual)은 텍스트의 어딘가에 이미 제시된 근거의 지지를 받는 가정이며 '상호텍스트적 가정'(inter-textual)은 아무 근거의 지지를 받지 않는 진술(statement)이나 텍스트 내에 근거가 없지만 저자가 독자와 공유한다고 생각하는 일반 지식이나 신념/관점의 지지를 받는 가정이다. '근거 기반 가정'과 '상호텍스트적 가정'의 가장 중요한 차이는 논의가 되고 있는 주장(claim)이 텍스트 내부 혹은 외부에서 지지를 받느냐이다. 내러티브는 저자가 '내러티브'를 통하여 논증을 구축하려는 것이다.

이렇게 보면 호(Ho, 2011)에서 제시한 '상호텍스트적 가정'은 근거 없는 단언도 포함되어 있기에 마틴과 화이트(Martin & White, 2005)에서 제시한 '가정'을 포함하고 더 큰 범주로 볼 수 있을 것이다. 즉 근거가 없는 단언과 독자와의 공유지식으로 보는 것이 모두 포함될 수 있다. 호(Ho, 2011)에서 언급한 '상호텍스트적 가정'은 필자 개인의 단언도 포함될 수 있는데 이숙희(Lee, 2006)에서는 필자 개인의 단언을 따로 범주로 설정하였다. 본 연구에서도 이숙희(Lee, 2006)처럼 필자 개인의 단언을 '상호텍스트적 가정'과 분리시키는 것이 더 타당하다고 본다. '상호텍스트적 가정'은 독자와의 공유 지식이기 때문에 독자를 적극적으로 고려하는 것으로 볼 수 있지만 필자 개인의 단언은 근거가 없고 단지 필자 자신의 생각이기에 독자가 인정하지 않을 수도 있기 때문이다. '근거 기반 가정'은 텍스트에 이미 제시된 근거의 지지를 받는 것이며 '단언'은 현재 토론하거나 논증하고 있는 초점으로서 후속 논증의 지지를 받는 것으로 볼 수 있다. 즉 '근거 기반 가정'과 '단언'은 모두 텍스트 내에 근거가 있는 공통점이 있음을 고려한다면 이 둘을 묶어서 하나의 범주, 즉 텍스트 내에 근거 있는 가정으로 설정하는 것이 가능할 것이다. 본 연구에서는 이를 '근거 기반 가정'이라는 용어를 쓰기로 하였다. 따라서 '단성적 목소리'는 상호텍스트적 가정(inter-textual presupposition)(독자와의 공유 지식)과 근거 기반 가정(intra-textual presupposition)(텍스트 내에 근거가 있는 것), 그리고 '내러티브'와 '개인적 단언'(아무 근거도 없는 것)으로 나누기로 하였다. 아래의 예시를 통해 살펴보자.

(a) 이뿐만 아니다. (중략) 지난 7월엔 감사원이 한국서부발전 · 대한석탄공사 · 디자인진흥원을 검찰에 수사의뢰했다.(**상호텍스트적 가정**) (맹강, 2017ㄱ: 86)(밑줄은 필자)

예(a)는 '상호텍스트적 가정'의 예인데 제시된 내용은 이미 기정사실이 되어 버렸고 뉴스를 보는 사람이라면 다 알 수 있는 것이다. 맹강(2017ㄴ)에 의하면 신문 사설[9]에서 '상호텍스트적 가정'은 주로 배경 제시와 근거 제시의 역할을 한다. 즉 서론에서 화제나 주장 도입을 위한 배경을 제시하거나 주장을 뒷받침하기 위한 근거를 제시한다. 그리고 맹강(2017ㄴ)에서는 위와 같은 상호텍스트적 가정을 객관 사실과 공유 지식으로 나누었는데 객관 사실은

9 신문 사설은 본 연구에서 살펴보려는 논증적 글쓰기와 완전히 같은 장르라 할 수는 없지만 코너(Connor, 1996: 143-144)에 의하면 신문 사설은 설득적 글의 가장 좋은 예로서 설득적 글쓰기의 기준이 될 수 있다. 그리고 신문 사설은 논증적 글쓰기의 보편적 장르 중의 하나라 할 수 있고 일종의 관습성을 띠고 있고 논증의 요소도 모두 포함하고 있다. 교육적 활용도가 높은 편이라 할 수 있다. 따라서 맹강(2017ㄱ, ㄴ)의 연구결과를 참고할 만하다고 판단되었다. 참고로 한국에서 신문 사설은 교육 현장에서 토의 토론이나 작문 혹은 논술 지도의 자료로 활용되어 왔다(민병곤, 2000: 133).

예(a)처럼 객관적으로 존재하고 모든 사람이 부정할 수 없는 것이며 공유 지식은 객관적 사실로 보기가 어렵겠지만 많은 사람이 인정할 수 있고 독자와의 공유 지식으로 볼 수 있는 것이다. 아래 예(b)는 그것이다.

(b) 외려 교사의 전문성을 높이는 게 세계적 추세다.(**상호텍스트적 가정_공유 지식**) 이참에 로스쿨처럼 교사 육성 · 임용을 함께 책임지는 교사 양성 시스템을 적극 고민해야 한다.(**공표**) (맹강, 2017ㄴ: 130)

예(b)는 모든 사람이 부정할 수 없는 객관적 사실로 보는 데 다소 무리가 있을 것이지만 이 분야를 아는 사람이라면 대충 인정할 수 있는 공유 지식으로 볼 수 있을 것이다. 아래 예(c)는 '근거 기반 가정'의 예이다.

(c) 공무원 연금을 일부 개혁했다고는 하지만 아직 퇴직 공무원의 연금 혜택은 일반 국민과 비교할 수 없을 만큼 후하다.(**근거 기반 가정**) 공무원과 민간 직장인이 2016년부터 각각 월 300만원 고정소득으로 30년간 연금에 가입했다고 가정할 경우 연금수령액은 공무원이 208만원, 국민연금 가입자는 80만원이다. (맹강, 2017ㄱ: 87)

예(c)에서 밑줄 친 부분은 '근거 기반 가정'인데 현재 텍스트에서 논증하고 있는 이슈이다. 그 뒤의 내용은 이를 지지하기 위한 근거로 볼 수 있다.

(d) 저는 조기 외국어 학습을 받았습니다. 다섯 살 때부터 영어유치원에서 영어 몰입교육을 받았고, 열 살 때부터는 스페인어 과외 수업을 받았습니다. 그 덕에 유리했던 부분들이 많았습니다. 영어를 어린 나이에 접했던 터라 청소년기 시절 다른 학생들에 비해 수월하게 영어를 구사할 수 있었습니다. (후략) (**내러티브**) (KNS15KW)

(e) 영어나 다른 외국어를 지나치게 중시하면 무조건 자기 국가의 국어를 홀시한다.(**개인적 단언**) (CKL57KW)

예(d)에서 KNS15는 자신의 외국어 학습 경험을 제시하여 조기 외국어 학습에 찬성하는 주장을 뒷받침하기 위한 근거로 활용하였다. 예(e)에서는 CKL57의 '개인적 단언'으로 텍스트에서 근거의 지지를 받지 않고 또 대부분 사람이 인정하기가 어려운 것이다.

(2) 다성적 목소리

마틴과 화이트(Martin & White, 2005: 102)에 따르면 '다성적 목소리'는 대화적 대안의 위치와 목소리를 허용하는 '대화적 공간 확대'와 대화적 대안의 위치와 목소리를 도전하거나 피하거나 한정하는 '대화적 공간 축소'로 분류된다. '대화적 공간 확대'와 '대화적 공간 축소'는 모두 간접 화법을 통하여 발화(utterance)와 관점이 외부적 목소리임을 언급한다. '대화적 공간 축소'는 특정한 표현을 통하여 명제가 '진(眞)'임을 표현하여 외부 목소리와 결속을 이루어 진실하거나 잠재적 반대 위치를 반대하거나 적어도 피하게 된다. 이렇게 함으로써 대화적 대안의 공간을 닫게 된다. 반면에 '대화적 공간 확대'는 텍스트의 목소리가 제시된 명제와 거리를 유지하고 확신한 것이 아니라면 의심할 여지가 있음을 표시한다. 이렇게 함으로써 대안의 위치에 대화적 공간을 열어 준다. 명제를 '승인'(endorse)하느냐, 저자의 목소리와 명제의 거리를 유지하느냐가 대화적 축소와 대화적 확대의 본질적 차이이다. 대화적 공간 확대는 다시 '판단유보'(entertain)와 '객체화'(attribution)로 나누어지고 '객체화'는 다시 '인정'(acknowledge)과 '거리'(distance)로 나뉠 수 있다. '대화적 공간 축소'는 '부인'(disclaim)과 '선언'(proclaim)으로 나눌 수 있는데 '부인'은 다시 '부정'(deny)과 '반대'(counter)로 나누고 '선언'은 다시 '동조'(concur), '승인'(endorse- ment), '공표'(pronounce)로 나눌 수 있다. 다음에 '다성적 목소리'

에 대하여 더 자세히 살펴보자.

① 대화적 공간 확대

가. 판단유보

'판단유보'는 저자의 목소리가 많은 가능성 중의 하나임을 나타내어 그 가능한 위치에 대화적 공간을 열어 주는 것이다. '판단유보'를 표시하는 언어 자원은 마틴과 화이트(Martin & White, 2005: 105)에서는 '가능성 평가'를 나타내는 법조동사(modal), '개인 관점'(opinion) 표현, 근거 있는 가정(evidence/appearance-based postulation), 수사적(설명적) 질문(rhetorical/expository question)을 뽑았는데 한국어에도 대응되는 표현이 있을 것이다. 김병건(2016ㄱ: 48)은 '가능성'을 표시하는 표현으로 다음 표〈Ⅱ-1〉과 같이 '-을 수 있다', '-을 것으로 보이다' 등을 제시하였다. 그리고 '개인 관점'을 표시하는 표현으로는 '-라고/다고 생각하다', '내 생각에는', '내가 보기에는' 등과 같은 것이 있다. 근거 있는 가정은 명제가 화자/저자의 추론 혹은 추측을 통하여 얻어진 결론으로서 상황에 따라 달라질 수 있고 주관적인 것이다. 명제를 추측된 것으로 표현하는 것은 많은 가능한 대안 중의 하나로 표시함으로써 이런 대안에 대화적 공간을 열어 주기 위한 것이다. 이와 같은 추측은 화자/저자가 일정한 근거에 기반한 것으로 볼 수 있겠다. 이와 같은 근거 있는 가정도 궁극적으로 가능성 표현을 통해 이루기 때문에 '가능성 평가'로 묶는 데 무리가 없을 것이다. 마틴과 화이트(Martin & White, 2005: 110)에서 수사적 질문은 구체적 대답을 가정하지 않고 일부 명제의 가능성을 향상시킨다고 주장하였다. 본 연구는 수사적(설명적) 질문은 독자의 흥미를 유발하려는 것이라고 생각하고 일종의 가능성을 제시하고 판단을 유보하는 것으로 보지 않는다. 그리고 한국어의 '개입'을 다루는 신진원(2014), 이주리애(2015), 김병건(2016ㄱ)에서도 수사적(설명적) 질문을 다루지 않았다.

〈표Ⅱ-1〉 발생 가능성의 정도에 따른 표현 분류(김병건, 2016ㄱ: 48)

가능성 높음〈〈	——————————————	〉〉가능성 낮음
-는 전망이 지배적(확정적)이다	-는 분위기다	-는 미지수다
-을 가능성이 높다 -을 공산이 크다 -을 확률이 높아지다	-을 것으로 관측되다 -을 것으로 예상되다 -을 것으로 전망되다 -을 것으로 보이다 -을 수도 있다 -을 만하다	-을 것으로 추정되다

'판단유보'는 위와 같은 표현을 통하여 명제를 화자/저자의 개인적 주관성에 근거한 것으로 표현함으로써 텍스트에 다성적 배경을 구축해 준다. 이렇게 하여 저자는 현재의 의사소통 맥락에서 이 명제는 많은 가능한 명제 중의 하나임을 인정한다. 이런 표현은 단언을 피하고 명제를 논쟁적인 것으로 표현하고 저자의 관점과 다른 사람도 있음을 인정하는 기능을 수행한다. 다음 예시를 통해 살펴보자.

(e) 국내 관광지의 인파와 전국 도로의 차량 행렬만 보면 긴 연휴로 인한 내수 진작 효과가 작지 않을 것 같다.(**가능성 평가_배경 제시**) 오래 쉰 덕분에 몸과 마음을 재충전하면서 느끼는 여유와 즐거움, 이로 인한 생산성 향상도 긍정적인 효과로 기대된다.(**가능성 평가_배경 제시**) 하지만 해외로 나간 여행객을 고려하면 내수 효과는 그만큼 반감됐을 것이고 관광수지 적자 폭은 더 커졌을 게 분명하다.(**반대**) (맹강, 2017ㄴ: 135)

(f) 실제로 인사담당 직원이 사장의 지시를 알아서 이행하거나 양해하면 이를 지시한 사장을 처벌하기는 쉽지 않은 실정이다.(**반대**) 법 위반을 회피하기 위해 노골적인 채용 지시 대신 '결과만 알려 달라' '잘 챙겨보라'는 암묵적인 청탁이나 은밀한 지시가 더 많을 수도 있다.(**가능성 평가_근거 제시**) (맹강, 2017ㄱ: 135)

예(e)와 (f)는 '가능성 평가'의 예인데 (e)에서 '가능성 평가'는 이어서 나온 필자의 주장을 위한 배경을 제시하는 것이며 예(f)에서 '가능성 평가'는 앞의 필자의 주장을 지지하기 위한 근거로 사용되었다. 맹강(2017ㄴ: 134)에 의하면 한국어 논증적 텍스트(신문 사설)에서 '가능성 평가'는 주로 주장하기와 근거 제시의 기능을 수행하며 이외에 배경 제시와 평가하기의 역할도 한다. 아래는 '개인 관점'의 예이다.

(g) 그런데 조기 외국어 교육은 진정 바람직한가? 필자는 조기 외국어 교육이 바람직하지 않다고 생각한다.(**개인 관점**) 그 이유를 세 가지로 살펴보도록 하자. (KNS20KW)

예(g)에서 밑줄 친 부분은 '개인 관점'이다. KNS20은 '-다고 생각하다'로 명제를 개인의 관점으로 표현하여 보다 부드럽게 자신의 주장을 제시하였다. 맹강(2017ㄱ: 100, 2017ㄴ: 134)에 의하면 한국과 중국의 신문 사설에는 '개인 관점'을 잘 쓰지 않는 경향이 있다고 밝혔다.

'-(으)ㄹ 것이다', '-(으)ㄹ 수 있다' 등과 같은 가능성 표현은 문법론에서 양태 범주에서 다루어지기도 한다. 마틴과 화이트(Martin & White, 2005: 105)에 따르면 양태 범주에서 '가능성 평가' 표현은 어떤 명제에 대해 '진리 가치에 관한 담보(commitment)가 부족하다'는 것을 표시한다. 그러나 평가어 이론에서 이러한 '정보의 신뢰성'은 초점이 아니라 대화적인 관점에서 표현된 명제가 단지 여러 가지 가능성 중의 하나이며 다른 가능한 대안도 존재함을 인정하여 대화적 공간을 확대하는 데 초점을 둔다.

나. 객체화(attribution)

'객체화'는 명제를 텍스트 내부의 저자 목소리와 분리하고 외부 자원에 귀속시키는 언어 자원이다(Martin & White, 2005). '객체화'는 전달하는 명제가 외부의 목소리를 참조했음을 표시하는 '-며/면서', '-고'와 같은 연결어미와

‘말하다’, ‘밝히다’, ‘전하다/전해지다’ 등과 같은 전달동사로 표현된다. ‘객체화’와 ‘판단유보’는 모두 심리를 표현하는 동사로 이루어질 수 있지만 판단유보는 저자 자신의 목소리를 자원으로 하고 ‘객체화’는 외부의 목소리를 자원으로 한다. 즉 ‘객체화’는 저자가 개입하지 않고 외부의 자원을 나열하기만 한다. 마틴과 화이트(Martin & White, 2005)에 의하면 ‘객체화’는 다시 ‘인정’(acknowledge)과 ‘거리’(distance)로 나눌 수 있다.

㉮ 인정

‘인정’은 외부의 목소리에 대한 저자의 태도가 명확히 제시되지 않는 것이다(Martin & White, 2005). ‘인정’을 통하여 명제를 외부의 목소리와 연결하고 저자의 목소리가 외부의 목소리와 상호작용이 이루어지며 다성적 배경이 형성된다. 이렇게 함으로써 명제가 전달하는 관점을 명시적인 주관성으로 귀속시켜 명제가 개인적인 것으로서 단지 많은 가능한 대화적 대안 중의 하나임을 나타낸다. 이런 측면에서 보면 ‘인정’은 대화를 기대하고 이어진 대화에서 다른 관점을 갖는 사람에게 공간을 열어 준다.

(h) 공무원의 연간 근로시간은 2178시간으로 민간 기업 관리 · 사무직의 2246시간보다 짧은데 공무원 평균 연봉은 6257만원으로 기업의 5489만원보다 더 많은 것으로 조사됐다.(**인정**) (맹강, 2017ㄴ: 136)

예(h)에서의 ‘인정’은 서론에 나와 주제와 관련된 내용을 제시하여 이어진 논증을 위한 배경을 제시하는 역할을 한다. 맹강(2017ㄴ: 136)에 의하면 ‘인정’은 서론이나 본론에 나와 배경 제시를 하는 역할을 하는 것이 일반적이다.

㉯ 거리

‘거리’는 명시적으로 저자의 목소리와 귀속(attributed) 자료를 분리시킨다(Martin & White, 2005). ‘인정’에 비하여 ‘거리’는 저자의 목소리가 명제에 대해 책임지지 않음을 명확히 표시하여 최대한도로 대화적 대안의 공간을 열어준다. 즉 저자는 단지 다른 사람의 관점을 전달할 뿐이고 독자는 이러한 귀속 자료가 믿을 만한지를 식별할 것이다. 논증적 글에서 저자는 귀속 자료로 글의 핵심 가치 포지셔닝을 표현하지 않으며 저자는 절대적 용어로 핵심 내용을 공표하는데 가장 전형적인 것은 외부의 목소리로 논증을 지지하는 것이다(Martin & White, 2005: 116).

'인정'은 명제에 대한 저자의 입장에 대해 자세한 설명을 하지 않아 열려 있는 것으로 표현함으로써 저자가 텍스트에 제시된 명제에 대해 동의하거나 동의하지 않거나 중립적이거나 무관심함을 표시한다. 그러나 '거리'는 분명히 저자의 목소리를 외부의 목소리에서 분리시키는 데 '인정'과 다르다. 아래의 예를 보면서 살펴보자.

(i) 조 교육감은 "문재인 정부의 최대 교육공약인 '1수업 2교사 제도'를 조속히 시행하도록 청와대에 촉구해 더 많은 교원이 교단에 설 수 있도록 힘쓰겠다"고 말했다.(**거리**) 그러나 기존 교사들이 호응하지 않는 '1수업 2교사' 제도가 근본 대안이 될 수는 없다.(**반대**) (맹강, 2017ㄴ: 137)

예(i)에서 밑줄 친 부분은 '거리'인데 이어진 '반대'를 통해 알 수 있듯이 필자는 밑줄 친 부분의 입장과 분명한 거리를 유지하려는 것이다. 이는 예(h)와 다르다. 예(h)에서는 필자가 '인정'으로 표현된 명제에 대한 태도가 불분명하고 분명한 거리를 유지하려는 것이 아니다. 맹강(2017ㄴ: 137)에 의하면 논증적 텍스트에서 '거리'는 보통 필자와 다른 입장을 언급할 때 사용된다.

② 대화적 공간 축소

가. 부인

'부인'은 일부 대화적 대안이 직접적으로 거절되거나 대체되거나 적용되지 않는 것으로 표현된다(Martin & White, 2005). '부인'은 다시 '부정'(deny)과 '반대'(counter)로 나누어진다.

㉮ 부정

'부정'은 가능한 대화적 대안을 직접적으로 거부하는 것이다(Martin & White, 2005). 대화의 시각에서 본다면 '부정'은 가능한 긍정적 주장을 대화에 도입하고 그런 주장이 있음을 인정하고 그것을 거부한다. 대화적 용어에서 '부정'은 단순히 긍정의 논리적 대립이 아니다. '부정'은 항상 긍정을 불러오지만 긍정은 꼭 '부정'을 불러오지 않기 때문이다. '부정'은 '반대'와 '수정'으로 나뉠 수 있다. '반대'는 예상 독자의 기대와 다른 것이다. 수정은 수신자에 비해 발신자가 어떤 분야에서 더 많은 전문 지식을 갖고 있어 수신자의 오해나 틀린 개념을 수정해 주는 것으로서 수정하는 것이고 반대하는 것이 아니다. 이렇게 하여 발신자가 수신자의 지식 수준을 감안했음을 표시하여 결속성을 향상시킨다. '부정'은 일반적으로 '아니다', '-지 못하다', '-지 않다', '없다', '못', '안' 등을 통하여 나타난다.

(j) 뉴스를 생산하지 않으므로 언론사가 아니라는 게 책임 회피의 이유다.(**거리**) 그러나 네이버는 인링크 방식으로 뉴스를 단순 유통시키는 것이 아니라(**부정**) 자체 뉴스편집 서비스를 하고 있다.(**반대**) (맹강, 2017ㄴ: 138-139)

예(j)에서 '부정'으로 표현된 명제는 '네이버는 인링크 방식으로 뉴스를 단순 유통시키는 것이다'라는 주장이 있음을 가정하고 또 이런 주장을 텍스트에 도입하여 그것을 부정한 것이다. 맹강(2017ㄴ: 138)에 의하면 '부정'은 주로 예상 반론을 언급하고 부정하는 데 사용되며 예상 반론을 제시하고 반박하여 설득력을 높일 수 있다.

㉯ 반대

'반대'는 기대되었던 것과 달리 기대되었던 명제가 텍스트에 제시된 명제에 의하여 대체되는 언어 자원이다(Martin & White, 2005). '반대'는 '부정'과 같이 대립된 위치를 도입하고 부정한다. '반대'는 보통 역접의 의미를 표시하는 '그렇지만', '그러나', '하지만'과 같은 접속부사나 '-(으)나', '-지만'과 같은 연결어미를 통하여 이루어진다.

(k) 뉴스를 생산하지 않으므로 언론사가 아니라는 게 책임 회피의 이유다.(**거리**) 그러나 네이버는 인링크 방식으로 뉴스를 단순 유통시키는 것이 아니라 자체 뉴스편집 서비스를 하고 있다.(**반대_주장 제시**) (맹강, 2017ㄴ: 141)

(l) 저출산으로 학령(學齡) 인구는 계속 줄어드는데(**상호텍스트적 가정_객관 사실**) 교육 당국은 사범대 · 교대 구조조정을 소홀히 했다.(**반대_문제 지적**) (맹강, 2017ㄴ: 141)

예(k)에서 '거리'로 상대방의 입장을 제시하고 '반대'로 필자의 주장을 제시함으로써 상대 주장을 반박하였다. 예(l)에서는 '상호텍스트적 가정'을 일반적인 배경을 제시하고 이어서 '반대'로 현재 존재하고 있는 문제점을 지적하였다. 맹강(2017ㄴ: 139-141)에서는 '반대'는 주로 상대 주장을 반박하여 필자 주장을 제시하는 기능과 어떤 문제에 둘러싼 문제점을 지적하는 기능을 수행한다고 밝혔다.

나. 선언

'선언'은 대립적 위치를 직접 거절하거나 부정하기보다는 저자의 삽입, 강조 혹은 간섭으로 가능한 대화적 대안을 배제한다(Martin & White, 2005: 117-118). '선언'은 다시 '동조'(concur), '승인'(endorsement), '공표'(pronounce)로 나누어진다.

㉮ 동조

'동조'는 발신자가 예상 수신자와 같은 지식을 공유하는 것을 명확하게 선고함을 표시하는 언어자원이다(Martin & White, 2005). '동조'는 '물론', '(물론) -기는 하다'와 같은 표현을 통해 이루어진다. 이와 같은 '동조' 표현은 화자/필자와 텍스트의 독자와 '대화하고 있음'을 표현하여 대화적인 것으로 볼 수 있다. 이런 표현은 공유되는 가치 혹은 신념을 널리 알려져 있거나 적어도 현재의 의사소통 맥락에서는 널리 알려진 일반적인 것으로 표현하기 때문에 대화적 축소이다.

여기서 주목할 만한 것은 '동조'는 가끔 '반대'의 선도가 될 수 있다는 것이다. 이러한 '동조'는 양보(concession)로 볼 수 있겠다. 양보 앞의 논증 근거는 포기되고 이러한 근거는 이어진 '동조' 이동마디(move)에 의하여 대체된다. 이런 '동조'는 꺼리거나 유감스러운 느낌이 있는데 앞에서 제시한 '동조'와 좀 다르다. 전자는 '단언적 동조'(affirming concurrence)라고 하며 후자는 '양보적 동조'(conceding concurrence)라고 한다. '양보 동조'는 양보+'반대'로 볼 수 있는데 이런 경우에 저자는 예상 독자가 자신의 논증을 어느 정도 반대한다고 가정한다. 이는 어떤 맥락에서 저자가 결속을 추구하는 것으로 볼 수 있는데 저자가 독자의 기대와 다르다.

ⓜ 물론 극히 일부 교사의 일탈로 인해 40만 교원의 명예가 훼손돼서는 안 된다.(**동조**) 그렇지만 어물쩍 넘길 일도 아니다.(**반대**) (맹강, 2017ㄴ: 143)

예ⓜ에서 필자는 '일부 교사의 일탈로 인해 40만 교원의 명예가 훼손돼서는 안 된다'라고 생각하는 잠재적 독자가 있음을 가정하여 이런 입장을 제시한 것이다. 다소 유감스럽겠지만 이어서 '반대'와 '부정'으로 '그렇지만 어물쩍 넘길 일도 아니다'로 필자의 반박을 제시하였다.

'동조'를 이루는 표현은 문법론에서 보통 '양보 표현'으로 다루어진다. 앞서 밝힌 바와 같이 '동조'는 대화적 관점에서 필자가 독자와 같은 공유 지식을 갖추고 있다는 것으로 표현하여 독자와의 상호작용을 추구한다는 점에서 '양보 표현'과 다르다.

㉯ 승인

'승인'은 명제가 외부의 목소리에 기반을 두고 화자/저자의 목소리를 통하여 정확하고 믿을 만하고 부정할 수 없는 것이 된다(Martin & White, 2005). 김병건(2016ㄱ: 44-45)에 의하면 '승인'은 전형적으로 'X에 따르면', 'X을/를 보면', 'X에/에서 (보듯이)', '(X의) 조사/확인/감사/…결과' 등과 같이 명제가 신뢰할 만한 출처에서 나왔음을 표시하는 표현으로 실현된다. 그리고 '나타나다', '드러나다', '조사되다', '밝혀지다', '확인되다' 등과 같이 출처가 신뢰할 만하거나 사실에 입각한 것을 담보하는 표현으로도 나타난다. 이런 표현들은 'X에 따르면'과 같이 쓰면 보다 더 높은 신뢰성을 표시할 수 있다.

'승인'은 '객체화'와 같이 모두 간접 화법을 통하여 명제를 표현한다. 그러나 '객체화'는 간접 화법을 통하여 명제를 개인적 관점에 기반을 두기 때문에 맥락에 따라 달라질 수도 있다. 그리고 '객체화'는 간접 화법을 통해 명제를 텍스트 내 목소리(저자의 목소리)에서 명확히 분리하지만 '승인'은 명제와 저자를 분리하지 않고 저자의 목소리가 명제에 책임지거나 적어도 인용된 자원과 같이 책임을 진다. '승인'은 명제와 개인의 주관성(저자 목소리의 주관성)과 결합시키고 명제의 가능한 대안에 다성적 배경을 이루는 동시에 이어진 대화에서 화자/저자가 명제의 신뢰성에 대한 판단을 통하여 이런 가능한 대안을 배제하게 된다. 따라서 '승인'은 '대화적 공간 축소'이다. 이런 '대화적 공간 축소'를 통하여 독자를 텍스트의 가치 포지셔닝에 도입하고 독자와의 결속을 이룬다. 마틴과 화이트(Martin & White, 2005)에 의하면 '승인'도 '객체화'와 같이 출처를 구체 자원, 일반 상식, 전문(傳聞)으로 나눌 수 있다. 그러나 맹강(2017ㄴ: 145)에서 지적한 바와 같이 '승인'은 논증적 글에서 주로 근거로 활용되는데 마틴과 화이트(Martin & White, 2005)의 분류는 중 · 한 논증적 글의 근거 유형 차이를 반영하지 못한다. 이를 해결하기 위해 맹강(2017ㄴ: 127)에서는 '승인'을 객관 자료와 고전(古典)으로 나누었는데 객관 자료는 연구결과, 보고서, 통계자료 등을 말하고 고전은 속담, 시구, 고전 명구 등을 포함하며 객관 자료와 고전에 들어가지 못하는 것은 모두 기타로 묶었다. 본 연구는 중국인 한국어 학습자와 한국어 모어 화자의 논증적 텍스트에 반영된 '승인'의 차이를 살펴보기 위해 맹강(2017ㄴ)의 분류를 채택하기로 하였다. 아래는 '승인'의 예이다.

(n) 특히 한국인 '나 홀로 사장님'이 유난히 많다.(**근거 기반 가정**) 경제협력개발기구(OECD)에 따르면 한국의 1인 자영업자는 398만 2000명으로 OECD 회원국을 비롯한 주요 38개국 가운데 네 번째로 많았다.(**승인_객관 자료**) (맹강, 2017ㄴ: 144)

예(n)에서 필자는 '경제협력개발기구'의 자료를 인용하여 앞에 제시된 한국인 창업자가 많다는 주장을 지지하였다. 맹강(2017ㄴ: 145)에서 '승인'은 주로 논증적 텍스트에서 근거를 제시하는 역할을 한다고 하였다.

ⓒ 공표

'공표'는 저자의 명시적인 강조, '개입'이다(Martin & White, 2005: 127). 화자/저자는 명제에 대한 승낙을 통하여 명제의 가치 혹은 신뢰성을 단언한다. 화자/저자가 이렇게 단언한다면 이런 단언에 대한 의심이나 반대, 그리고 도전이 있음을 인정하는 것으로 볼 수 있다. '공표' 표현들이 현재 의사소통 맥락의 다성적 배경을 인정할 때 저자의 목소리가 이런 다성적 배경을 반대하고 도전적이고 어떤 구체적 대화적 대안을 반대하는 것으로 표현한다. '공표'는 현재의 의사소통 맥락에서 대립적 관점의 존재를 인정하므로 대화적인 것이며 어떤 구체적 대화적 대안을 도전하거나 반대하기 때문에 대화적 축소이다.

그리고 '공표'와 높은 '가능성 평가'(assessments of high probability)는 서로 다른 것이다. 높은 '가능성 평가'는 대화적 대안의 가능성을 허락하기에 대화적 확대이며 '공표'는 가능한 대화적 대안을 허용하지 않고 그것을 도전하고 가능한 대화적 대안을 고려하지 않기 때문에 대화적 축소이다.

(o) 긴 연휴를 내수 활성화의 견인차를 삼으려면 민관은 먼저 소비 패턴과 여행 수요를 분석하고, 이에 맞는 관광 인프라를 정비해 여가 소비를 국내로 돌리려는 노력을 해야 한다.(**공표**) (맹강, 2017ㄴ: 145)

예(o)에서는 필자는 '-아/어야 하다'로 자신의 주장을 '공표'로 표현하였다. 이와 같이 '공표'는 논증적 텍스트에서 주로 주장 제시의 기능을 한다.

본 연구에서 다루는 '선언'(proclaim)은 화행이론에서의 선언(declarative)과 다르다. 화행이론에서 선언은 예(p), (q)와 같이 발화 내용이 성공적으로 수행된다면 해당 명제의 내용이 세계의 변화를 일으킨다(Searle, 1979: 16-17). 선언 화행은 임명, 선고, 해임 등을 포함할 수 있다.

(p) 본 재판관은 피고에게 무죄를 선고한다.

(q) 위 사람을 도서관 위원회 위원장으로 임명함. (구본관 외, 2016: 92)

예(p)는 선고의 예로서 해당 내용이 성공적으로 수행된다면 피고인이 무죄가 되는 것이며 예(q)는 임명의 예로서 해당 내용이 성공적으로 수행된다면 '위 사람'이 도서관 위원회 위원장이 된다.

그리고 텍스트언어학에서도 선언을 다루는데 텍스트언어학에서 다루는 선언기능(Deklarationsfunktion)은 예(r)와 같이 '생산자는 수용자에게 주어진 텍스트가 새로운 현실을 창조하고 있음을, 텍스트의 (성공적인) 발화가 일정한 사실을 도입하고 있다는 의미를 이해시킨다(Brinker, 1992, 이성만 역, 1994: 145)'. 텍스트언어학에서 다루는 선언기능은 임명장, 유언장, 유죄판결,

전권위임, 증명서 등이 포함된다.

(r) 나는 나의 남동생 프란츠 S을 나의 유일한 상속인으로 지정한다. (Brinker, 1992, 이성만 역, 1994: 145)

예(r)는 유언장의 예로서 S가 '나'의 유일한 상속인이 되는 새로운 현실을 창조하였다. 이렇게 보면 화행이론과 텍스트언어학에서 선언은 유사한 용어로 쓰고 있다고 할 수 있으나 이는 본 연구에서 다루는 '선언'(proclaim)과 다르다고 할 수 있다.

본 연구에서 중국인 한국어 학습자와 한국어 모어 화자의 논증적 텍스트에 반영된 '개입'을 추출할 때 위의 논의를 바탕으로 한다. 지금까지 논의한 '개입' 시스템은 다음과 같이 정리할 수 있다.

〈표Ⅱ-2〉 '개입' 체계

<table>
<tr><td rowspan="15">개입</td><td rowspan="4">단성적 목소리</td><td colspan="4">상호텍스트적 가정</td></tr>
<tr><td colspan="4">근거 기반 가정</td></tr>
<tr><td colspan="4">개인적 단언</td></tr>
<tr><td colspan="4">내러티브</td></tr>
<tr><td rowspan="11">다성적 목소리</td><td rowspan="7">대화적 공간 축소</td><td rowspan="2">부인</td><td colspan="2">부정</td></tr>
<tr><td colspan="2">반대</td></tr>
<tr><td rowspan="5">선언</td><td rowspan="2">동조</td><td>양보적 동조</td></tr>
<tr><td>단언적 동조</td></tr>
<tr><td rowspan="2">승인</td><td>객관 자료</td></tr>
<tr><td>고전</td></tr>
<tr><td colspan="2">공표</td></tr>
<tr><td rowspan="4">대화적 공간 확대</td><td rowspan="2">판단 유보</td><td colspan="2">가능성 평가</td></tr>
<tr><td colspan="2">개인 관점</td></tr>
<tr><td rowspan="2">객체화</td><td colspan="2">인정</td></tr>
<tr><td colspan="2">거리</td></tr>
</table>

Ⅲ. 한국어 논증적 글쓰기의 개입 사용 양상

1. 개입 추출의 기준

'개입'의 추출에 대해 이숙희(Lee, 2006), 호(Ho, 2011), 리우(Liu, 2015), 김병건(2016ㄱ)에서는 '개입'의 정의와 전형적 표현을 통해 추출하였다. 陳曉燕(2007: 44-45)에서는 중국어에서 '태도'는 가끔 전형적 표현으로 표시되지 않는 경우가 있다고 지적하였으며 신진원(2014: 141)에서는 평가어 체계의 유형 구분이 명확하지 않고 다소 모호하다는 것이 분석 과정에서 적용되었다고 밝혔다. 그리고 劉世生 · 劉立華(2010)에서는 '개입'의 언어적 실현은 파악하기가 어렵다고 지적하였다. 이는 '개입'을 이루는 표현에 대한 연구가 부족한 것에서 비롯되었다고 할 수 있다. 기존의 연구는 주로 '개입'의 수사적 효과에 초점을 맞추었고 '개입'을 이루는 표현에 대한 관심이 부족하였다. 뿐만 아니라 해당 '개입' 표현이 나타났다고 해서 꼭 그런 '개입'으로 판정하지 못하는 경우도 있다. 이런 문제들로 인해 실제로 '개입'을 추출할 때 어려움에 부딪치는 경우가 적지 않다.

위와 같은 점을 감안하여 맹강(2017ㄱ, ㄴ)에서는 정의와 전형적 표현, 그리고 맥락과 결합하여 '개입'을 추출하였다. 이에 따라 본 연구에서도 이론적 배경에서 논의했던 '개입' 체계와 구체적 맥락으로 '개입'을 추출하기로 하였다.

〈표 III-1〉 개입 체계와 전형적 표현

단성적 목소리	상호텍스트적 가정			텍스트 내에 근거가 없지만 사람들이 다 인정할 수 있는 것	
	근거 기반 가정			텍스트 내에 근거가 있는 것	
	개인적 단언			텍스트 내, 외에 근거 없으며 완전히 필자 개인의 단언	
	내러티브			자신이나 타인의 경험을 서술하기	
다성적 목소리	대화적 공간 확대	판단 유보	가능성 평가	일어날 가능성에 대한 평가	가능성 평가 표현: -(으)ㄹ 수(도) 있다, -(으)ㄹ 것이다 可能, 也许, 会
			개인 관점	개인의 관점으로 표시하기	-다고/라고 보다/생각하다/생각되다/판단되다 我认为, 我觉得, 在我看来
		객체화	인정	외부 목소리에 대한 필자의 목소리가 불분명하기	-기도 하다, 어떤 사람은 ... 라고/다고 하다/생각하다 根据, 认为, 显示
			거리	외부 목소리와 분명히 거리 두기	-라고/다고 주장하다, -에 대해 반대하다 根据, 认为, 显示
	대화적 공간 축소	부인	부정	가능한 대화적 대안 거부하기	아니다, 못, 안, -지 않다, -지 못하다, 없다 不, 不是, 没有
			반대	가능한 대화적 대안을 대체하기	-(으)나, -지만, 그러나, 그렇지만, 하지만, 그런데 但是, 可是
		선언	동조	단언적 동조: 독자와 같은 지식을 공유함을 표시하기	동의 표현: 물론 当然
				양보적 동조: 꺼리거나 유감스러운 느낌이 있고 반대와 같이 사용하기	양보 표현: -(으)ㄹ지라도, -더라도, -아/어/여도, -는데도 불구하고 即使, 即便
			승인	외부 목소리에 대해 필자가 책임지기	-에 따르면/의하면/따라/의해, 조사/확인/검사의 결과 根据, 证明, 指出
			공표	저자의 명시적 강조와 입장 표명	(반드시) ... 해야 한다 其实, 真正, 总之

‘개입’의 체계와 각 ‘개입’을 이루는 전형적 표현은 〈표Ⅲ-1〉과 같이 정리하였다. 한국어 ‘개입’ 표현은 신진원(2014), 이주리애(2015), 김병건(2016), 이슬비(2016)를 참고하였으며 중국어 ‘개입’ 표현은 리우(Liu, 2015)를 참고하여 정리하였다.

전술하였듯이 ‘개입’을 추출할 때 어떤 ‘개입’ 자원에 해당되는 표현이 나타난다고 해서 반드시 그런 ‘개입’ 자원으로 인정하기 어려울 경우가 있다. 따라서 본 연구에서는 맥락과 관련시켜 해당 ‘개입’ 자원의 정의와 표현에 의하여 ‘개입’을 추출하기로 하였다. 우선 문장 단위로 작문을 하나하나의 문장으로 나눈다. 그다음에 의미 단위로 ‘개입’을 추출한다. 한 문장이 하나의 ‘개입’이 되는 경우도 있고 한 문장이 두 개 이상의 ‘개입’이 포함될 수도 있으며 두 개 이상의 문장이 하나의 ‘개입’이 될 수도 있다. 아래에서 어떻게 각 ‘개입’의 정의, 전형적 표현, 맥락을 결합하여 중국인 한국어 학습자와 한국어 모어 화자의 작문에 반영된 ‘개입’을 추출하였는지를 예를 통해 살펴보자.

(가) 물론 미리 외국어를 학습한 아이가 앞으로 다가올 입시전쟁에 조금 더 유리한 위치에서 출발할 수도 있으나,(**동조**) 그것이 절대적인 것은 아니며(부정) 아이에게 가장 필요한 것은 다양한 창의적인 경험과 자유로운 활동이다.(**반대**) (KNS10KW)

(나) 近年来，出国留学低龄化已成为一个越来越明显的发展趋势。许多家长唯恐自己在这场竞争中落在别人后面，生怕错失先机，让孩子丧失竞争优势。然后却忽视了很多容易出现的问题。(**반대**)(근년에 들어와 조기 유학은 갈수록 뚜렷한 추세가 되었다. 많은 학부모들이 이 경쟁에서 뒤지고 기선을 놓쳐 자녀가 경쟁력이 떨어지기를 걱정한다. 하지만 학부모들은 조기 유학으로 초래될 수 있는 문제들을 홀시하였다.)[1](CKL02CW)

1 중국어에 대한 번역은 모두 연구자가 한 것이다.

예(가)에서 '물론'을 보면 밑줄 친 부분이 '동조'가 될 가능성이 있다. 그리고 '동조'의 정의와 구체적 맥락을 살펴보면 해당 내용은 미리 외국어를 학습하면 향후의 경쟁에 유리하다는 관점에 분명히 동의하는 것을 표현한 것이다. 따라서 '동조'로 판정할 수 있다. 예(가)는 하나의 문장이지만 밑줄 친 부분 외에 '그것이 절대적인 …활동이다'는 앞의 연결어미 '-(으)나'와 '반대'의 정의, 그리고 맥락을 통해 알 수 있듯이 '반대'가 된다. 그리고 '그것이 절대적인 것은 아니며'는 '부정'을 표시하는 '아니다'를 사용하였기 때문에 '부정'이 된다. 이는 하나의 문장이 '개입' 3개를 추출된 예이다. 예(나)는 중국어의 예인데 '却(하지만)'와 앞의 제시된 조기 유학에 관한 일반적 배경을 통해 밑줄 친 내용은 '반대'로 판정할 수 있다.

(다) 조기 외국어 학습의 열풍이 불고 있다. 이는 비단 대한민국만의 현상이 아니며, 다른 아시아 국가인 중국에서도 조기 외국어 학습이 보편적인 현상이 되고 있다고 한다.(**인정**) (KNS05KW)

예(다)에서 밑줄 친 내용은 인용 표현 '-다고 하다'를 통해 해당 내용이 외부의 목소리를 도입함을 나타내어 '인정', '거리', '승인'이 될 가능성이 있다. 표현과 정의만으로 판단하기가 다소 어렵다. 이는 도입 단계에 나온 내용인데 필자는 이런 내용을 제시하는 것은 논증을 전개하기 위한 배경을 제시하는 것으로 생각된다. 그리고 글 전체를 읽어보면 밑줄 친 내용에 대해 필자는 일부러 거리를 유지하지도 않았고 해당 내용의 신뢰성을 확보하려는 모습도 보이지 않았다. 따라서 이는 '인정'으로 판정할 수 있다.

(라) 물론 조기 외국어 교육에 대한 우려 섞인 시선 역시 존재한다. 그중 하나는 지나친 사교육 경쟁을 부추겨 사교육비가 과다하게 지출되고, 이로 인하여 양극화가 심화된다는 주장이다.(**거리**) 영어 유치원 등록금이 여타 보육시설에 비해 갑절로 비싸고, 각종 학원과 학습지 비용을 감안하면 이

러한 시각은 일견타당하다. 그러나 해결이 불가능한 것은 아니다.(**반대**) 지나친 사교육비 지출 문제는 국공립 보유시설의 외국어 교육 프로그램을 강화함으로써 개설할 수 있다.(KNS18KW)

(마) 在生活方面很多人认为出国留学可以使孩子养成独立的性格,(**거리**)但是又往往忽视了低龄人群在留学中可能出现的种种问题。(CKL02CW)(생활 측면에서 많은 사람이 유학 가면 아이가 독립적 생활 습관을 기를 수 있다고 생각하나 나이 어린 아이가 유학할 때 직면할 수 있는 각종 문제를 홀시하였다.)

예(라)의 경우도 예(다)와 마찬가지이다. '-다는 주장이다'만을 보면 '승인', '인정', '거리'가 될 가능성이 모두 있다. 밑줄 친 내용만 보면 판단하기가 어렵다. 뒤의 이어진 내용을 보면 '그러나 해결이 불가능한 것은 아니다'를 통해 필자는 밑줄 친 부분과 분명히 거리를 유지하려고 하였다는 것을 알 수 있다. 따라서 밑줄 친 부분은 '거리'로 판정할 수 있다. 예(마)에서 '많은 사람이 …다고 생각하다'로 해당 내용이 외부의 목소리임을 표시하여 '승인', '인정', '거리'가 될 가능성이 있다. 이어진 문장에서 '但是(하지만)'로 필자는 앞의 내용의 문제점을 지적하고 있는 것을 보면 필자는 앞에 기술된 내용과 거리를 분명히 유지하려는 것임을 알 수 있다. 따라서 예(라)와 같이 '거리'로 판정될 수 있다. 물론 해당 '개입' 표현이 나타났더라도 해당 '개입'으로 판정하지 못하는 경우도 있다.

(바) 가난한 집 아이는 외국어를 배우고 싶어도 경제 상황 때문에 어쩔 수 없다. (**상호텍스트적 가정_공유 지식**) (CKL57KW)

'-(으)ㄹ 수 없다'는 '부정'을 표시하지만 예(바)는 '부정'을 표시하는 것은 아니다. 이럴 때 해당 내용은 '부정'으로 판정하는 것이 적절하지 않을 것이다. 예(바)에서 기술된 내용은 대부분 사람이 받아들일 수 있는 공유 지식으로 볼 수 있으며 '상호텍스트적 가정'으로 판정할 수 있다.

위와 같이 전형적 표현, 정의, 맥락을 결합하여 중국인 한국어 학습자의 중국어와 한국어 작문, 한국어 모어 화자의 한국어 작문에 반영된 '개입'을 추출하여 양적, 질적 분석을 하였다.

2. 자료 개관

중국인 한국어 학습자와 한국어 모어 화자의 한국어 작문에 반영된 '단성적 목소리', '다성적 목소리', '대화적 공간 확대', '대화적 공간 축소'가 통계적으로 유의미한 차이가 있는지를 확인하기 위해 t 검정을 실시하였는데 결과는 다음과 같다.

〈표 Ⅲ-2〉 한국어 작문의 '개입'별 검정 결과

개입	집단	평균	표준편차	유의확률
단성적 목소리	CKL_KW	.5351	.1765	.004**
	KNS_KW	.3489	.1258	
다성적 목소리	CKL_KW	.4649	.1765	.004**
	KNS_KW	.6511	.1258	
대화적 공간 확대	CKL_KW	.2253	.1127	.896
	KNS_KW	.2308	.1023	
대화적 공간 축소	CKL_KW	.2396	.1544	.001**
	KNS_KW	.4204	.0707	

(*p<.05, **p<.01, ***p<.001)

〈표 Ⅲ-2〉를 통해 중국인 한국어 학습자가 한국어 모어 화자보다 '단성적 목소리'를 유의미하게 많이 사용하였음을 알 수 있다. 기술통계량을 통해 알 수 있듯이 중국인 한국어 학습자는 '단성적 목소리'를 53% 이상을 사용하였는데 이는 중국인 한국어 학습자의 한국어 작문에 반영된 '개입'은 절반 이상이 '단성적 목소리'이었음을 말해 준다. 이에 비해 한국어 모어 화자는 단성적 목소리를 35% 정도만 사용하였으며 65% 정도가 '다성적 목소리'이었다. 이숙희(Lee, 2006)에서도 능숙한 필자는 보통 '다성적 목소리'를 더 많이 사용하고 '단성적 목소리'를 사용하기도 하지만 보통 '다성적 목소리'와 밀접하게 결합하여 사용한다고 밝혔다. 그리고 맹강(2017ㄱ: 98)에서는 한국 신문 사설에 반영된 '다성적 목소리'가 '단성적 목소리'보다 많았다고 밝혔다. 즉 한국어나 영어의 좋은 논증적 텍스트에서는 '단성적 목소리'보다 '다성적 목소리'를 더 많이 사용할 듯하다. 그리고 한국어 모어 화자는 중국인 한국어 학습자보다 '다성적 목소리'를 유의미하게 많이 사용하였다. 이는 한국어 모어 화자는 '단성적 목소리'보다 '다성적 목소리'를 더 선호하였음을 보여 줄 것이며 다양한 목소리 중에서 '다성적 목소리'를 도입하여 논증적 텍스트에 다성적 배경을 구축하려고 하였을 것이다. 이에 비해 중국인 한국어 학습자는 자신의 '목소리'만 사용하고 타자의 '목소리'를 사용하지 않았으며 텍스트에서 다성적 배경을 구축하지 못하였다. 이는 한국어 모어 화자의 논증적 텍스트가 대화성이 강하고 중국인 한국어 학습자의 논증적 텍스트가 대화성이 약하다는 것을 말해 준다.

또한 '대화적 공간 확대'의 경우, 중국인 한국어 학습자와 한국어 모어 화자 간에 통계적으로 유의미한 차이가 보이지 않았다. 마지막으로 대화적 축소의 경우, 한국어 모어 화자가 유의미하게 더 많이 사용하였다. 한국어 모어 화자는 '대화적 공간 확대'보다 '대화적 공간 축소'를 훨씬 더 많이 사용하였는데[2] 중국인 한국어 학습자는 이와 달리 '대화적 공간 축소'보다 '대화적 공간 확대'를 조금 더 많이 사용하였다. 논증적 글에서 '객체화'와 같은 대화

2 이는 신진원(2014), 맹강(2017ㄱ)에서 한국의 신문 사설에 대한 분석 결과와 일치하였다. 그리고 참고로 신진원(2014)에 의하면 영어 신문 사설에서 '대화적 공간 확대'(52%)와 '대화적 공간 축소'(48%)의 사용은 양적으로 유사하였다.

적 공간 확대보다는 핵심적 이슈에 대해 필자는 절대적 용어로 선언하고 외부 자원을 도입하여 자신의 논증을 지지한다(Martin & White, 2005: 116). 따라서 한국어 모어 화자의 논증적 텍스트에서 대화적 축소를 많이 사용한 것으로 추정된다.

중국인 한국어 학습자의 논증적 텍스트가 대화성이 약한 것은 중국어 글쓰기 관습의 영향을 받았을 것이다. 아래 〈표 Ⅲ-3〉에서 제시된 중국인 한국어 학습자의 중국어와 한국어 작문에 반영된 '개입'별 검정 결과를 보면, 대화적 공간 확대 외에 모두 통계적으로 유의미한 차이가 나타나지 않았고 중국어 작문에서도 '단성적 목소리'를 52% 정도로 전체 '개입' 중에서 절반 이상을 차지하였다. 즉 중국인 한국어 학습자는 중국어와 한국어 작문에서 모두 '다성적 목소리'보다 '단성적 목소리'를 더 많이 사용하였고 자신의 '목소리'로 일방적으로 논증을 구축하려는 모습이 보였다. 다음 〈표 Ⅲ-3〉에서 보듯이 '단성적 목소리', '다성적 목소리', '대화적 공간 축소'의 사용이 양적으로 유의미한 차이가 나타나지 않았다. 말하자면 중국인 한국어 학습자는 중국어와 한국어 작문에서 '단성적 목소리', '다성적 목소리', '대화적 공간 축소'의 사용이 양적으로 일치하였다고 할 수 있으며 중국어 작문의 영향을 받았다고 할 수 있을 것이다.[3]

3 전술하였듯이 신문 사설도 논증적 텍스트로서 좋은 신문 사설은 논증적 글쓰기의 기준이 되는 것을(Connor, 1996: 143-144) 고려하면 신문 사설에 반영된 '개입'을 살펴보는 것이 논증적 글쓰기 교육의 참고 자료가 될 수 있겠다. 맹강(2017ㄱ)과 맹강(2020)에서 각각 사회 문제와 정치 관련 중국 신문 사설에 반영된 '다성적 목소리'가 '단성적 목소리'보다 더 많았다고 밝힌 데 비해 陳曉燕·王彥(2010)에서는 중국 신문 사설에 나타난 '단성적 목소리'가 '다성적 목소리'보다 더 많았다고 밝혔다. 맹강(2017ㄴ)과 맹강(2020)에서는 모두 신문 사설 50편을 분석하였고 陳曉燕·王彥(2010)에서는 신문 사설 10편을 분석하였다. 따라서 서로 연구결과가 일치되지 않은 것은 신문 사설의 주제 차이로 인한 것이 아닐 것이고 陳曉燕·王彥(2010)의 분석 대상이 적어서 대표성을 갖지 못하기 때문일 가능성이 있다. 이는 후속연구에서 더 다뤄 봐야 할 문제이다.

〈표 Ⅲ-3〉 중국인의 중국어와 한국어 작문의 '개입'별 검정 결과

개입	집단	평균	표준편차	유의확률
단성적 목소리	CKL_CW	.5230	.1685	.859
	CKL_KW	.5351	.1765	
다성적 목소리	CKL_CW	.4652	.1571	.996
	CKL_KW	.4649	.1765	
대화적 공간 확대	CKL_CW	.1148	.0669	.007**
	CKL_KW	.2253	.1127	
대화적 공간 축소	CKL_CW	.3504	.1390	.066
	CKL_KW	.2396	.1544	

(*p〈.05, **p〈.01, ***p〈.001)

흥미로운 것은 중국인 한국어 학습자는 중국어 작문보다 한국어 작문에서 '대화적 공간 확대'를 많이 사용하였다는 것이다. 이는 한국어의 영향을 받은 것으로 여겨진다. 즉 중국인 한국어 학습자는 한국어를 배우면서 한국 사람의 완곡 화법의 영향을 받아 글을 쓸 때에도 영향을 받은 것으로 볼 수 있을 것이다. 이는 '대화적 공간 확대'에 대한 분석에서 자세히 분석하도록 한다.

아래에 각 '개입'의 사용에 있어 중국인 한국어 학습자와 한국어 모어 화자가 어떤 양상이 나타났는지를 자세히 살펴보자.

3. 개입 사용 양상 분석

1) 단성적 목소리 분석

중국인 한국어 학습자와 한국어 모어 화자의 한국어 작문에 반영된 '단성적 목소리'에 대한 통계적 검정 결과는 다음과 같다.

〈표 Ⅲ-4〉 중국인과 한국인의 한국어 작문의 '단성적 목소리' 비교

개입	집단	평균	표준편차	유의확률
상호텍스트적 가정	CKL_KW	.3690	.1091	.000***
	KNS_KW	.1689	.1026	
근거 기반 가정	CKL_KW	.0942	.0685	.017*
	KNS_KW	.1698	.0833	
개인적 단언	CKL_KW	.0734	.1103	.034*
	KNS_KW	.0000	.0000	
내러티브	CKL_KW	.0086	.0219	.854
	KNS_KW	.0101	.0220	

(*p〈.05, **p〈.01, ***p〈.001)

〈표 Ⅲ-4〉에 의하면 '내러티브'를 제외하고 중국인 한국어 학습자와 한국어 모어 화자의 한국어 작문에 반영된 '상호텍스트적 가정', '근거 기반 가정', '개인적 단언'이 모두 통계적으로 유의미한 차이가 나타났다. 〈표 Ⅲ-4〉에 제시된 기술통계량을 통해 알 수 있듯이 중국인 한국어 학습자는 상호텍스트적 가정, '개인적 단언'을 한국어 모어 화자보다 많이 사용하였다. 한국어 모어 화자는 중국인 한국어 학습자보다 '근거 기반 가정'을 더 많이 사용하였으며 '개인적 단언'을 사용하지 않았다. 이는 다소 중국어 작문의 영향을 받았을 것이다.

〈표 Ⅲ-5〉 중국인의 중국어와 한국어 작문의 '단성적 목소리' 비교

개입	집단	평균	표준편차	유의확률
상호텍스트적 가정	CKL_CW	.3543	.0724	.691
	CKL_KW	.3690	.1091	
근거 기반 가정	CKL_CW	.1564	.1305	.141
	CKL_KW	.0942	.0685	
개인적 단언	CKL_CW	.0123	.0337	.076
	CKL_KW	.0734	.1103	
내러티브	CKL_CW	.0000	.0000	.183
	CKL_KW	.0086	.0219	

〈표 Ⅲ-5〉에서 보듯이 중국인 한국어 학습자의 중국어 작문과 한국어 작문에 나타난 '상호텍스트적 가정', '근거 기반 가정', '내러티브', '개인적 단언'은 모두 통계적으로 유의하지 않은 것으로 발견되었다. 즉 양적으로는 유의미한 차이가 보이지 않은 것이다. 이는 중국인 한국어 학습자가 한국어 논증적 글을 쓸 때 중국어의 영향을 받았음을 말해 줄 것이다. 아래에 예를 들어 각 '개입'에 대해 자세히 살펴보자.

(1) 상호텍스트적 가정

전술하였듯이 '상호텍스트적 가정'은 주로 객관 사실과 공유 지식으로 나누어지고 논증적 텍스트에서 배경 제시와 근거 제시의 역할을 할 수 있다. 중국인 한국어 학습자와 한국어 모어 화자의 작문에 반영된 '상호텍스트적 가정'의 유형별, 기능별 사용이 양적으로 유의미한 차이가 있는지를 확인하기 위해 t 검정을 실시하였는데 결과는 다음과 같다.

〈표 Ⅲ-6〉 중국인과 한국인의 한국어 작문의 '상호텍스트적 가정' 유형/기능별 비교

개입	집단	평균	표준편차	유의확률
객관 사실	CKL_KW	.3034	.2592	.078
	KNS_KW	.5058	.3090	
공유 지식	CKL_KW	.6966	.2592	.078
	KNS_KW	.4942	.3090	
배경 제시	CKL_KW	.2342	.2204	.185
	KNS_KW	.3783	.3159	
근거 제시	CKL_KW	.7658	.2204	.185
	KNS_KW	.6217	.3159	

〈표 Ⅲ-6〉을 통해서 중국인 한국어 학습자와 한국어 모어 화자는 객관 사실과 공유 지식 사용에서 양적으로 유의미한 차이가 없었음을 알 수 있다. 그리고 두 집단이 모두 '상호텍스트적 가정'을 배경 제시와 근거 제시에 사용

하였고 양적으로 유의미한 차이가 발견되지 않았다. 맹강(2017ㄴ: 131)에 의하면 한국 신문 사설에서 공유 지식보다 객관 사실을 더 많이 사용하였으며 '상호텍스트적 가정'은 근거 제시보다 배경 제시의 역할을 더 많이 사용하였다. 한국어 모어 화자의 한국어 작문은 맹강(2017ㄴ)과 달리 공유 지식과 객관 사실을 양적으로 유사하게 사용하였고 배경 제시보다 근거 제시의 기능을 더 많이 사용하였다. 객관 사실은 객관적이기 때문에 사람들이 모두 인정할 수 있고 논증적 글의 객관성을 높일 수 있다. 하지만 공유 지식은 독자와 공유하고 있는 것으로 대부분의 사람이 인정할 수 있고 받아들일 수 있는 것이지만 보편 독자의 인정을 받기가 어려울 수도 있다. 따라서 논증의 객관성을 강조하는 한국어 논증적 텍스트에서 공유 지식보다 객관 사실을 많이 사용하는 것은 더욱 타당할 것이다.

중국인 한국어 학습자와 한국어 모어 화자는 모두 서론에서 상호텍스트적 가정을 사용하였다. 서론에서 사용되는 '상호텍스트적 가정'은 명제를 맥락과 관련지어 주는 수사적 역할을 한다(Lee, 2006: 283). 즉 자신의 주장을 제시하거나 논증을 전개하기 전에 일반적 배경을 제시해 준다.

(1) 최근에 어린이 조기교육이 붐을 이루고 있습니다.(**상호텍스트적 가정_객관 사실**) (중략) 외국어 학원에 아이를 보내는 부모는 매달 평균 약 35만원의 비용을 지불했다.(**상호텍스트적 가정_객관 사실**) 이기 때문에 조기 외국어교육이 사회 논란의 대상이 되고 있다.(**근거 기반 가정**) 나는 조기 외국어 학습에 대한 찬성했다.(**공표**) (CKL02KW)

(2) 우리나라는 일찍부터 자녀에 대한 교육열이 높은 나라이다.(**상호텍스트적 가정_객관 사실**) 부모들은 자녀가 초등학교에 입학하기 전부터 훌륭하다는 영어 유치원에 대해 관심을 갖고 대기번호를 받아가며 자녀를 그곳에 보내기 위해 애쓴다.(**상호텍스트적 가정_공유 지식**) (중략) 그러나 초등학교에 입학하기도 전에 영유아 시절부터 다른 언어를 배우게 하는

것은 적절한 교육이 아니다.(**공표, 부정, 반대**) (KNS10KW)

CKL02와 KNS10은 모두 서론에서 '상호텍스트적 가정'을 통하여 일반적인 배경을 제시하고 이어서 도입될 주장을 맥락과 관련지었다. CKL02와 KNS10이 언급한 '상호텍스트적 가정'은 텔레비전이나 신문을 통하거나 주변의 사람을 통해 알 수 있는 것이다. 즉 사람들이 모두 인정할 수 있는 것이라 할 수 있다. 예(1)에서 '외국어 학원에 아이를 보내는 부모는 매달 평균 약 35만원의 비용을 지불했다'는 것은 신문에 나온 객관 사실이며 예(2)에서 부모들이 자녀를 영어 유치원에 보내기 위해 애쓴다는 것도 주변에서 어느 정도 볼 수 있는 일이라 공유 지식으로 볼 수 있다. '-다'와 같은 단언을 표시하는 표현을 통해 비록 가능한 대안을 제시하지 않는 '단성적 목소리'이지만 객관적 사실이거나 필자와 독자의 공유 지식이기 때문에 독자들이 도전하거나 의심하기 어렵다. 서론에서 '상호텍스트적 가정'으로 논증을 전개하기 위한 배경을 제시하는 것은 연구 참여자에 대한 인터뷰에서도 확인되었다.

〈인터뷰 자료①〉

연구자: 어, 그리고 여기 첫 번째 단락에 먼저 어 공유 지식을 제시하고 나서 그 다음에 '그러나' 모모모모라고 자신의 주장을 제시하셨잖아요. 어, 이렇게 일단 앞의 내용은 약간 배경으로 볼 수 있는 거잖아요. (네) 뒤에는 자신의 주장을 제시하시는 거예요. 그러면 이렇게 배경 먼저 제시하고 그 다음에 주장을 제시하는 것이 혹시 특별한 목적이 있었어요?

KNS10: 어, 그까 뭔가 주장하기 전에 (네) 실태에 대해서 설명을 하고 싶었어요.

연구자: 네, 그렇게 하면 뭔가 이 글에 도움이 되는 것이 무엇이라고 생각하셨어요?

KNS10: 어, 좀 주장이 강하게 느껴지는 것 같애요.

위 인터뷰 자료에 의하면 KNS10은 조기 외국어 교육에 대한 반대 주장을 제시하기 전에 먼저 조기 외국어 교육에 관한 실태를 제시하고 '반대'를 통해 반대 주장을 제시하는 것은 주장이 강하게 느껴지는 효과가 있다고 생각하였다. 이렇게 객관 사실이거나 독자와의 공유 지식으로 실태를 먼저 제시하는 것은 이어서 논증을 전개하기 위한 일반적 배경을 제시할 수 있고 주장을 도입하는 것도 자연스러워질 것이다.

이는 중국인 한국어 학습자에 대한 인터뷰에서도 확인하였다. 다음 인터뷰 자료에서 볼 수 있듯이 CKL02는 '상호텍스트적 가정'을 사용하는 것이 일반적인 배경을 제시하고 화제를 도입하려고 하였다.

〈인터뷰 자료②〉

연구자: 서론에서 이와 같은 공유 지식을 제시했잖아요. 이런 거를 사용하는 것은 혹시 어떤 목적이나 의도가 있으셨어요?

CKL02: 음~좀 개인적인 습관인 거 같은데 보통 글을 쓸 때 이렇게 하잖아요. 조기 외국어 교육의 실태를 먼저 언급하고 뭐 그런 조기 외국어 교육에 관한 배경을 제시한 다음 제 주장을 도입하고 논증하려는 거였어요.

본론이나 결론에서 사용되는 '상호텍스트적 가정'은 주로 근거로서 '근거 기반 가정'이나 '공표' 등과 같이 사용되므로 다음 '근거 기반 가정'과 '공표' 부분에서 살펴보도록 한다.

(2) 근거 기반 가정

'근거 기반 가정'은 주로 본론과 결론 부분에 사용되는데 '근거 기반 가정'을 먼저 제시하고 이어서 이를 뒷받침하는 근거를 제시하거나 먼저 근거를 제시하고 이어서 그 근거를 바탕으로 자신의 주장을 제시하는 경우와 제시된 자료에 대한 필자의 평가를 제시하는 경우로 나뉜다(맹강, 2017ㄴ: 133).

먼저 근거를 제시하여 그 근거를 바탕으로 자신의 주장을 제시하거나 제시된 내용에 대한 평가를 하는 것은 학문 목적 쓰기에서 요구되는 분석 및 평가 능력과 관련된다. 전술하였듯이 한국어 모어 화자는 중국인 한국어 학습자에 비해 '근거 기반 가정'을 유의미하게 더 많이 사용하였다.

그리고 중국인 한국어 학습자와 한국어 모어 화자가 주장하기와 평가하기의 사용이 양적으로 유의미한 차이가 있는지를 확인하기 위해 t 검정을 실시하였는데 결과는 아래와 같다.

〈표 Ⅲ-7〉 중국인과 한국인의 한국어 작문의 '근거 기반 가정'의 기능별 비교

개입	집단	평균	표준편차	유의확률
주장하기	CKL_KW	.5833	.4564	.560
	KNS_KW	.6731	.3107	
평가하기	CKL_KW	.2628	.3936	.348
	KNS_KW	.3984	.3430	

〈표 Ⅲ-7〉에 의하면 중국인 한국어 학습자와 한국어 모어 화자는 근거 기반 가정의 2가지 기능인 주장하기와 평가하기의 사용에 있어 유의미한 차이가 없었다. 이는 맹강(2017ㄴ)에서 중국과 한국의 사설에 대한 분석 결과와 일치하였다. 즉 한국과 중국에서 '근거 기반 가정'의 이 두 가지 기능에 대한 사용이 양적으로 유사할 것이다. 아래에 예시를 통해 살펴보자.

(3) ①마지막은 교육의 빈부 격차를 커지는 것이다(**근거 기반 가정_주장하기**). 조기 외국어 학습 교육은 당연히 돈이 많은 부잣집이 할 수 있는 것이다(**상호텍스트적 가정_공유 지식**). 가난한 집 아이는 외국어를 배우고 싶어도 경제 상황 때문에 어쩔 수 없다.(**상호텍스트적 가정_공유 지식**) ②교육의 공평성을 해치는 것이다.(**근거 기반 가정_평가하기**) (CKL57KW)

(4) 마지막으로 과학 연구에 따르면 언어를 많이 배우는 사람은 뇌가 더 예리

하다고 한다. 리더십도 보통 사람보다 우월하다고 한다.(**승인_객관 자료**) 그러면 애기에게 외국어 공부를 하게 하는 것은 애기 뇌의 발전에 도움이 된다.(**근거 기반 가정_주장하기**) (CKL48KW)

(5) 첫째, 세계화 시대에 외국어는 필수 소양이므로(**상호텍스트적 가정_객관 사실**) 일찍 배울수록 유리하다.(**근거 기반 가정_주장하기**) (KNS18KW)

(6) 둘째, 조기 외국어 교육은 외국어를 배우는 가장 효율적 방법 중 하나이다.(**근거 기반 가정_주장하기**) 한 연구결과에 따르면 5-7세 아동의 언어 습득능력이 가장 탁월하다고 한다.(**승인_객관 자료**) (KNS18KW)

(7) 하지만 유아의 시기 즉 0세에서 7세까지는 무엇인가를 학습하는 것보다는 생활 습관과 태도를 배우는 데 최적화된 뇌 부위가 발달한다고 한다.(**승인**) 즉, 섣불리 외국어라는 학습 측면에 노출된다면 유아는 발달하지 않는 뇌 부위를 사용해야 하고 따라서 과도한 스트레스에 노출되어 이상 행동 등 문제가 생길 수 있다.(**근거 기반 가정_평가하기**) (KNS27KW)

예(3)①과 예(6)은 마틴과 화이트(Martin & White, 2005)에서 언급한 '단언'이다. 즉 먼저 주장을 제시하고 바로 이를 지지하는 근거를 제시한다. 예(3)①에서는 '상호텍스트적 가정', 예(6)에서는 '승인'을 앞의 '근거 기반 가정'을 뒷받침하는 근거로 제시되었다. 구체적으로 보면 예(3)에서는 조기 외국어 교육은 교육의 빈부 격차를 심각화시킬 수 있다는 주장을 제시하고 이런 주장을 뒷받침하기 위해 이는 경제적 여유가 있는 집의 아이에게만 가능하고 형편없는 아이에게는 어렵다는 근거를 제시하였다. 예(6)에서는 조기 외국어 교육은 외국어를 배우는 효율적인 방법이라는 주장을 뒷받침하기 위해 어린 아이의 언어 습득 능력이 탁월하다는 연구결과를 인용하였다. 이렇게 함으로써 '근거 기반 가정'으로 표현된 주장의 설득력을 높일 수 있다.

예(4)와 (5)는 먼저 근거를 제시하고 필자의 주장을 제시하는 경우이다. 예(4)에서는 '승인', 예(5)에서는 '상호텍스트적 가정'을 먼저 근거로 제시하고 필자의 주장을 '근거 기반 가정'으로 제시하였다. 예(4)에서는 먼저 언어 공부는 뇌 발달에 도움이 되는 연구결과를 인용하고 조기 외국어 교육이 뇌 발전에 도움이 된다는 주장을 제시하였다. 예(5)에서는 글로벌 시대에 외국어가 필수 소양이라는 근거를 먼저 제시하고 일찍 배우는 것이 좋다는 주장을 내세웠다.

예(3)②와 예(7)은 먼저 근거를 제시하고 이어서 필자가 제시된 내용에 대해 평가를 하는 경우이다. 예(3)에서 먼저 조기 외국어 교육으로 인한 교육 빈부 격차 심각화를 논증하고 이를 바탕으로 조기 외국어 교육이 교육의 공평성을 파괴한다는 평가를 내렸다. 예(7)에서는 우선 유아에게 무엇인가를 공부시키기보다 생활 습관과 태도를 배우는 데 최적화된 뇌 부위가 발달한다는 자료를 인용하고 이를 기반으로 조기 외국어 교육을 시키면 유아의 이상 행동과 같은 문제를 유발할 수 있다는 평가를 하였다.

주장을 표시하는 '근거 기반 가정'은 논증적 텍스트에서 핵심 주장을 지지하기 위한 하위 주장으로 볼 수 있다. 어떻게 보면 윌리엄스와 콜럼(Williams & Colomb, 2007, 윤영삼 역, 2008)에서 언급한 '이유'로 볼 수도 있다. 그러면 이를 뒷받침하는 '상호텍스트적 가정'이나 '승인'은 '근거'로 볼 수 있다.[4] 따라서 '근거 기반 가정'(주장하기)+'승인'/'상호텍스트적 가정'의 결합 사용이 논증적 글에서 매우 중요하다. 객관적이고 신뢰성이 높은 근거가 있어야 이유가 튼튼하고 이유가 튼튼해야 핵심 주장도 튼튼하기 때문이다.

'근거 기반 가정'을 지지하기 위한 근거로서 한국어 모어 화자는 '승인'을 선호하는 경향이 보이는 데 비해 중국인 한국어 학습자는 공유 지식이나 객관

4 윌리엄스와 콜럼(Williams & Colomb, 2007, 윤영삼 역, 2008: 198-199)에서는 이유와 주장을 구별해서 사용하고 있는데 이유는 우리 머리 '속에서' 나온 것이고 근거는 우리의 주관적 믿음과 아무 상관없는 '객관적 사실'이다.

사실을 선호하는 경향이 있다는 것을 인터뷰를 통해 확인하였다.

〈인터뷰 자료③〉

연구자: 이런 사실이나 공유 지식으로 근거를 제시하는 거하고 이 연구결과 같은 거를 제시해서 근거로 활용하는 거랑 뭐 차이가 있나요?

KNS45: 어~네, 그까 어~ 공유 지식 같은 경우에는 어쨌든 객관적인 사실이 아니기 때문에 어 설득을 할 때 좀 '근데 나는 그렇게 생각 안 하는데'하고 주관적인 … 다를 수 있잖아요. 조사결과 같은 경우에는 그렇지 않고 확실하게 이제 결과가 나와 있는, 좀 더 공신력이 있는, 그래서 내가 설득을 할 때 그까 좀 공식적인 내 주장도 있지만 '내 주장 이렇게 타당해'라고 얘기할 수 있는 공신력이 있다고 해서 이렇게 조사결과를 쓴 거고 전 차이가 있다고 봐요.

〈인터뷰 자료④〉

연구자: 이와 같은 사실이나 공유 지식으로 근거를 제시하는 것은 설득력이 있다고 생각하시나요?

CKL48: 네, 공유 지식이니까 사람들이 다 받아들일 수 있고 객관 사실이라면 누구도 부정할 수 없는 거예요. 그래서 이런 거를 근거로 활용하면 설득력이 있어요.

〈인터뷰 자료④〉에서 보다시피 한국어 모어 화자는 연구결과 같은 객관 자료가 더 공신력이 있고 설득력이 있다고 하였고 '근거 기반 가정'을 지지하는 근거를 제시할 때 연구결과를 선호하는 경향이 보였다. 앞서 밝힌 바와 같이 공유 지식은 상대방이 인정하지 않을 수도 있어 설득력을 약화시킬 수도 있다. 그보다 조사결과와 같은 객관 자료는 확실하고 더욱 공신력이 있어 설득력을 높일 수 있다. 그러나 〈인터뷰 자료④〉에서 확인할 수 있듯이 중국인 한국어 학습자는 '승인'보다 객관 사실이나 공유 지식을 더 많이 사용하였고 객관 사실과 공유 지식은 모두 사람들이 받아들일 수 있는 것으로 설득력이 있다고 생각하였다.

그리고 중국인 한국어 학습자가 근거로서의 '상호텍스트적 가정'을 제시할 때 '근거 기반 가정'과 관련이 약한 경우가 있으며 또한 근거가 없는 경우도 있었다.

(8) ①내가 조기 외국어 학습을 해야 한다고 생각한다.(**개인관점_주장하기**) ②왜냐하면 지금 전 세계적으로 영어는 아주 중요한다.(**상호텍스트적 가정_객관 사실_근거**) ③뿐만 아니라 모국어와 외국어를 다 파악할 수 있는 능력을 가져야 한다.(**상호텍스트적 가정_공유 지식_근거**) ④그래서 언제 외국어를 배운지도 중요한다.(**근거 기반 가정**) ⑤나는 조기 외국어 학습이 맞다고 생각한다.(**개인 관점_주장하기**) (CKL71KW)

위 예에서 ④는 '근거 기반 가정'인데 담화표지 '그래서'를 보면 앞에 ④를 지지해 주는 근거가 제시되어 있어야 할 것이다. 그러나 ②와 ③은 ①을 뒷받침하기 위한 '상호텍스트적 가정'으로 보는 것이 더 적절할 것이다. ①은 조기 외국어 학습에 대한 찬성 입장을 표명하고 이어서 '상호텍스트적 가정'인 ②와 ③을 통해 찬성하는 근거를 제시하는 것이다. ②는 객관 사실로서 설득력이 있으며 ③은 공유 지식으로 볼 수 있겠지만 다소 어색할 듯하다. 중국인 한국어 학습자의 작문에서 이와 같은 어색한 공유 지식이 종종 발견되었다.[5] 이런 공유 지식은 설득력이 떨어질 것이므로 주장을 잘 지지하는 것으로 보기 어려울 것이다. 그리고 '근거 기반 가정'과 관련이 약한 경우도 있었다.

5 이와 같은 공유 지식은 다소 어색하지만 근거 없는 '개인적 단언'도 아닌 것 같다. 따라서 공유 지식으로 판정하였다. '뿐만 아니라' 뒤에 '글로벌 시대에 경쟁력을 갖추기 위해'와 같은 말을 추가하면 더 자연스러울 것이다.

(9) ① 그때는 창피하는 것 느끼지 못하고 마음대로 말할 수 있다.(근거 기반 가정_주장하기)

② 외국어 공부는 제일 중요한 것 바로 말하기다. ③ 나이가 점점 많으면 자존심도 강해질 것이다.(가능성 평가_근거) ④ 아이도 잘못 말할까봐 주변 사람들의 눈치를 보거나 마음대로 말하기 어렵다.(상호텍스트적 가정_공유 지식_근거) ⑤ 그래서 2-7살 나이쯤에 그들은 이런 걱정이 별로 없다.(상호텍스트적 가정_공유 지식_근거) ⑥ 외국어 공부에 좋은 도움이 된다.(CKL71KW)

위 예(9)에서 ③-⑤는 '근거 기반 가정'인 ①을 지지해 주는 근거로 볼 수 있다. 필자가 표현하고 싶은 것은 추론하면 아이가 나이가 어리기 때문에 창피함을 느끼지 못하고 잘못 말하는 것을 두려워하지 않아 말하기를 더 잘할 수 있다는 것이다. 그러면 나이가 들어서 창피함을 느낄 수 있다는 것보다 나이가 어리므로 창피함을 느끼지 못한다는 근거를 제시해야 할 것이다. 특히 ⑤의 경우 '그래서'를 보면 앞의 내용이 근거가 될 것 같은데 실제로는 논리적이지 않았다. 나이가 많아지면 자존심도 강해지고 창피한 것도 쉽게 느껴지는 것은 나이가 어릴 때 외국어로 잘못 말해도 창피하지 않다는 것의 근거가 되기가 어렵다. ⑤앞에 나이가 어리면 외국어로 잘못 말하더라도 창피함을 느끼지 않는다는 근거를 제시해야 ⑤와 같은 주장을 제시하는 것이 자연스러워질 것이다. 이와 유사한 예는 중국인 한국어 학습자의 중국어 작문에서도 발견되었다.

(10) ① 其次, 许多人争辩说："低龄留学有利于外语的学习。"(거리) ② 而在我看来, 其实不然。(근거 기반 가정_주장하기) ③ 国内也有许多提供外教的优秀的外语培训机构, 在国内也有充分的条件学好外语。(상호텍스트적 가정_근거) ④ 而且, 孩子小的时候学习语言能力很强, (상호텍스트적 가정_근거) ⑤ 但过早出国留学, 会有碍于母语的学习, 比起国内的学生, 过

早留学的学生汉语水平仍有待提高。(근거 기반 가정_주장하기) (CKL48CW) (둘째, 많은 사람이 '조기 유학은 외국어 학습에 유리하다'고 지적한다. 하지만 내가 보기에는 꼭 그렇지는 않다. 중국에서도 외국인 강사를 갖추는 우수한 외국어학원이 많이 있고 중국에서도 외국어를 잘 배우는 충분한 조건을 갖추고 있다. 그리고 유아의 언어 학습 능력이 매우 뛰어나다. 그러나 너무 일찍 외국에 가서 유학하면 모국어 학습에 장애가 될 수 있으며 중국에 있는 학생보다 조기 유학자의 중국어 수준은 더 향상되어야 한다.)

예(10)에서 ①은 예상 독자의 가능한 반론인 조기 유학이 외국어 학습에 유리하다는 것을 제시하는 것이며 ②는 필자가 이런 주장에 대한 부정이다. ③(중국에서도 우수한 외국어 교육 기관이 많다)과 ④(유아의 언어 습득 능력이 뛰어나다)는 ②를 지지하기 위한 근거로 볼 수 있다. 문제가 되는 것은 ③이다. 유아의 습득 능력이 뛰어나다고 해서 모국에서도 외국어를 충분히 잘 배울 수 있다는 것은 일리가 없는 것이 아니겠지만 조기 유학이 외국어 학습에 유리하다는 주장을 반박하기 위한 근거로서 관련성이 다소 약할 것이다. 그보다 유아의 언어 습득 능력이 뛰어나고 중국에서도 우수한 외국어 교육 기관이 많아 제대로 가르쳐 준다면 중국에서도 충분히 외국어를 잘 배울 수 있다는 근거를 제시하는 것이 더 설득력이 있을 것이다. 그리고 이를 뒷받침하는 보고서나 연구결과를 제시하면 더욱 설득적일 것이다.

위에서 논의한 바와 같이 근거를 제시하지 않거나 제시된 근거가 근거 기반 가정과 관련이 약하면 설득력이 떨어지고 독자들이 받아들이기가 어려울 것이다. 이로부터 중국인 한국어 학습자는 '개입'을 결합하여 사용하는 능력이 부족함을 알 수 있다. 그리고 공유 지식인 경우 어색하면 공유 지식으로 보기가 어려워 독자들이 공유 지식으로 인식하지 않게 되므로 설득력이 떨어질 수 있다.

(3) 내러티브

'내러티브'는 중국인 한국어 학습자와 한국어 모어 화자의 한국어 작문에서 많이 발견되지 않았다. '내러티브'는 자기 혹은 타인의 경험을 서술하여 근거로 활용하는 것이다. 이는 조인옥(2014)에서 언급한 '스토리 논거'와 유사한 개념으로 볼 수 있다.[6]

(11) 저는 조기 외국어 학습을 받았습니다. 다섯 살 때부터 영어유치원에서 영어 몰입교육을 받았고, 열 살 때부터는 스페인어 과외 수업을 받았습니다. 그 덕에 유리했던 부분들이 많았습니다. 영어를 어린 나이에 접했던 터라 청소년기 시절 다른 학생들에 비해 수월하게 영어를 구사할 수 있었습니다. (후략) (KNS15KW)

(12) 저는 이런 실험을 해 본 적이 있다. 나는 생질이 두 명 있다. 한 명은 11살이고 한 명은 6살이다. 처음에 한국어 배웠을 때 바로 그 생질을 가르친다. 그 결과는 예상대로 마찬가지이다. 나이가 많은 생질보다 어린 나이가 생질은 발음이 좋고 기억력도 좋다. (CKL25KW)

위에 제시된 두 예에서 필자는 모두 조기 외국어 교육에 찬성하는 입장을 선택하였고 KNS15는 자신의 조기 외국어 학습 경험을 제시하여 독자를 설득하려고 하였고 CKL25는 자신이 외국어를 가르치는 경험을 제시하여 조기 외국어 교육의 장점을 강조하려고 하였다. 이렇게 '내러티브'를 근거로 활용하

6 본 연구에서 수집된 중국인 한국어 학습자의 한국어 작문에서 '내러티브'가 많이 나타나지 않았다. 이는 조인옥(2014)과 다르다. 조인옥(2014)에 의하면 '스토리 논거'는 중국인 한국어 학습자들이 가장 많이 사용한 논거 유형이다. 맹강 · 진정(2020)에서도 '체벌'을 주제로 중국인 한국어 학습자의 작문 자료를 수집하고 분석했는데 '스토리 논거'가 많이 나타나지 않았다고 했으며 주제가 같아도 연구결과가 달리 나와서 후속연구에서 원인을 규명할 필요가 있다고 지적하였다.

는 것은 김영희(2013)에서 '서사논증'이라는 용어로 다루었다. 그러나 적절한 서사논증이 되기 위해 한 개인의 개별적 사례라고 해도 보편성과 전형성을 지녀야 가능하다는 전제가 있고 한국어 학습자로서 한국이 아닌 자국에서 경험한 사례는 한국이라는 담화공동체에서 보편적으로 받아들여지는 데 무리가 있을 것이며 서사논증만으로 논거 확립이 부족하다(조인옥, 2017: 32). 그리고 민병곤(2004: 226)에서도 사회적 공론의 과정이나 추론 없이 개인적 경험 또는 지식만으로 성공적인 논증을 하기가 어렵다고 지적하였다. 이로 보아 중국인 한국어 학습자는 '내러티브'만으로 논증하는 것이 다소 무리가 있어 보편성과 거리가 있는 '내러티브'의 사용을 지양해야 할 것이다.

(4) 개인적 단언

'개인적 단언'은 전혀 근거 없는 것이다. 전술하였듯이 한국어 모어 화자는 이를 전혀 사용하지 않았고 중국인 한국어 학습자만 사용하였다. 다음 예시를 살펴보자.

(13) 중국에 13억 사람이 있고 수천수만 직업이 있다. <u>그 중에 외국어를 사용하는 직업이 많지 않다.</u>(**개인적 단언**) (CKL23KW)

(14) 영어나 다른 외국어를 지나치게 중시하면 무조건 자기 국가의 국어를 홀시한다.(**개인적 단언**) (CKL57KW)

예(13)에서는 외국어를 사용하는 직업이 많지 않다고 하였으며 예(14)에서는 외국어를 지나치게 중시하면 무조건 국어를 홀시한다고 하였는데 이렇게 근거 없이 단언하는 것은 독자의 의심과 반박을 일으키기 쉽다. 실제로 외국어가 필요한 직업이 많고 많은 국가에서 외국어를 중요시하고 국어를 홀시하는 사례를 찾아보기가 드물 것이다. 그리고 위 두 예의 내용 자체도 근거가 약해서 일반적으로 받아들여지기가 어려울 것이다. 이런 내용 자체가 논증이 필요한 것이므로 이를 근거로 활용하면 논증의 객관성은 물론이고 설득력도 크게 떨어질 것이다. 이와 같은 '개인적 단언'은 중국인 한국어 학습자의 중국어 작문에서도 발견되었다.

(15) 二、从对社会的影响来说，我的观点可概括为以下三点。
有利于输入先进思想技术，幼年留学的学子取得学位后回国，必定会带着自己在国外学习的经验思想和技术走进职场……(**개인적 단언**)(후략) (CKL51CW) (2. 사회에 미치는 영향의 측면에서 내 관점은 다음과 같이 3가지로 요약할 수 있다. 1) 선진 사상과 기술의 수입에 유리하다. 조기 유학자들이 학위를 받고 귀국 후 꼭 외국에서 배운 경험과 기술을 갖고 직장에 들어갈 것이다. …)

예(15)에서는 조기 유학자들이 꼭 외국에서 배운 경험과 기술을 갖고 귀국한다는 견해를 제시하고 있다. 이런 견해는 일견 타당해 보이지만 조금만 더 생각해 보면 꼭 그런 것이 아니라는 것을 알 수 있다. 즉 조기 유학을 하였지만 적응 능력이 부족하여 제대로 공부하지 못하였거나 외국에서 놀기만 하여 학위를 취득하지 못하는 경우도 있을 것이다. 필자가 이렇게 단언하는 것은 예상 독자의 반박을 불러오기가 쉬울 것이다.

다음 〈인터뷰 자료⑤〉를 통하여 확인할 수 있듯이 중국인 한국어 학습자는 이런 내용이 모두 독자도 인정할 수 있고 주장을 지지해 주는 근거로 인식하고 있음을 알 수 있다. 그러나 이는 '상호텍스트적 가정'(공유 지식)이라기보다는 필자 자신의 단언이라고 할 수 있다. 이런 '개인적 단언'은 근거 없는 필자의 개인적인 견해나 해석일 뿐 다른 사람의 머릿속에 전제되어 있는 것이 아니기에 의심할 여지가 있다. 이와 같은 필자의 개인적인 견해나 해석은 맥락과 크게 관련되지 않아 대화적이지 않으며 상호텍스트적 연결을 통하여 저자의 목소리를 구축하지 못하였다. 이런 단언은 필자의 개인 견해만 언급하고 맥락화하지 않는 것으로 볼 수 있다. 따라서 논증적 글에서 사용하지 않는 것이 타당하다.

〈인터뷰 자료⑤〉

연구자: ('개인적 단언'에 해당되는 부분을 가리키면서) 이 부분은 혹시 위의 주장을 지지하는 근거인가요?

CKL23: 네.

연구자: 네. 그럼 이 부분은 혹시 독자와의 공유 지식으로 생각하시나요? 아님 단지 나 개인의 생각인가요?

CKL23: 아니요. 제 개인의 생각이 아니에요. 독자와의 공유 지식입니다.

연구자: 그러면 혹시 이와 같은 내용은 독자도 이렇게 생각하고 아니면 독자도 이런 내용을 인정한다고 생각하시나요?

CKL23: 네, 맞아요. 독자도 이렇게 생각하는 거 같아요.

〈인터뷰 자료⑥〉

연구자: (해당 부분을 가리키면서) 이 부분은 혹시 독자와의 공유 지식으로 생각하시나요? 아님 단지 나 개인의 생각인가요?

CKL57: 음~ 제 개인적 판단인 거 같아요.

연구자: 그럼 혹시 이런 부분의 내용은 독자도 인정한다고 생각하세요?

CKL57: 네, 맞아요.

연구자: 네, 그러면 여기서는 근거로 활용하시려는 거였어요? 아님 다른 역할로 활용하시려는 거였어요?

CKL57: 네.

이와 같은 '개인적 단언'은 중국인 한국어 학습자의 중국어 작문에서도 발견되었으나 한국어 작문에서처럼 많이 사용하지는 않았다. 〈인터뷰 자료⑥〉에서 중국인 한국어 학습자는 이런 '개인적 단언'은 개인의 판단이고 독자도 인정하는 것으로 보고 근거로 활용하려고 하였다. 그러나 실제로 개인적 단언은 단지 필자의 주관적 해석으로 비격식적이고 독자들이 받아들이기가 어려운 것이다.

2) 다성적 목소리 분석

(1) 대화적 공간 확대

① 판단유보

중국인 한국어 학습자와 한국어 모어 화자의 '판단유보' 사용이 양적으로 유의미한 차이가 있는지를 확인하기 위해 통계적 검정을 하였는데 결과는 다음과 같다.

〈표 Ⅲ-8〉 중국인과 한국인의 한국어 작문의 '판단유보' 비교

개입	집단	평균	표준편차	유의확률
판단유보	CKL_KW	.1911	.1233	.591
	KNS_KW	.1684	.0917	
가능성 평가	CKL_KW	.0979	.0983	.090
	KNS_KW	.1616	.0892	
개인 관점	CKL_KW	.0932	.1177	.022*
	KNS_KW	.0069	.0138	

(*p〈.05, **p〈.01, ***p〈.001)

〈표 Ⅲ-8〉에 의하면 중국인 한국어 학습자와 한국어 모어 화자는 판단유보와 '가능성 평가'의 사용에 있어 통계적으로 유의미한 차이가 없었으며 개인 관점은 중국인 한국어 학습자가 유의미하게 더 많이 사용하였다. 이것도 다소 중국어 글쓰기 관습의 영향을 받았을 것이다.

〈표 Ⅲ-9〉 중국인의 중국어와 한국어 작문의 '판단유보' 비교

개입	집단	평균	표준편차	유의확률
판단유보	CKL_CW	.0904	.0599	.017*
	CKL_KW	.1911	.1233	
가능성 평가	CKL_CW	.0552	.0541	.182
	CKL_KW	.0979	.0983	
개인 관점	CKL_CW	.0352	.0362	.111
	CKL_KW	.0932	.1177	

(*p〈.05, **p〈.01, ***p〈.001)

〈표 Ⅲ-9〉에서 보다시피 중국인 한국어 학습자의 중국어 작문과 한국어 작문에 반영된 '가능성 평가'와 '개인 관점'이 모두 통계적으로 유의미한 차이가 나타나지 않았다. 물론 전체적으로 보면 '판단유보'가 통계적으로 유의미한 차이가 발견되었다. 이는 한국어 학습자가 한국어의 완곡 어법을 배우면서 한국어의 영향을 받은 것으로 볼 수 있다. 아래에서 예를 통해 자세히 살펴보자.

가. 가능성 평가

전술하였듯이 '가능성 평가'는 주장하기, 근거 제시, 배경 제시, 평가하기의 기능을 할 수 있다. 중국인 한국어 학습자와 한국어 모어 화자가 가능성 평가 기능별 사용에 통계적으로 유의미한 차이가 있는지를 확인하기 위해 t 검정을 실시한 결과는 다음과 같다.

〈표 Ⅲ-10〉 중국인과 한국인의 한국어 작문의 '가능성 평가'의 기능별 비교

개입	집단	평균	표준편차	유의확률
주장하기	CKL_KW	.2549	.3565	.008**
	KNS_KW	.6190	.3051	
근거 제시	CKL_KW	.3533	.4565	.205
	KNS_KW	.1619	.2721	

배경 제시	CKL_KW	.0731	.1536	.134
	KNS_KW	.1976	.2489	
평가하기	CKL_KW	.0110	.0396	.858
	KNS_KW	.0143	.0535	

(*p<.05, **p<.01, ***p<.001)

<표 Ⅲ-10>에서 중국인 한국어 학습자와 한국어 모어 화자는 '가능성 평가'의 주장하기 사용에 있어 통계적으로 유의미한 차이가 보였으며 기술통계량을 통해 한국어 모어 화자가 더 많이 사용했다는 것을 알 수 있다. 그 외에 근거 제시, 배경 제시, 평가하기는 모두 통계적으로 유의미한 차이가 나타나지 않았다. 그리고 기술통계량을 보면 한국어 모어 화자는 주로 주장하기 기능(61.9%)을 가장 많이 사용하였고 그 다음은 배경 제시, 근거 제시, 평가하기 순으로 나타났다. 중국인 한국어 학습자는 근거 제시, 주장하기, 배경 제시, 평가하기 순으로 사용하였는데 주로 근거 제시와 주장하기의 기능을 사용하였다. 주장하기 기능을 많이 사용하는 것은 중국어 작문과 유사하였다. 특이한 것은 중국인 한국어 학습자가 중국어 작문에서 배경 제시 기능을 가장 많이 사용하는 것이다.

<표 Ⅲ-11> 중국인의 중국어와 한국어 작문의 '가능성 평가'의 기능별 비교

개입	집단	평균	표준편차	유의확률
주장하기	CKL_CW	.2564	.3640	.992
	CKL_KW	.2549	.3565	
근거 제시	CKL_CW	.0513	.1252	.038*
	CKL_KW	.3533	.4565	
배경 제시	CKL_CW	.3077	.4402	.090
	CKL_KW	.0731	.1536	
평가하기	CKL_CW	.0000	.0000	.337
	CKL_KW	.0110	.0396	

(*p<.05, **p<.01, ***p<.001)

이렇게 '가능성 평가'로 주장을 제시하는 것은 독자의 예상 반론을 고려한 것으로서 보다 더 완화하게 자신의 주장을 표시할 수 있다. 李長忠 · 眭丹娟(2012: 70)에 의하면 '판단유보'의 사용은 필자가 자신과 다른 관점 혹은 의견을 수용함을 의미한다. 즉 필자가 제시한 명제는 단지 많은 가능성 중의 하나이며 다른 입장도 존재하다는 것을 인정하는 것이다. 이러한 '판단유보'는 독자의 가능한 반박을 약화시켜 단언보다 더 설득력이 있다(맹강, 2017ㄱ: 100-101). 비록 가능성의 의미를 표시하지만 오히려 설득력을 더 높일 수 있다. 다음 인터뷰 자료를 살펴보자.

〈인터뷰 자료⑦〉

연구자: 그리고 여기도 '있겠지만' 약간 추측의 표현이잖아요. 그리고 여기 '통해서 일 것이고' 여기도 마찬가지고 또 하나가 있… 아 '할 수도 있지만' 이 이럴 때는 다 약간 추측의 표현이잖아요. 이렇게 추측의 표현 쓰시는 목적이 무엇이었어요?

KNS10: 어, 그까 뭔가 지금 다 맥락이 이런 걸 쓴 맥락이 (네) 다른 사람의 예상 반론에 대한 거 썼잖아요. (네네) 그러니까 저의 주장이 아니지만 다른 사람이 이렇게 생각할 수도 있기 때문에 (예) 그래서 그래서 뭐 뭘 것이다 라고 추측성의(잘 들리지 않음) 그까 제 주장였으면 그게 아니지만 아 다른 사람도 볼 수 있 있을 것이지 이렇게 생각하는 말투?

연구자: 아아, 네, 뭐 혹시 이렇게 표현하는 것은 (네) 약간 내가 이렇게 생각하지만 뭐 상대방이 이렇게 생각하지 않을 수도 있고 반박할 수도 있다 그런 생각이…

KNS10: 네

연구자: 예, 어, 그리고 혹시 이렇게 쓰시는 것은 어 자신의 신분 예를 들어서 내가 학생이다, 내가 아주 권위 있는 사람이 아니다, 그래서 이렇게 쓰신 건가요? 아님 그것과 상관없고 단지 내가 예상 독자를 생각했기 때문에 이렇게 썼다, 두 가지 중에…

KNS10: 뒤의 후자가 맞는 거 같아요. (예) 저의 신분과 상관없이.

〈인터뷰 자료⑧〉

연구자: 혹시 이렇게 표현한다면 설득력을 더 뭐 높일 수 있다, 그런 생각이 있으셨나요?

KNS20: 네. (네) 100% 아닐 수도 있는 거를 사실대로 말하는 거니까 (네) 더 신뢰성을 높일 수 있어요.

〈인터뷰 자료⑦〉에 의하면 KNS10은 글을 썼을 때 독자 의식을 가졌으며 자신이 그렇게 생각하지만 독자가 동의하지 않을 가능성도 있다는 것을 의식하였다는 것으로 나타났다. 그러므로 '가능성 평가'를 통해 해당 명제가 단지 필자의 생각이고 독자는 그렇게 생각하지 않을 수도 있음을 인정하였다. 즉 해당 내용은 단지 여러 가지 가능성 중의 하나이며 다른 가능한 대안 역시 존재한다는 것이다. 이렇게 해서 텍스트에 다성적 배경을 구축하였다. 캐플런(Kaplan, 2001)에서는 '누가 쓰는 권위가 있는가'라는 질문을 제시하였는데 서양에서는 모든 사람이 쓰는 권위가 있지만 동양에서는 그렇지 않다고 밝힌 바 있다. 조인옥(2014)에서도 중국인 한국어 학습자는 자신이 쓰는 권위가 있는 사람으로 생각하지 않는다고 밝혔다. 그러므로 한국어 모어 화자가 가능성 표현을 사용하는 것은 자신이 권위가 없기 때문일 수도 있다. 그러나 KNS10은 인터뷰에서 '가능성 평가'의 사용은 필자의 신분과 관련이 없고 독자를 고려한 것이라고 하였다. 즉 KNS10은 권위자가 아니라서 '가능성 평가'를 사용하여 확실하지 않거나 추측함을 표시하려는 것이라기보다는 독자의 가능한 반박을 고려해서 사용한 것으로 확인되었다. 그리고 KNS20은 '가능성 평가'를 사용하는 것은 신뢰성을 높일 수 있어 설득력을 향상시킬 수 있다고 하였다. 즉 단언으로 표현하면 오히려 반박을 초래하기 쉽고 '가능성 평가'로 표현하면 독자의 가능한 반박을 차단할 수 있다. 아래의 예를 살펴보자.

(16) 과도한 사교육비와 어린아이들이 경쟁 구도 속에서 느끼는 스트레스는 지양해야 할 것입니다.(**가능성 평가_주장하기**) (KNS15KW)

(17) 또한 어릴 때부터 자신의 능력보다 훨씬 높은 수준의 외국어 교육을 받게 되면 아이들의 자기효능감에도 악영향을 끼칠 수 있다. 아이들마다 언어 발달은 그 속도에 있어 차이를 보이게 되는데, 또래들보다 그 속도가 느린 학생들이 조기 외국어 교육을 받게 되면 외국어 학습은 자신에게 어려운 것으로 인식할 수 있다.(**가능성 평가_ 근거 제시**) (KNS02KW)

(18) 또한 외국어 교육이 필수적인데 반하여 외국어 학습 비용이 많이 들어간다면, 조기 외국어 학습에 대해서 저소득층의 부담이 커질 수밖에 없고 이는 빈부격차를 심화하는 요인이 될 수 있다.(**가능성 평가_배경 제시**) 그렇다고 시대의 흐름에 따라 보편적인 현상으로 자리 잡아가는 조기 외국어 학습을 규제할 방법은 없으며, 국가 경쟁력을 위해서는 규제해서도 안 된다. (KNS05KW)

(19) 가정 형편이 괜찮으면 이렇게 하는 게(아이를 조기 외국어 학원에 보내는 것[7]) 더 좋겠다. (중략) 언어공부에 대한 관심이 많아서 앞으로 다른 언어를 공부하는 데 도움이 될 수도 있다.(**가능성 평가_근거 제시**) 그리고 어린 아이의 기억력이 강해서 다른 환경 중에 새로운 것을 습득할 수 있다. (CKL17KW)

(20) 더구나, 연구에 의하면 사람은 언어를 가장 빨리 배울 수 있는 시기는 바로 유아시가라고 한다. 그래서 이 시기에는 언어를 쉽게 습득할 수 있을 뿐만 아니라 네티브 스비커만큼 잘 할 수 있을 것이다.(**가능성 평가_주**

7 괄호 안의 내용은 독자의 이해를 도와주기 위하여 연구자가 추가한 것이다.

장하기) (CKL48KW)

예(16)과 (20)는 주장을 표현하는 '가능성 평가'인데 '-(으)ㄹ 것이다'로 자신의 주장을 일종의 가능성으로 표현하여 단언적 표현보다 완곡하게 제시하였다. 이러한 가능성 표현을 통하여 필자의 주장은 많은 가능성 중의 하나임을 표시하고 독자는 이와 다른 주장을 제시할 수도 있음을 인정하고 대화적 공간을 열어 주었다. 예(18)은 배경 제시로 사용되는 '가능성 평가'인데 이럴 때 보통 이어서 필자의 주장을 제시한다. 즉 먼저 일정한 배경 혹은 실태를 제시하고 이어서 필자의 주장을 제시하거나 현재의 실태가 안고 있는 문제점을 지적하는 것이다. 예(18)에서는 조기 외국어 교육이 빈부격차를 심화하는 요인이 될 수 있다는 것을 배경으로 제시하고 이어서 필자는 비록 그런 문제가 있지만 조기 외국어 교육을 규제하면 안 된다는 주장을 제시하였다. 예(17)과 (19)는 앞에서 나온 주장을 뒷받침하기 위한 근거로 활용되는 가능성 평가이다. 근거를 일종의 가능성으로 표현하는 것은 더 신뢰할 만한 것으로 보인다. 단언으로 표현한다면 독자의 가능한 반박을 쉽게 일으킬 수도 있다.

'가능성 평가'를 통해 명제를 일종의 가능성을 표현하면 필자는 자신의 주장이 단지 여러 가능한 대안 중의 하나이며 독자들이 다른 주장을 가질 수도 있어 협상이 가능한 것임을 표시하여 대화적 공간을 열어 주었다. 즉 예상 독자의 가능한 반론을 염두에 두고 예상 독자와의 대화를 추구하는 것으로 볼 수 있다. 인터뷰 자료를 통해서 확인할 수 있듯이 한국어 모어 화자는 항상 예상 독자를 염두에 두었다. 그러나 중국인 한국어 학습자는 '가능성 평가'를 사용하는 것은 추측의 의미를 표현하거나 확실하지 않아서 모호하게 표현하려는 것으로 나타났다. 즉 중국인 한국어 학습자는 예상 독자에 대한 고려가 상대적으로 부족하였다.

〈인터뷰 자료⑨〉

연구자: (가능성 평가 표현 '-ㄹ 수 있다'를 사용한 문장을 가리키면서) 이런

문장들이 마지막에 다 '-ㄹ 수 있다'를 사용하셨는데 어떤 의도로 사용하셨어요? 어~다시 말해 왜 사용하셨나요?

CKL17: 음~~~좀 애매모호하게 말하려는 거였어요. 확실하게 말하면 좀 너무 주관적일 거 같아서 그렇게 말했어요.

연구자: 네, 그럼 혹시 추측한다는 것을 표현하시려는 거였어요?

CKL17: 아니요. 그냥 확실하지 않으니까 그렇게 애매모호하게 표현했어요.

연구자: 혹시 이렇게 애매모호하게 표현하는 것은 자신의 신분과 관련이 있나요? 그니까 나는 그냥 학생이다, 그래서 나는 권위 있는 사람이 아니다, 그래서 내가 글을 쓸 때 이와 같은 가능성을 표현하는 어휘나 문법을 사용하는 것이 좋다, 혹시 이런 생각이 있으셨어요?

CKL17: 음~없었을 거 같아요. 그냥 뭐 좀 주관적일 거 같아서.

CKL17은 인터뷰에서 '-(으)ㄹ 수 있다'는 표현을 쓴 것은 가능한 대안을 허용하여 대화적 공간을 확대하려는 것이 아니라 확신이 없어서 단언보다 좀 완화하게 말하려고 하였다고 하였다. 즉 이를 사용하는 것은 독자의 의견이 다를 수도 있음을 고려한 것이라기보다는 단지 자신이 확신이 없어서라는 것으로 나타났다. 따라서 비록 '-(으)ㄹ 수 있다'라는 '가능성 평가' 표현을 사용하였지만 여전히 대화적인 관점에서가 아니라 일방적으로 자신의 주장을 완화하게 전개하려는 의도에서 비롯되었다고 할 수 있다. 그리고 CKL17은 인터뷰에서 권위가 없어서 가능성 표현을 사용하였다는 것이 아니라고 하였다. 그런데 한국어 모어 화자와 다른 것은 독자의 가능한 반박을 고려하는 것이 아니라 제시된 정보에 대한 확신이 없어서 사용한 것이다.[8]

---

8 이로 보아 캐플런(Kaplan, 2001)에서 동양에서는 모든 사람이 쓰는 권위가 있는 것이 아니라는 것에 대한 재고가 필요할 듯하다. 이와 같이 어떤 사회적 이슈에 대한 자신의 견해를 쓰는 글이라면 필자는 자신이 쓰는 권위가 있는지를 고려하지 않을 것 같다. 만약 권위 있는 신문에서 사설을 쓰거나 어떤 학문 분야의 권위적 학술지에 논문을 게재할 때 필자가 자신이 과연 쓰는 권위가 있는지를 고려할 수도 있을 듯하다. 이는 후속 연구에서 다루도록 한다.

〈인터뷰 자료⑩〉

연구자: ('-겠'을 사용한 문장들을 가리키면서) 요런 문장들에서 추측을 표시하는 '-ㄹ 것이다'를 사용하셨는데 이렇게 사용하신 목적이 뭐였어요?

CKL48: 음~그냥 절대적인 것이 아니라는 것을 표현하려고 했어요. 꼭 그런 거 아니다, 이런 뜻이에요.

연구자: 네 혹시 이 글의 예상 독자에 대한 고려도 있었나요? 예를 들어, 독자는 이렇게 생각하지 않을 수도 있다, 그래서 절대적인 것으로 표현하지 않는 게 더 좋다, 혹시 그런 의도도 있으셨나요?

CKL48: 음, 그런 측면도 있었을 거 같아요.

CKL48은 독자의 반박에 대한 고려보다는 절대적인 것이 아니라는 것을 표현하려고 '가능성 평가'를 사용하였다고 하였다. 즉 독자 의식이 상대적으로 약하였다는 것으로 볼 수 있다. 연구자가 혹시 이런 표현을 사용하는 것은 독자에 가능한 반론을 고려한 것이냐고 물어볼 때 '그런 측면도 있었을 거 같다'고 한 것을 보면 CKL48은 독자에 대한 고려가 부족하였다고 할 수 있다. 위의 논의를 보면 중국인 한국어 학습자들은 '가능성 평가'를 사용하는 것은 마틴과 화이트(Martin & White, 2005)에서 언급한 '정보의 신뢰성'을 고려한 것이며 독자의 가능한 반박을 고려하여 대화적 공간을 열어 두는 것이 아니었다고 할 수 있다. 이는 중국인 한국어 학습자가 글을 쓸 때 예상 독자와의 대화 의식이 약하고 다소 일방적으로 논증을 전개하는 것으로 보여 준 것이다.

나. 개인 관점

전술하였듯이 중국인 한국어 학습자는 '개인 관점'을 유의미하게 더 많이 사용하였다. 한국어 모어 화자는 주로 자신의 주장을 표현할 때 '개인 관점'을 사용한 데 비해 중국인 한국어 학습자는 주장 제시와 근거 제시로 두루 사용하였다.

맹강(2017ㄱ: 100)에서 중국과 한국의 신문 사설의 '개입'을 분석한 결과, 한국 사설에는 '개인 관점'을 전혀 사용하지 않았고 중국 사설에는 조금만 사용하였다. 본 연구에서 수집된 한국어 모어 화자의 논증적 텍스트에도 개인 관점은 거의 사용되지 않았음을 보면 아마 한국의 논증적 텍스트에서는 '개인 관점'을 많이 사용하지 않는 관습이 있을 듯하다. 아래는 한국어 모어 화자의 작문에서 추출한 예이다.

(21) 그런데 조기 외국어 교육은 진정 바람직한가? 필자는 조기 외국어 교육이 바람직하지 않다고 생각한다. 그 이유를 세 가지로 살펴보도록 하자. (KNS20KW)

예(21)은 서론에 나타났는데 조기 외국어 교육에 대한 필자의 주장인 '조기 외국어 교육이 바람직하지 않다'를 표현하기 위한 것이다. '개인 관점'을 나타내는 표현을 통하여 이는 필자의 주장뿐이고 다른 가능한 대안도 있을 수가 있어 대화적 공간을 열어 주는 것이다. 이에 대해 KNS20은 인터뷰에서 다음과 같이 말했다.

〈인터뷰 자료⑪〉

연구자: 첫 번째 단락에 올라가시면 어 뒤에서 두 번째 문장 '필자는 모모다고 생각한다', 여기서 모모다고 생각한다는 표현 사용하셨는데 (네) 혹시 그 때 주장 표시하시려는 건가요? (네) 어 그러면 아~ 조금 다른 표현으로 뭐 '필자는 조기 외국어 교육', 아냐 아냐, '조기 외국어 교육이 바람직하지 않다' 하고 '필자는 바람직하지 않다고 생각한다' 이 두 가지 표현 혹시 뭐 차이가 있나요?

KNS20: 아, 바람직하지 않다로 끝나는 거랑 바람직하지 않다고 생각한다는 거랑 (네) 음~ 약간 다른 게 있는 거 같긴 해요. (예) 왜냐면 모모라고 생각한다는 좀 더 너무 단언하는 듯한 느낌을 주지 않아서 좀 거부감을 약화시킨다고 생각하거든요. 그까 바람직하지 않다, 이거는 독자로 하여금 너무 강 강하게 다가올 거 같아서 (네) 생각한다를 선택한 거 같아요.

인터뷰에서 KNS20은 독자의 거부감을 약화시키고 주장을 완화하게 표현하기 위해 '개인 관점'을 사용하였다는 것으로 확인되었다. 즉 독자의 가능한 반박을 고려해서 자신의 주장을 완화하여 표현한 것이라 할 수 있다. 이는 높은 독자 의식을 보여 준 것으로 볼 수 있다.

한국어 모어 화자와 달리 중국인 한국어 학습자들은 '개인 관점'을 많이 사용하고 근거 제시와 주장 제시로 두루 사용하였다. 아래의 예를 통해 살펴보자.

(22) 그래서 조기교육은 바로 이 황금시기를 이용해서 아이에게 외국어 교육을 강화시켰다. (중략) 이는 응시교육과 취업 경쟁을 대응하기 위해 하는 행동이라고 생각한다. 자신의 소질 계발에도 도움이 있다고 생각한다. (**개인 관점_근거 제시**) (CKL62KW)

예(22)에서 CKL62는 본론에서 '(이)라고 생각하다'로 개인적 관점을 표시하여 조기 외국어 교육을 찬성하는 입장을 지지하는 근거로 사용하였다. 아래 예처럼 주장을 표현하는 경우도 있다.

(23) 내가 조기 외국어 학습을 해야 한다고 생각한다. 왜냐하면 지금 전 세계적으로 영어는 아주 중요한다. 뿐만 아니라 모국어와 외국어를 다 파악할 수 있는 능력을 가져야 한다. 그래서 언제 외국어를 배운지도 중요하다. 나는 조기 외국어 학습이 맞다고 생각한다.(**개인 관점_주장하기**) (CKL71KW)

예(23)에서는 CKL71은 '개인 관점'으로 자신의 주장을 표현하였다. 중국인 한국어 학습자들이 '개인 관점'을 사용하는 의도가 무엇인지를 알아내기 위해 인터뷰를 실시하였다. 인터뷰를 통해 한국어 모어 화자와 달리 중국인 한국어 학습자들은 대화적 공간을 열어 주기보다는 단지 개인의 관점임을 표시하려는 것으로 확인되었다.

〈인터뷰 자료⑫〉

연구자: ('개인 관점' 표현을 사용한 문장들을 가리키면서) 이런 문장들이 다 개인 관점을 표시하는 '-다고 생각한다', '-다고 본다' 등 표현을 사용하셨는데 왜 그런 표현들을 사용하셨죠?

CKL71: 아, 저는 이것이 나의 생각임을 표현하려고 했어요. 내용이 좀 주관적일 거 같아서 그런 표현을 사용했어요.

〈인터뷰 자료⑫〉를 통해 알 수 있듯이 CKL71은 독자의 가능한 반박에 대한 고려가 아니라 '정보의 신뢰성'을 고려한 것이다. 이는 중국인 한국어 학습자의 독자 의식이 부족하다는 것을 보여 준다.

② 객체화

'객체화'는 다시 '인정'과 '거리'로 나누어진다. 중국인 한국어 학습자와 한국어 모어 화자가 '객체화' 사용에서 통계적으로 유의미한 차이가 있는지를 확인하기 위해 t 검정을 실시한 결과는 다음과 같다.

〈표 Ⅲ-12〉 중국인과 한국인의 한국어 작문의 '객체화' 비교

개입	집단	평균	표준편차	유의확률
객체화	CKL_KW	.0342	.0377	.106
	KNS_KW	.0623	.0483	

인정	CKL_KW	.0145	.0293	.784
	KNS_KW	.0118	.0211	
거리	CKL_KW	.0197	.0278	.032*
	KNS_KW	.0505	.0411	

(*p〈.05, **p〈.01, ***p〈.001)

〈표 Ⅲ-12〉를 통해 알 수 있듯이 '거리'는 통계적으로 유의미한 차이가 나타났는데 한국어 모어 화자가 더 많이 사용하였으며 '인정'은 통계적으로 유의미한 차이가 발견되지 않았다. 마틴과 화이트(Martin & White, 2005)에서는 '객체화'를 통해 필자가 해당 명제를 외부적 자원에 귀속시켜 다양한 관점을 반영하여 텍스트가 더욱 대화적이라고 하였다. 그리고 向平 · 肖德法(2009: 24)에 의하면 '객체화'로 제3자의 목소리를 도입하여 더욱 완화한 분위기를 조성할 수 있다. 따라서 한국어 모어 화자는 '객체화'를 많이 사용한 것은 서로 다른 목소리가 있는 것을 인정하고 적극적인 대화적 모습을 보여 줄 것이다. 중국인 한국어 학습자가 '거리'를 잘 사용하지 않은 것은 다소 중국어 작문 관습의 영향을 받았을 것이다.

〈표 Ⅲ-13〉 중국인의 중국어와 한국어 작문의 '객체화' 비교

개입	집단	평균	표준편차	유의확률
객체화	CKL_CW	.0244	.0241	.438
	CKL_KW	.0342	.0377	
인정	CKL_CW	.0000	.0000	.100
	CKL_KW	.0145	.0293	
거리	CKL_CW	.0244	.0241	.649
	CKL_KW	.0197	.0277	

〈표 Ⅲ-13〉에서 확인할 수 있는 바와 같이 중국인 한국어 학습자가 중국어 작문에서도 '거리'를 많이 사용하지 않았으며 통계적으로 유의미한 차이가 발견되지 않았다. 그리고 맹강(2017ㄱ: 101)에서 중국과 한국의 신문 사설의

'개입'을 분석한 결과, 중국 사설에는 '거리'를 거의 사용하지 않았고 한국 사설에는 '거리'를 통계적으로 유의미하게 많이 사용하였다. 이를 통해서 중국인 한국어 학습자가 '거리'를 잘 사용하지 않은 것은 중국어 글쓰기 관습의 영향을 받았을 것이다.

가. 인정

'인정'은 중국인 한국어 학습자와 한국어 모어 화자의 작문에서 모두 발견되었으며 맹강(2017ㄴ: 136)에 의하면 '인정'은 주로 서론이나 본론에 나와 배경 제시하기의 기능을 수행한다. 아래의 예를 통해 살펴보자.

(24) 조기 외국어 학습의 열풍이 불고 있다. 이는 비단 대한민국만의 현상이 아니며, 다른 아시아 국가인 중국에서도 조기 외국어 학습이 보편적인 현상이 되고 있다고 한다.(**인정**) (KNS05KW)

(25) 자료에 따르면 한국이든 중국이든 조기 외국어 교육 열풍이 불고 있다고 한다.(**인정**) 저는 조기 외국어 교육을 찬성한다. (CKL48KW)

예(24)에서는 '인정'이 서론에 나타나 조기 외국어 학습이라는 주제와 관련된 외부의 목소리로 논증 전개를 위한 배경을 제시하였다. 예(25)에서도 마찬가지로 CKL48은 서론에서 조기 외국어 학습에 관한 자료를 인용하여 이어서 자신의 입장을 제시하였다. '인정'으로 배경을 제시하는 것은 상호텍스트적 가정보다 필자 자신의 '목소리'가 아닌 외부의 목소리를 도입하기 때문에 논증적 텍스트에서 논증을 전개하는 좋은 방법이라 할 수 있다.

나. 거리

맹강(2017ㄴ: 137)에 의하면 '거리'는 주로 상대 입장을 언급할 때 사용된다. 아래의 예를 통해 '거리'를 살펴보자.

(26) 물론 조기 외국어 교육에 대한 우려 섞인 시선 역시 존재하다. 그중 하나는 지나친 사교육 경쟁을 부추겨 사교육비가 과다하게 지출되고, 이론 인하여 양극화가 심화된다는 주장이다.(**거리**) (중략) 또 다른 비판은 조기 외국어 교육이 아동의 모국어 습득을 저해한다는 주장이다.(**거리**) (KNS18KW)

(27) 물론 조기 외국어 학습에 찬성하는 측에서는 한국에서 미리 외국어를 배워놔야 나중에 글로벌 인재로 성장할 가능성이 높다는 점을 지적한다. (**거리**) (KNS27KW)

(28) 어떤 사람은 이렇게 말했다. 어린 나이에 놀아야지, 그 숙제가 많으면 나중에 공부를 싫어할지도 모른다.(**거리**) (CKL25KW)

예(26)과 (27)은 모두 한국어 모어 화자의 작문에서 추출된 '거리'이다. 한국어 모어 화자는 '거리'를 통해 예상 반론을 언급한 것이다. 이렇게 '거리'를 통해 자신의 주장과 다른 입장을 언급하는 것은 독자의 예상 반론을 고려해서 한 것이며 설득력을 높일 수 있다. 예(28)은 중국인 한국어 학습자가 한국어 작문에서 자신의 입장과 다른 주장을 언급한 예이다. CKL25는 조기 외국어 학습에 찬성하는 입장을 갖고 있는데 '어떤 사람'의 말을 텍스트에 도입하여 가능한 반대의 목소리를 제시하였다. '거리'에 대해 '반대' 부분에 더 자세히 살펴보겠다.

(2) 대화적 공간 축소

① 선언

중국인 한국어 학습자와 한국어 모어 화자가 '선언' 사용에 있어 유의미한 차이가 있는지를 확인하기 위해 t 검정을 실시하였는데 결과는 다음과 같다.

〈표 Ⅲ-14〉 중국인과 한국인의 한국어 작문의 '선언' 비교

개입	집단	평균	표준편차	유의확률
선언	CKL_KW	.1842	.1360	.227
	KNS_KW	.2352	.0558	
동조	CKL_KW	.0104	.0199	.000***
	KNS_KW	.0622	.0325	
승인	CKL_KW	.0376	.0580	.214
	KNS_KW	.0632	.0463	
공표	CKL_KW	.1362	.1012	.418
	KNS_KW	.1097	.0628	

(*p〈.05, **p〈.01, ***p〈.001)

〈표 Ⅲ-14〉를 통해 알 수 있듯이 중국인 한국어 학습자와 한국어 모어 화자는 '선언' 총계, '승인', '공표' 사용에 있어 유의미한 차이가 없었으며 '동조' 사용에만 유의미한 차이가 있었다. 중국인 한국어 학습자의 '선언' 사용이 중국어 작문 습관의 영향을 받았는지를 확인하기 위해 t 검정을 실시하였는데 결과는 다음과 같다.

〈표 Ⅲ-15〉 중국인의 중국어와 한국어 작문의 '선언' 비교

개입	집단	평균	표준편차	유의확률
선언	CKL_CW	.2767	.1332	.093
	CKL_KW	.1842	.1360	
동조	CKL_CW	.0485	.0354	.002*
	CKL_KW	.0104	.0199	
승인	CKL_CW	.0334	.0436	.835
	CKL_KW	.0376	.0580	
공표	CKL_CW	.1949	.1143	.179
	CKL_KW	.1362	.1012	

(*p〈.05, **p〈.01, ***p〈.001)

〈표 Ⅲ-15〉에서 보듯이 중국인 한국어 학습자는 중국어 작문에서 '동조'를 유의미하게 많이 사용하였는데 한국어 작문에서 그렇게 많이 사용하지 않

은 것이 주의할 만하다. 중국어 작문에서보다 '동조'를 많이 사용하는 이유는 인터뷰에서 다음과 같이 확인하였다.

〈인터뷰 자료⑬〉

연구자: 여기 중국어 작문 보면 여기는 약간 다른 사람이 이렇게 생각할 수도 있다, 다른 사람의 생각을 언급했잖아요. 근데 한국어 작문을 보면 다른 사람의 생각을 언급하지 않았어요. 왜 그렇죠? 중국어 작문에서는 다른 사람의 생각을 언급했는데 한국어 작문에서 왜 언급하지 않았죠?

CKL17: 음~글쎄요, 그냥 저는 많이 생각하지 않았고 중국어 작문은 그냥 생각대로 썼고 쓰다가 갑자기 다른 사람의 그런 생각이 있을 수도 있음을 생각해서 썼어요. 한국어로 쓸 때도 그냥 생각대로 썼고 그냥 다른 사람의 입장이 생각 안 났어요.

연구자: 아, 그렇군요. 그러면 뭐 의도적으로 다른 사람의 입장을 언급한 거 아니라는 말씀이신가요?

CKL17: 네, 그래요.

인터뷰에서 CKL17은 뚜렷한 독자 의식을 갖고 '동조'를 사용한 것이 아니며 그냥 생각이 나는 대로 썼다는 것으로 나타났다. 이에 따르면 '동조'를 사용하는 것은 다소 우연성이 있을 것이다. 이는 중국인 한국어 학습자의 독자 의식이 부족함을 말해 줄 것이다. 아래에서 예를 들면서 '동조', '승인', '공표'를 살펴보도록 한다.

가. 동조

'동조'는 논증적 텍스트에서 주로 예상 반론을 언급할 때 사용되는데 한국어 모어 화자가 유의미하게 많이 사용하였다는 것은 예상 반론에 대해 충분히 고려했음을 말해 준다. 다음의 예를 통해 살펴보자.

(29) 물론 미리 외국어를 학습한 아이가 앞으로 다가올 입시전쟁에 조금 더 유리한 위치에서 출발할 수도 있으나,(**동조, 가능성 평가**) 그것이 절대적인 것은 아니며 아이에게 가장 필요한 것은 다양한 창의적인 경험과 자유로운 활동이다. (KNS10KW)

예(29)에서는 KNS10이 '동조'를 통해 조기 외국어 교육을 받는 장점을 명확히 인정하고 바로 '반대'를 통해 필자의 반대 주장을 제시하였다. 즉 먼저 조기 외국어 학습은 입시에 유리하다는 예상 독자의 가능한 주장을 제시하고 그것이 절대적인 것이 아니고 아이에게 창의적 경험과 자유로운 활동이라는 필자의 주장으로 예상 독자의 가능한 반론을 반박하였다. 이와 같이 '동조'의 내용은 일부 독자가 가질 수도 있는 주장이고 이와 같은 외부의 목소리를 도입하면 다성적 배경을 구축할 수 있어 더욱 대화적이다. '동조'를 제시한 후 바로 필자의 주장을 제시하고 필자의 논증을 구축하는 것이 일반적이다. 이렇게 명확히 가능한 반대 입장을 언급하는 것은 예상 독자를 고려하였음을 말해 준다. 그리고 가능성을 표시하는 '-(으)ㄹ 수도 있다'라는 표현을 통해 명제를 완화하였다. 비록 중국인 한국어 학습자는 '동조'를 많이 사용하지 않았지만 이와 같은 예는 중국인 한국어 학습자의 작문에서도 발견되었다.

(30) 물론 어떤 사람이 유아동의 외국어 교육은 언어에 대한 스트레스를 줄 수 있다고 생각할 수도 있은 것입니다.(**동조**) 유아동기에 언어를 배울 때 스트레스를 받게 되면 오히려 언어 습득에 방해가 될 가능성도 있습니다. 근데 아이는 아직 지식이 많이 없는 상태이기 때문에 모든 언어가 아이에게는 똑같습니다.(**반대**) 다 새로운 지식입니다. 모국어와 외국어는 어른들의 정의입니다. 그래서 유아동기에 외국어 교육은 언어 교육을 가장 자연스럽게 하는 방법입니다. (CKL53KW)

예(30)에서는 CKL53은 조기 외국어 학습에 찬성하는 입장을 갖고 있는데 예상 독자의 반박을 고려해서 조기 외국어 학습의 가능한 문제점을 명확히 언급한 것이다. 즉 먼저 조기 외국어 교육은 아이에게 스트레스가 될 수 있다는 예상 반론을 언급하고 필자 자신의 견해로 반박을 하였다. 이와 같은 예는 작문을 쓸 때 CKL53은 독자의 가능한 반론을 고려했음을 보여 준다.

〈인터뷰 자료⑭〉

연구자: 여기서 '물론 뭐뭐뭐' 이 문장은 다른 사람이 가질 수도 있는 주장을 언급하시는 거잖아요. 이렇게 다른 사람의 입장을 언급하는 의도는 무엇인가요?

CKL53: 음, 그냥 다른 사람이 이렇게 생각할 수도 있다고 생각해요.

연구자: 이렇게 다른 사람의 가능한 입장을 제시하고 반박하는 것은 혹시 설득력이 더 있다고 생각하시나요?

CKL53: 네네.

인터뷰에서 CKL53은 예상 독자의 가능한 반론을 인식하였다는 것으로 확인되었다. CKL53은 글에 제시한 다음에 이에 대한 반박도 하였다. 하지만 CKL53처럼 예상 독자를 인식하고 예상 반론을 제시하고 반박하는 학습자가 많지 않았다. 이는 중국인 한국어 학습자가 '개입'을 결합하여 사용하는 능력이 부족하다는 것을 말해 준다.

나. 승인

'승인'은 외부의 목소리에 기반을 두고 필자의 목소리를 통하여 믿을 만하고 부정할 수 없는 명제가 된다. 이러한 '승인' 자원은 보통 '근거 기반 가정', '공표', '반대' 등을 지지하기 위한 근거로 사용된다. '승인' 사용에 있어 중국인 한국어 학습자와 한국어 모어 화자 간에 통계적으로 유의미한 차이가 발견되지 않았지만 분석 대상으로 선정된 중국인 한국어 학습자의 13편 작문에서 7편에만 '승인' 자원이 나타난 데 비해 한국어 모어 화자의 경우 14편 작문에서 12편에 '승인' 자원이 발견되었다. 이는 한국어 모어 화자가 논증을 할 때 외부의 자원을 동원하는 경향을 보여 주었다. 마틴과 화이트(Martin & White, 2005: 116)에서는 논증적 텍스트에서 필자가 절대적 용어로 핵심 주장을 내세울 때 가장 전형적인 것은 외부의 목소리를 도입하여 자신의 논증을 지지한다고 하였다. 이는 '승인' 자원이 논증적 텍스트에서의 중요성을 말해 준 것이다. 한국어 모어 화자의 작문에서 발견된 '승인'은 보통 연구결과, 보고서 등 객관 자료이고 구체적 출처도 밝혀져 있었다. 조인옥(2014)에서는 한국어 논설문에서 연구결과, 통계결과 등 객관 자료를 근거로 활용하는 경향이 있다고 밝혔다. 맹강(2017ㄴ)에서 중국과 한국 사설에 반영된 '개입'을 분석한 결과, 한국 사설에 나타난 '승인'은 주로 연구결과, 통계 자료, 조사결과와 같은 객관 자료이지만 중국 사설에는 객관 자료 외에 고전을 통계적으로 유의미하게 더 많이 사용하였고 많지는 않지만 가사, 광고 문구, 드라마 등도 포함되어 있었다. 따라서 논증적 텍스트에서 한국인과 중국인이 선호하는 승인이 다를 수도 있다. 아래에 예를 통해 살펴보자.

(31) 둘째, 어릴 때 받는 다중 언어교육은 아이에게 큰 스트레스일 수 있다. (**가능성 평가**) (중략) 실제로 Emma(1968)에 의하면 어릴 때의 이중 언어 교육이 어린이의 심리적, 지적, 언어적 발달을 저해한다.(**승인**) (KNS20KW)

(32) 우선, 영유아기의 다언어 교육은 스트레스와 인지 기능 저하로 인한 언어장애를 초래한다.(**근거 기반 가정**) 육아정책연구소의 "영유아의 사교육 노출, 이대로 괜찮은가"(김은영, 2016)에 따르면 아직 한국어의 음운 체계 조차도 제대로 자리 잡지 못한 상태의 아이에게 여러 언어를 한꺼번에 교육시킬 경우 오히려 뇌를 혼란시켜 언어장애를 일으킬 수 있다. (**승인**) (KNS44KW)

예(31)에서는 KNS20은 서론에서 조기 외국어 교육에 대한 반대 입장을 제시하고 이를 지지하는 하위 주장들을 제시하였다. 예(31)의 첫째 문장은 조기 외국어 교육에 반대하는 주장을 지지하는 하위 주장이고 이어서 Emma (1968)의 연구결과를 도입하여 하위 주장을 지지하였다. 예(32)에서 KNS44는 조기 외국어 학습에 반대하는 입장을 갖고 있는데 자신의 입장을 지지하기 위한 영유아기 다언어교육은 언어 장애를 초래한다는 하위 주장을 뒷받침하기 위해 연구소의 연구결과를 인용하였는데 역시 구체적 출처도 밝혔다. 인터뷰를 통해 이렇게 객관적인 자료를 인용하고 출처도 밝히는 것은 설득력을 높이려는 것을 확인하였다.

〈인터뷰 자료⑮〉

KNS20: 마지막으로는 논문이랑 자료들을 가져올 때 출처를 정확히 밝히는 게 중요하다고 생각을 했어요. 그래서 연도랑 글 쓰신 분들 이름 이런 것들을 정확히 밝히려고 했어요.

연구자: 그렇게 밝히시면 뭔가 뭐 신뢰성 높이시는 건가요?

KNS20: 네.

인터뷰에서 KNS20은 논문이나 자료의 출처를 밝히면 더 신뢰성을 높일 수 있다고 하였다. 이렇게 자료의 출처를 밝히면 신뢰성을 높이는 동시에 설득력도 높일 수 있을 것이다. 이와 같이 한국어 모어 화자들이 '승인' 자원을 통하여 외부의 목소리를 텍스트에 도입하고 다성적 배경을 이루면서 필자는 명제의 신뢰성에 대한 판단을 통하여 가능한 대안을 배제하여 설득력을 높일 수 있다. '승인'은 외부의 목소리를 도입하기 때문에 분명히 대화적이며 가능한 대안을 배제하기 때문에 대화적 축소이다. 전술한 바와 같이 논증적 글에서는 저자가 보통 외부적 자원을 통하여 논증을 지지한다(Martin & White, 2005: 116). 중국인 한국어 학습자의 작문에서도 '승인'이 발견되었다.

(33) 마지막으로 과학 연구에 따르면 언어를 많이 배우는 사람은 뇌가 더 예

리하다고 한다. 러더십도 보통 사람보다 우월하다고 한다.(**승인**) 그러면 애기에게 외국어 공부를 하게 하는 것은 애기 뇌의 발전에 도움이 된다. (CKL48KW)

(34) 또한 한국은 출구도향형 경제이기 때문에 외국과 교류, 무역, 그리고 협업할 때 외국어가 매우 중요하다고 한다.(**승인**) (CKL48KW)

예(33), (34)에서는 CKL48이 사용한 '승인'인데 예(33)은 과학 연구의 결과를 인용하는 것으로 신뢰성이 있는 근거로 볼 수 있다. 이 연구의 구체적 출처를 밝히면 더욱 설득력이 있을 것이다. 예(34)는 출처가 밝혀지지 않았기 때문에 어떤 사람이 한 말인지, 아니면 어떤 보고서나 연구의 결과인지가 불분명해서 설득력이 떨어질 수도 있다. 중국인 한국어 학습자들의 작문에 나타난 '승인'은 모두 구체적 출처를 밝히지 않았다. 그리고 분석대상으로 선정된 중국인 한국어 학습자의 13편의 한국어 작문에서 고전이나 가사, 광고 문구, 드라마 등이 발견되지 않았으며 중국어 작문에는 조금 나타났다.

(35) 从最近几年热播的亲子节目，如《爸爸去哪儿》《爸爸回来了》中不难发现，许多明星的孩子虽然年龄不足十岁，但其英语水平却高出一些成年人很多， 黄磊的妻子还曾在社交平台上晒出黄多多看英文原著的图片。(**승인**)这都是因为他们从小就接受了英语教育的原因，而不是等到上小学了，甚至是等到小学三年级了才开始接触ABC。(최근 몇 년 동안 인기 많은 예능 프로그램인 〈아빠, 어디가〉, 〈아빠가 돌아와요〉를 통해 쉽게 알 수 있듯이 많은 연예인의 자녀는 10살도 안 되지만 영어 실력은 일부 성인보다도 훨씬 좋고 황뢰의 아내는 소셜 플랫폼에서 황다다가 영어 원서를 읽는 사진도 올린 적 있었다. 이는 초등학교부터나 초등학교 3학년부터 ABC를 배우기 시작한 것이 아니며 어릴 때부터 영어 교육을 받았기 때문이다.) (CKL53CW)

예(35)에서 CKL53은 조기 외국어 학습에 찬성하는 입장을 밝히고 이를 지지하기 위한 근거로 예능 프로그램에서 영어를 잘하는 연예인들의 자녀를 제시하였다. 맹강(2017ㄴ)에 의하면 중국 신문 사설에도 이와 같은 '승인'이 나왔다. 따라서 중국인 한국어 학습자는 논증적 글을 쓸 때 중국어 논증적 글쓰기 관습의 영향을 받았을 것이다.

〈인터뷰 자료⑯〉

연구자: 여기서 연구결과를 인용해서 주장을 지지하셨는데 중국어 논설문 작성할 때 보통 시나 속담, 고전에 나온 내용을 인용해서 논증을 하잖아요. 한국어 작문을 쓸 때 왜 사용하지 않으셨어요?

CKL48: 음~ 이 주제는 약간 그런 시나 속담, 고전 내용을 인용할 수 있는 주제 아닌 거 같아요. 고전에 조기 외국어 교육에 관한 것도 없고

〈인터뷰 자료⑰〉

연구자: 중국어 작문을 쓸 때 보통 시나 속담, 고전에 나온 내용을 인용해서 논증을 하잖아요. 한국어 작문을 쓸 때 왜 그런 거를 인용해서 논증하지 않으셨어요?

CKL23: 고전 내용 인용하는 것은 저한테 좀 어려워요. 한국어로 긴 글을 요약해야 되잖아요. 아예 이런 조사결과가 더 간결하고 인용하기가 편해요.

인터뷰 자료를 통해 중국인 한국어 학습자들이 고전을 사용하지 않은 것은 글의 주제와 자신의 한국어 능력과 관련되었다는 것으로 확인되었다. 즉 본 연구의 글쓰기 과제의 주제는 '조기 외국어 교육'이기 때문에 고전과 크게 관련되지 않아 중국인 한국어 학습자들이 고전을 사용하지 않았을 것이다.[9]

---

9 주제 이탈이 되겠지만 선행연구에서 중국인 한국어 학습자들이 한국어로 글을 쓸 때 시나 속담 같은 고전을 인용한다고 밝혀져 있는데(제효봉, 2015) 이는 주제와 관련될 것이다. 제효봉(2015)에서는 성균관대학교에서 중국에서 주최하는 백일장 자료를 분석하였

이는 맹강·진정(2020)에서도 방증을 받을 수 있다. 맹강·진정(2020)에 의하면 주제별로 근거의 유형이 달랐으며 이는 특정 주제와만 관련 있는 근거가 있다. 예컨대, '조기 외국어 학습'에 관한 고전이 없기 때문에 중국인 한국어 학습자가 고전을 인용하지 않은 것이며 쓰기 주제가 '체벌'인 경우 교육과 관련 법 규정이 있기 때문에 중국인 한국어 학습자가 법 규정을 인용한 것이다. 그리고 고전을 요약하여 번역하는 것은 쉬운 일이 아니기 때문에 중국인 한국어 학습자에게는 좀 어려울 수도 있다.

다. 공표

'공표'는 주로 주장을 강력히 내세울 때 사용된다. 이는 중국인 한국어 학습자와 한국어 모어 화자의 작문에서 모두 발견되었다.

(36) 조기 외국어 교육은 그 득보다 실이 크기 때문에 지양해야 한다.(**공표**) (KNS44KW)

(37) 요컨대 효율성과 한국적 맥락으로 보아 조기 외국어 교육은 필요하다. (**공표**) (KNS18KW)

예(36)에서는 KNS44가 서론에서 조기 외국어 교육에 대한 자신의 주장을 밝히는 데 사용한 것이다. 서론에서 주장을 밝힌 다음에 보통 본론에서 하위 주장과 이를 지지해 주는 근거를 들어 논증한다. 예(37)에서는 KNS18이 결론에서 서론과 본론에서 논증한 내용을 기반으로 다시 주장을 강조하는 데 사용하였다. '공표'[10]는 보통 '근거 기반 가정'과 같이 어떤 구체적 근거의 지지

다. 주제는 '인연', '거울'과 같은 삶의 이치나 철학과 관련되는 것으로 중국의 고전에는 그런 것과 관련되는 내용이 많아 고전을 인용하는 가능성이 높아진다. 또한 백일장에 나간 학생들이 모두 각 대학에서 가장 우수한 한국어 능력을 가진 학생들이라서 중국의 시나 속담을 번역하는 능력을 어느 정도 가진다. 한국어 능력이 부족한 학생이라면 번역하는 데 어려움이 있어 시를 인용하고 싶어 해도 한국어 능력의 한계로 번역하지 못할 것이다. 즉 '승인'의 사용은 글쓰기의 주제와 한국어 능력의 영향을 받는다고 할 수 있다.

를 받아 제시된다.

(38) 가난한 가정은 이런 부담이 감당할 수 없다. 계속 이렇게 된다면 양극화 현상이 더 심해진다. <u>그래서 지금부터 언어열풍이 막아야 한다.</u>(공표) (CKL25KW)

예(38)은 중국인 한국어 학습자의 한국어 작문에 나타난 '공표'인데 역시 주장을 내세울 때 사용되었다. CKL25는 조기 외국어 학습으로 인해 교육의 양극화 심각화를 초래할 수 있다는 근거를 제시하여 언어열풍을 지양해야 한다는 주장을 내세웠다. 중국인 한국어 학습자와 한국어 모어 화자의 '공표' 사용은 크게 다르지 않았다.

② 부인

중국인 한국어 학습자와 한국어 모어 화자가 '부인' 사용에 있어 통계적으로 유의미한 차이가 있는지를 t 검정을 통해 확인하였다.

〈표 Ⅲ-16〉 중국인과 한국인의 한국어 작문의 '부인' 비교

개입	집단	평균	표준편차	유의확률
부인	CKL_KW	.0553	.0455	.000***
	KNS_KW	.1852	.0729	
부정	CKL_KW	.0148	.0251	.006**
	KNS_KW	.0510	.0358	
반대	CKL_KW	.0405	.0453	.000***
	KNS_KW	.1343	.0585	

(*p<.05, **p<.01, ***p<.001)

10 '공표' 외에 '근거 기반 가정', 이어서 논의될 '반대', '부정'도 주장을 제시하는 데 사용할 수 있다. 하지만 '공표'는 필자의 명확한 '개입'이나 강조가 포함되는 반면에 '근거 기반 가정', '반대', '부정'은 그렇지 않다. 물론 '반대'나 '부정'으로 예상 반론을 반박할 때 필자의 명확한 개입이나 강조가 수반되기도 할 것이지만 이는 해당 명제가 '부정' 혹은 '반대'이면서 '공표'이다(맹강, 2017ㄴ: 145).

〈표 Ⅲ-16〉에 의해 '부인', '부정', '반대' 사용은 통계적으로 유의미한 차이가 나타났으며 한국어 모어 화자는 중국인 한국어 학습자보다 더 많이 사용하였다는 것을 알 수 있다. 마틴과 화이트(Martin & White, 2005: 118)에 의하면 '부정'은 긍정에 대한 단순한 논리적 대립이 아니라 긍정의 가능성도 포함되기 때문에 어떤 명제를 부정하는 것은 가능한 긍정도 대화에 도입하여 그것의 존재를 인정하고 부정하는 것이다. 李長忠 · 眭丹娟(2012: 69)에서는 '부정'은 긍정적 명제를 대화에 도입하는 것인데 긍정적 의견은 일부 예상 독자가 가질 입장일 수도 있다고 지적하였다. 그리고 李長忠 · 眭丹娟(2012: 69)에 의하면 '반대'의 사용은 대립된 명제를 텍스트에 도입하는 다음에 그것에 대한 필자의 태도를 제시하는 것이다. 이렇게 함으로써 필자가 가능한 모든 의견을 고려한 모습으로 보이지만 실제로 이는 필자가 '반대'로 자신이 주장하고자 하는 명제를 제시하고 독자가 이를 인정하도록 하는 전략이라고 하였다. '반대'를 통해 서로 다르거나 대립적인 관점을 한 데 묶어 서로 다른 입장을 인정하고 살펴볼 수 있어 중요한 설득 전략이다(向平 · 肖德法, 2009: 25). 즉 '부정'과 '반대'를 사용하는 것은 논증적 텍스트에서 매우 중요한 설득 전략이고 이는 독자의 입장을 충분히 고려하고 다시 반박함으로써 설득력을 높일 수 있다.

중국인 한국어 학습자가 '부정'과 '반대'를 잘 사용하지 않은 것은 다음 표에서 보듯이 중국어 작문의 영향을 받았을 것이다.

〈표 Ⅲ-17〉 중국인의 중국어와 한국어 작문의 '부인' 비교

개입	집단	평균	표준편차	유의확률
부인	CKL_CW	.0855	.0572	.150
	CKL_KW	.0553	.0455	
부정	CKL_CW	.0069	.0168	.352
	CKL_KW	.0148	.0251	
반대	CKL_CW	.0787	.0532	.061
	CKL_KW	.0405	.0453	

〈표 Ⅲ-17〉에서 확인할 수 있듯이 중국인 한국어 학습자가 중국어 작문에서도 '부정'과 '반대'를 많이 사용하지 않았고 통계적으로도 유의미한 차이가 발견되지 않았다. 즉 중국인 한국어 학습자는 중국어로 글을 쓸 때도 '부정'과 '반대'를 잘 사용하지 않았고 한국어로 글을 쓸 때도 '부정'과 '반대'를 잘 사용하지 않았다.

가. 부정

'부정'은 긍정에 대한 단순한 논리적 대립만이 아니라 긍정의 가능성도 포함된다. 한국어 모어 화자의 작문에서 '부정'은 가능한 반론을 반박하고 자신의 주장을 제시하는 경우가 많았다. 맹강(2017ㄴ)에서 중국과 한국 사설에도 '부정'이 주로 상대 입장을 부정하는 데 사용되었다고 밝혔다. 그리고 맹강(2017ㄱ)에 의하면 중국 사설은 한국 사설보다 '부정'을 적게 사용하였다. 본 연구의 중국인 한국어 학습자도 '부정'을 덜 사용하였다. 이는 아마 중국에서 '부정'을 통해 상대 입장을 부정하는 경향이 잘 없고 상대 입장에 대한 고려가 부족하였음을 보여 줄 것이다. 아래의 예를 통해 자세히 살펴보자.

(39) 물론 어렸을 적부터 자연스럽게 다른 언어를 배우게 하는 것은 다 컸을 때 배우는 거보다 발음이나 표현에 더 융통성이 크다고 할 수 있겠지만, 그것은 어디까지나 자연스러운 습득을 통해서일 것이고 <u>어학원을 다니며 영어수업을 받게 하는 것은 습득이 아닌(부정) 학습의 개념이 되어버리기 때문에</u> 모국어를 배워가는 것과 같은 자연스러움이 부족하다는 것이다. (KNS10KW)

(40) 그중 하나는 지나친 사교육 경쟁을 부추겨 사교육비가 과다하게 지출되고, 이로 인하여 양극화가 심화된다는 주장이다. 영어 유치원 등록금이 여타 보육시설에 비해 갑절로 비싸고, 각종 학원과 학습지 비용을 감안하면 이러한 시각은 일견타당하다. <u>그러나 해결이 불가능한 것은 아니</u>

다.(**부정**) 지나친 사교육비 지출 문제는 국공립 보육시설의 외국어 교육 프로그램을 강화함으로써 개설할 수 있다.(**가능성 평가**) (KNS18KW)

예(39)에서는 KNS10이 조기 외국어 교육에 찬성하는 입장의 가능한 반박인 어릴 때부터 외국어를 배우면 발음과 표현이 더 융통성이 크다는 것을 제시하고 이는 자연스러운 습득을 통해야 이루어질 수 있는 것으로 반박하였다. 그리고 어학원에 다니는 것은 습득이 아니라고 부정하고 학습의 개념이라는 필자의 주장을 제시하였다. '부정'의 전후에 모두 이를 뒷받침해 주는 근거가 제시되었다. 예(40)에서는 조기 외국어 교육 때문에 양극화가 심화된다는 주장을 언급하고 이런 주장이 일견 타당하다고 평가한 다음 조기 외국어 교육 반대자들이 가질 수도 있는 이런 문제는 해결이 불가능하다는 주장을 부정하였다. 이어서 바로 '가능성 평가'로 자신의 주장인 해결책을 제시하였다. 전술하였듯이 마틴과 화이트(Martin & White, 2005: 118)에 의하면 '부정'은 가능한 긍정을 텍스트에 도입하고 그것이 존재함을 인정하고 다시 부정한다. 예(40)에서는 KNS18은 지나친 사교육으로 인해 양극화의 심화를 초래한다는 독자의 가능한 반박을 제시하고 이는 해결 불가능한 것이 아니라는 주장을 제시하였다. 이렇게 하는 것은 '이는 해결 불가능한 것이다'고 주장하는 사람도 있음을 인정하고 다시 이런 주장이 타당하지 않다고 부정한 것이다. 이와 같이 한국어 모어 화자는 '부정'을 통해 상대 입장을 제시하여 반박할 때 다른 '다성적 목소리'와 같이 사용하여 설득력을 높여 주었다. 이는 인터뷰를 통해서도 확인하였다.

〈인터뷰 자료⑱〉

연구자: 먼저 어떤 거를 부정하고 그 다음에 내가 긍정적인 거를 즉 내가 주장하고 싶은 거를 제시하시는 거잖아요. 혹시 이렇게 쓰시는 거는 특별한 목적이나 아니면 이렇게 쓰면 뭔가 설득력이 있다, 그런 기능 같은 거 있나요?

KNS15: 네, 저는 좀 더 근거가 뭐 설득력 있어 보이려구 그렇게 썼어요.

〈인터뷰 자료⑱〉에서 KNS15는 설득력이 있어 보이려고 부정을 하고 자신의 주장을 제시하였다고 응답하였다. 이렇게 쓰는 것은 상대방이 가질 수 있는 주장을 부정하고 자신의 주장을 제시하므로 상대 입장에 대한 고려가 포함되어 더욱 설득적이다. '부정'은 중국인 한국어 학습자의 작문에서도 발견되었는데 적절하게 사용하지 못하는 경우가 있었다.

(41) 아이들 위해도 언어학원을 다녀야 된다. <u>꼭 다니는 것 아니라(부정)</u> 아이들은 어렸을 때 적당한 공부한다면 도움이 있다. (CKL25KW)

(42) 또한, 글로벌 시대에 외국어 조기교육으로 국가경쟁력도 높아질 것입니다. <u>더 이상 우리가 자기 나라 안에서만 살 수 있는 세상이 아닙니다.</u>(**부정**) 정치, 경제, 사회, 문화 모든 면에서 세계인을 상대로 경쟁해야 하는 시대가 되었습니다. (CKL53KW)

(43) 많은 사람들은 조기 외국어 학습은 아이들에게 보람을 주고 좋은 성장을 영향을 주는 행동이라고 생각한다. <u>그거는 아니라(부정)</u> 아이들에게는 그때의 공부가 재미이고 도전이다. 일상생활에서 필요한 성장의 필수이다.(CKL71KW)

예(41)에서는 '공표'로 어학원에 다녀야 한다는 주장을 제시했는데 이어서 바로 '꼭 다니는 것 아니라'라고 하면서 자신의 주장을 부정하였다. 이는 전후 모순이 된다. 그리고 예(42)에서는 단지 일반적인 상식을 말하는 것으로 글로벌 시대에 외국어가 필수라는 것을 증명하기 위한 배경을 제시하는 것이며 예상 독자의 가능한 반대 입장을 제시하는 것은 아니었다. 이는 이숙희(Lee, 2006)의 연구결과와 유사하였다. 이숙희(Lee, 2006: 295)에서는 미숙한 필자의 작문에서 '부정'으로 일반 상식을 부정하는 경우가 많았다고 밝혔다. 그리고 예(43)에서 CKL71은 다른 사람이 외국어 학습이 아이들에게 좋은 행동이라고 생각하는 입장을 언급했다. 이 입장은 사실 조기 외국어 교육에 찬성하는 입장일 것이다. 그러나 CKL71은 조기 외국어 교육에 찬성하는 입장에서 다른 사람의 찬성 입장을 부정하는 목적이 무엇인지 잘 파악되지 못하며 이에 대한 반박도 설득력이 약하고 다른 '다성적 목소리'와 결합하여 사용하지 않기도 하였다. 위의 예를 통해 알 수 있듯이 한국어 모어 화자와 달리 중국인 한국어 학습자는 '부정'을 통해 독자의 가능한 반박을 부정하고 자신의 입장을 제시하는 것이 아니었다.

나. 반대

'반대'는 주로 앞에 나온 입장과 다른 입장을 제시할 때 사용되며 '상호텍스트적 가정', '거리', '동조'와 결합하여 앞에 제시된 내용의 문제점을 지적하거나 앞의 주장과 다른 필자의 주장을 제시하는 데 사용된다(맹강, 2017ㄴ: 139-141). 아래 표를 통해 알 수 있듯이 한국어 모어 화자는 중국인 한국어 학습자보다 '반대'를 유의미하게 더 많이 사용하였고 중국인 한국어 학습자는 '반대'를 지극히 적게 사용하였다는 것을 알 수 있다. 이는 중국인 한국어 학습자들이 예상 반론에 대한 고려가 부족하였음을 말해 줄 것이다. 그리고 중국인 한국어 학습자와 한국어 모어 화자가 '반대'의 기능별 사용이 양적으로 유의미한 차이가 있는지를 확인하기 위해 통계적 검정을 하였는데 결과는 다음과 같다.

〈표 Ⅲ-18〉 중국인과 한국인의 한국어 작문의 '반대' 기능별 비교

개입	집단	평균	표준편차	유의확률
주장 제시	CKL_KW	.3077	.4349	.000***
	KNS_KW	.9381	.1267	
문제 지적	CKL_KW	.1538	.3152	.342
	KNS_KW	.0619	.1267	

(*p〈.05, **p〈.01, ***p〈.001)

〈표 Ⅲ-18〉에 의하면 중국인 한국어 학습자에 비해 한국어 모어 화자는 반대의 주장 제시 기능을 유의미하게 더 많이 사용하였다. 그리고 〈표 Ⅲ-18〉의 기술통계량을 통해 한국어 모어 화자는 주장 제시 기능을 압도적으로 많이 사용하였다는 것을 알 수 있다. 다음 〈표 Ⅲ-19〉에서 보는 바와 같이 중국인 한국어 학습자는 중국어 작문과 한국어 작문에서 '반대'의 주장 제시와 문제 지적 기능의 사용이 통계적으로 유의미한 차이가 발견되지 않았다. 이는 중국인 한국어 학습자는 모국어 작문 관습의 영향을 받았음을 말해 주는 것이다.

〈표 Ⅲ-19〉 중국인의 중국어와 한국어 작문의 '반대' 기능별 비교

개입	집단	평균	표준편차	유의확률
주장 제시	CKL_CW	.5513	.4324	.165
	CKL_KW	.3077	.4349	
문제 지적	CKL_CW	.2949	.3798	.313
	CKL_KW	.1538	.3152	

'반대'는 필자의 입장을 제시하는 것으로 논증적 텍스트에서 보통 예상 독자의 가능한 반박을 표시하는 '개입'과 결합하여 사용된다. 한국어 모어 화자의 작문에서 '반대'는 주로 '동조'와 '거리'와 결합하여 사용되었다. 아래에서 예를 들어 살펴보도록 한다.

(44) 물론 조기 외국어 교육에 대한 우려 섞인 시선 역시 존재한다. <u>그중 하나는 지나친 사교육 경쟁을 부추겨 사교육비가 과다하게 지출되고, 이로 인하여 양극화가 심화된다는 주장이다.(거리)</u> 영어 유치원 등록금이 여타 보육시설에 비해 갑절로 비싸고, 각종 학원과 학습지 비용을 감안하면 이러한 시각은 일견타당하다. <u>그러나 해결이 불가능한 것은 아니다.(반대)</u> 지나친 사교육비 지출 문제는 국공립 보육시설의 외국어 교육 프로그램을 강화함으로써 개설할 수 있다. (KNS18KW)

예(44)는 '반대'가 '거리'와 결합되어 사용되는 예인데 KNS18은 우선 독자의 가능한 반론을 언급하고 '그러나'를 통해 필자의 반박을 제시하였다. 이는 리우(Liu, 2015)의 연구결과와 유사하였다. 리우(Liu, 2015: 156)에서는 '거리'로 예상 독자의 가능한 반박을 제시하고 이어서 필자의 논증을 구축하는 경우가 발견되었다. 즉 필자가 예상 반론을 반박하고 자신의 주장을 제시하고 논증하는 것이다. 그리고 예(44)에서는 자신의 주장을 지지하는 근거도 가능성 평가를 통해 제시하였다. 이렇게 '거리'를 통해 예상 반론을 언급하고 '반대'를 통해 필자의 반박을 제시하는 것은 예상 독자를 고려한 것이며 설득력을 높이는 효과를 거둘 수 있다. 이는 인터뷰를 통해서도 확인되었다.

〈인터뷰 자료⑲〉

연구자: 그리고 글을 쓰실 때 아주 좋은 습관이라고 할까, 좋은 점이 있는데 뭔가 다른 사람의 예상 반론을 얘기하고 바로 '하지만' 아니면 '그러나' 같은 거를 통해서 바로 반박하셨잖아요. 이렇게 해서 혹시 뭐 설득력을 더 높일 수 있다고 생각하셔서 이렇게 쓰셨나요?

KNS27: 네, 저는 글 쓸 때 그 저도 어떤 글을 읽을 때 '이렇게 하면 안 될 거 같은데'라는 의구심을 생길 때 다음에 바로 '물론 독자는 이렇게 생각할 수 있다. 나도 그렇게 생각해 봤는데 이거는 이렇게 이렇게 해서 그 생각이 틀렸다는 거를 알 수 있다'고 하면 조금 더 설득력이 있더라구요. 그래서 저도 여기 예상 반론에 대한 반박도 쓰라고 하긴 하셨지만 이게 아마 없었더라도 썼을 거 같아요.

인터뷰에서 KNS27은 독자의 가능한 반론을 언급하고 반박하는 것이 더 설득력이 있다고 하였다. 특히 KNS27은 예상 반론에 대한 반박을 쓰라고 하지 않아도 썼을 것이라고 한 것은 높은 독자 의식을 갖추고 있다고 할 수 있다.

(45) <u>물론 어렸을 적부터 자연스럽게 다른 언어를 배우게 하는 것은 다 컸을</u>

때 배우는 거보다 발음이나 표현에 더 융통성이 크다고 할 수 있겠지만, (동조) 그것은 어디까지나 자연스러운 습득을 통해서일 것이고 어학원을 다니며 영어수업을 받게 하는 것은 습득이 아닌 학습의 개념이 되어버리기 때문에 모국어를 배워가는 것과 같은 자연스러움이 부족하다는 것이다.(**반대**) (KNS10KW)

예(45)에서는 '반대'가 '동조'와 결합되어 사용되는 것인데 우선 '동조'를 통해 상대 입장을 언급하고 대립을 표시하는 연결어미 '-지만'을 통해 필자의 주장이 상대 입장과 다름을 표시하고 필자의 주장을 제시한 것이다. 그리고 자신의 주장을 뒷받침하는 근거도 같이 제시하였다. 이렇게 우선 상대의 입장을 먼저 언급하고 반박하는 것은 역시 설득력을 높일 수 있다. 한편으로 한국어 모어 화자 중 '반대'와 '승인'을 결합하여 사용해서 설득력을 높이는 경우도 발견되었다.

(46) 어릴 때 외국어 능력을 향상시키기에 더 좋다고 주장한 학자들이 대부분 드는 근거가 '결정적 시기' 가설이다. 이는 12-14세 이전의 시기가 언어 습득의 결정적이고 중요한 시기라는 가설이다. 그런데 Milner(1960)가 연구한 바 이 가설은 신경생리학적 근거가 결과를 논리적으로 이끌어내지 못하는 부실한 근거임을 밝혔다. (**반대+승인**) (KNS20KW)

예(46)에서 KNS20은 '상호텍스트적 가정'으로 반대 입장의 근거를 제시하고 '반대'와 '승인'을 통해 상대 입장의 근거를 반박하였다. 이렇게 '승인'으로 외부 자원을 도입하여 반박하는 것은 보다 설득력을 강화시킬 수 있다. 이는 인터뷰를 통해 확인하였다.

〈인터뷰 자료⑳〉

연구자: 어, 그리고 그 뒤에 '그런데' 이분의 어 연구를 인용해서 (네) 뭐 위 위

에 뭐 앞에서 제시된 뭐 그런 가설을 대한 반박하시는 거잖아요. 이렇게 하시는 거는 뭐 약간 앞의 내용은 반대 입장의 그런 주장이고 그 뒤에는 나의 입장 제시하시는 거겠죠? (네) 그러면 이케 다른 사람의 연구결과를 인용해서 주장 제시하시는 것은 혹시 설득력을 더 높이시려는 목적이 있었어요?

KNS20: 네.

위 인터뷰 자료를 통해 KNS20은 '반대'와 '승인'을 결합하여 사용하는 것은 설득력을 높이려는 것으로 확인되었다. 그런데 한국어 모어 화자와 달리 중국인 한국어 학습자는 이러한 사용을 거의 하지 않았다.

(47) 취업 경쟁이 치열한 현대 사회에 다양한 외국어를 능숙한 인재가 급히 필요하는 것이다. 하지만 동양 사람들이 서양권 언어가 모국어와 아주 다르기 때문에 배우기가 아주 어렵다고 생각한다.(**반대**) (CKL62KW)

예(47)에서는 서론에 나온 예인데 '상호텍스트적 가정'으로 화제를 도입한 후 '반대'를 사용한 것이다. 여기서 '반대'를 사용한 것은 어떤 실태의 문제를 지적하거나 상대 입장에 대한 필자의 반박을 하려는 것이 아닐 것이다. CKL62는 이렇게 '반대'를 사용하는 의도가 명확하지 않았다.

(48) 조기 외국어 교육을 받고 아이들 자신이 더 좋은 외국어 수준을 가질 수 있고 다른 사람보다 경쟁력을 가질 수도 있다. 특히 조기 외국어 교육 중에 영어의 비율이 큰 자리를 차지하여 아이들은 좋은 영어 수준을 가지기에 도움이 되는데 장래에는 글로벌 시약이 있는 인재가 되는 것에도 힘을 준다. <u>그런데 조기 외국어 학습을 위하여 부모는 돈을 주어야 하고 아이는 여유 시간을 줘야 한다.</u>(**반대**) (**중략**) 교육 비용 부담이나 계급 갈등 등 문제를 해결하기 위해서 유치원을 비롯하여 조기 외국어 학습 의

무 교육이 실시하는 것은 필요하다. (CKL67KW)

(49) <u>어떤 사람들은 이렇게 말했다. 어린 나이에 놀아야지, 그 숙제가 많으면 나중에 공부를 싫어할지도 모른다.</u> (**거리**) <u>근데 제 생각에는 그 어린 나이에도 공부를 필요하다.</u> (**반대**) (CKL25KW)

예(48)에서는 '반대' 앞의 내용은 조기 외국어 교육의 필요성을 논증하는 것으로 볼 수 있고 이에 대해 CKL67은 '반대'를 통해 조기 외국어 교육이 시간과 비용이 필요하다는 문제점을 지적하려고 했을 것이다. 이런 문제를 해결하기 위해 이어서 조기 외국어 교육의 의무화를 제안하였다. 예(49)에서는 거리를 통해 상대방의 가능한 반론을 제시하고 '반대'로 이를 반박하고 필자의 주장을 제시하는 예이다. 예상 독자의 가능한 반론을 언급하고 반박하는 것이 독자 의식을 보여 주는 것이지만 '반대'를 지지해 주는 근거가 약하다는 것이 안타까웠다. 한국어 모어 화자와 달리 주로 '단성적 목소리'와 결합하여 사용하였다. 이렇게 '거리'와 '반대'의 결합 사용은 중국인 한국어 학습자들의 작문에서 지극히 적게 나왔다. 중국인 한국어 학습자와 한국어 모어 화자의 한국어 작문에서 '반대'와 기타 '개입'과의 결합 빈도를 통계했는데 다음과 같다.

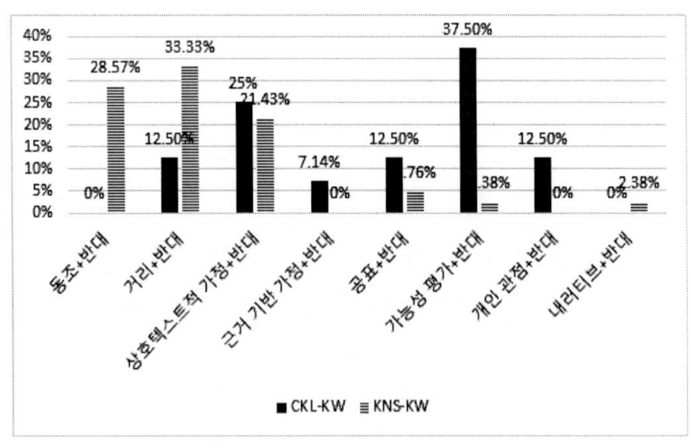

[그림 Ⅲ-1] '반대'와 기타 '개입'의 결합 빈도

[그림Ⅲ-1]을 통해 알 수 있는 바와 같이 한국어 모어 화자는 주로 '동조'+'반대', '거리'+'반대'를 사용하였고 중국인 한국어 학습자는 이와 달리 다양한 개입과 결합하여 사용하였고 빈도가 너무 낮기 때문에 경향성을 판단하기가 어려웠다.[11] 이를 통해서도 중국인 한국어 학습자가 한국어 모어 화자에 비해 독자 고려가 부족하였다는 것을 알 수 있을 것이다.

위의 논의에 의하면 한국어 모어 화자는 독자 의식이 강하고 독자의 가능한 반론을 제시하고 '반대'로 그것을 반박하고 설득력을 높였다. 그리고 '반대'를 사용할 때 다른 '다성적 목소리'와의 결합 사용을 중요시하였다. 그러나 중국인 한국어 학습자는 '동조'와 '반대', '거리'와 '반대'의 결합 사용을 거의 하지 않았으며 '반대'를 사용할 때 다른 '다성적 목소리'와의 결합 사용도 거의 하지 않았다.

위에서 중국인 한국어 학습자와 한국어 모어 화자의 작문에 반영된 '개입' 사용 양상을 분석하였다. 전체적으로 보면 중국인 한국어 학습자는 논증적 글을 쓸 때 독자를 잘 고려하지 않고 대화성이 약하였으며 한국어 모어 화자는 글을 쓰는 과정에서 높은 독자 의식을 가지고 대화성이 강하였다. 그리고 중국인 한국어 학습자는 서로 밀접한 관련을 갖는 '개입'을 결합하여 쓰는 능력이 부족하고 다양하게 '개입'을 쓰는 능력도 부족하였다. 또한 중국인 한국어 학습자는 한국어로 논증적 글을 쓸 때 중국어로 논증적 글을 쓰는 습관의 영향을 받았다. 물론 한국어를 배우면서 한국어의 영향을 받은 것도 있었다. 이는 코너(Connor, 2008: 312)에서 주장한 바와 같이 현재의 세계에서 서로 다른 나라의 글쓰기 관습이 서로 영향을 미친다. 중국인 한국어 학습자의 '개입' 사용은 많은 변인의 상호작용적 영향을 받았는데 아래에서 자세히 살펴보도록 한다.

11 중국인 한국어 학습자의 한국어 논증적 텍스트에 반영된 '반대'의 빈도는 총 8번이었다. 비록 '가능성 평가'와 결합하여 사용된 경우가 가장 많은 것으로 나타났지만 전체적으로 사용 빈도가 낮기 때문에 경향성을 판단하기 어렵다.

4. 개입 사용의 요인

문화 간 수사학 관점에서 학습자들의 쓰기 양상의 원인을 해석할 때 보통 대문화(big culture)와 소문화(small culture)의 측면에서 접근해 왔다. 대문화는 한 나라의 사고 방식, 쓰기 관습을 가리키는 것이라면 소문화는 학습자의 모국어와 외국어 쓰기 학습 과정, 학습자가 외국어 작문에 대한 인식 등을 가리킨다. 특히 최근에 들어와 대문화보다 소문화에 주의를 기울이는 연구가 많아지고 있다. 하지만 학습자가 글을 쓸 때 어느 한 요인의 영향만 받는 것이 아니라 다양한 요인의 상호작용에서 글을 쓴다. 따라서 다음에 대화문와 소문화의 측면에서 중국인 한국어 학습자의 한국어 작문에 나타난 '개입' 양상을 해석해 보고자 한다.

1) 중 · 한 논증적 글의 장르적 차이

중국의 의론문(議論文)은 夏丐尊 · 葉紹鈞(2008: 655)에 의하면 필자가 자신이 주장하는 판단을 논증함으로써 반대 입장을 갖는 독자를 설득하는 글이다. 의론문은 필자가 자신의 판단을 제시하여 논술하는 입론문(立論文)과 다른 사람의 판단을 반박하는 박론문(駁論文)으로 나누어진다(夏丐尊 · 葉紹鈞, 2008: 664). 입론문은 필자의 입장을 제시하고 자신의 입장을 충분히 논증하면 되고 보통 예상 반론에 대한 반박을 포함하지 않을 것이다. 박론문은 처음부터 자신이 동의하지 않는 입장을 반박하고 그런 입장이 어떤 문제점이 있는지를 논증하고 마지막으로 올바른 입장을 제시하기도 한다. 박론문은 보통 자신이 동의하지 않는 입장을 반박하는 데 사용된다. 현재 학교에서 입론문을 위주로 가르치고 있고 중국에서 말하는 의론문은 대체 입론문을 가리키는 경우가 대부분이다.[12]

---

12 호남성 상덕시 2010-2011년 중 · 초등학교 교사 원격 교육(湖南省常德市2010年-2011年中小

중국의 의론문[13]은 논점, 논거, 논증 3가지 요소를 포함한다. 논점은 '무엇을 증명하는가'의 문제를 제기하는 것이고 논거는 '무엇으로 증명하는가'와 관련되는 문제이며 논증은 '어떻게 증명하는가'의 문제이다. 논점은 '필자가 논술될 사물 혹은 문제에 대한 주장, 관점과 갖는 태도'이다(丁法章, 2012: 111). 의론문에서 필자는 논점을 통해 명확하게 자신의 주장을 제시한다. 논점은 총논점(總論點)과 분논점(分論點)으로 나뉘는데 총논점은 중심논점이라 하기도 하고 글의 모든 관점에 대한 요약으로서 글에서 일관적이어야 한다. 분논점은 논술되는 부분의 논점이며 논증되어야 되지만 의론문의 총논점에 대해 논거의 역할을 하기도 한다. 총논점은 의론문의 핵심으로서 정확하고 선명하게 제시하는 것은 가장 우선적이다.

논거는 논점이 이루어지는 데 필요한 근거와 논점을 증명하고 설명하는 증거이다(丁法章, 2012: 113). 독자들이 필자의 주장을 받아들이도록 하기 위해 논점을 설명할 수 있는 충분한 자료를 근거로 활용해야 한다. 중국의 의론문의 논거는 주로 사실적 논거와 이론적 논거로 나누어지는데 사실적 논거는 실생활에서 대표적인 인적 증거, 물질적 증거, 전형적 사례, 역사 자료, 통계자료 등이 포함된다. 이론적 논거는 ① 과학이론, ② 국가의 법률, 법령, 당과 정부의 정책, 결의, 당과 국가 고위 지도자의 의견, ③ 역대 정치가, 사상가, 문학가, 과학자, 그리고 유명인의 권위적 의견, ④ 공인된 도덕 규범, 생

学教师全员继续教育远程培训) 자료에 의하면 논증은 주로 입론과 박론으로 나누어지는데 입론은 필자의 입장에서 논증을 하는 것이며 박론은 반대 입장을 반박하는 입장에서 논증하는 것이다. 우리는 주로 입론을 위주로 하여 의론문을 쓴다.
(http://elearning.teacher.com.cn/cms/detail/articleDetail.action?project=882&toolsId=5&pageType=classroom&blockId=4015&toolsContentId=194481)

13 중국어 의론문 관련 내용은 丁法章(2012)에 의해서 작성하였다. 丁法章(2012)은 1985년에 발행된 중국의 첫 번째 뉴스 평론 교재로서 몇 차례의 수정을 거쳐 현재 5판이 발행되었다. 그리고 이 교재는 중국의 '제11번째 5개년계획' 기획 교재로서 권위 있는 교재라 할 수 있다. 물론 이 교재는 뉴스 평론 교재로서 본 연구의 참여자들이 쓴 작문과 다소 차이가 있겠지만 丁法章(2012: 107)에서 밝혔듯이 뉴스 평론은 논설문의 파생 장르로서 뉴스 평론의 요소는 논설문의 요소이다. 따라서 본 연구는 丁法章(2012)을 참고하여 이 부분을 작성하기로 하였다.

활 상식, 객관 사물의 본질과 규칙을 반영하는 과학적 공리, 정의, 법칙, ⑤ 동서고금의 각종 논저에서 철학적 격언, 속담과 유명한 시구 등이 있다.

논증은 자료와 관점을 통일시켜서 완결된 이치를 따지는 체계를 구성하는 과정이다. 어떻게 글을 전개하고 논점을 증명하며 논거를 조직해서 설득적인 글을 쓰는 것은 논증에 의해야 한다.

한국의 논증적 글쓰기는 서양 논증이론의 영향을 많이 받았다. 특히 국어 교재나 한국어 교재에서 툴민(Toulmin, 2003, 謝小慶 · 王麗 역)의 논증구조와 윌리엄스와 콜럼(Williams & Colomb, 2007, 윤영삼 역, 2008)의 논증구조를 제시하고 있다. 조인옥(2017: 23)에 의하면 윌리엄스와 콜럼(Williams & Colomb, 2007)의 논증구조는 더욱 단순하고 개편된 서울대, 연세대, 전북대 한국어 교재에 반영되었다. 윌리엄스와 콜럼(Williams & Colomb, 2007)의 논증구조는 수사학의 전통을 따르고 주장, 이유, 근거, 전제, 반론수용과 반박을 포함한다. 주목할 만한 것은 예상 반론에 대한 수용과 반박은 한국의 논증적 글에서는 기본적 요소로 되어 있다.

위에서 중국어의 의론문에 대한 논의를 통해 알 수 있듯이 중국어 의론문은 예상 반론을 언급하지 않았다. 중국에서 입론문과 박론문은 의론문의 서로 다른 유형이다. 그렇지만 한국의 논증적 글은 입론과 박론을 모두 포함한다고 할 수 있을 것이다. 그리고 논거의 종류도 주목할 만하다. 한국어 논증적 글의 논거는 크게 사실 논거와 의견 논거로 나누어지는데 사실 논거는 '의견을 뒷받침하기 위해 구체적이고 실제적인 사례를 근거로써 제시한 논거, 자료를 왜곡하거나 변형하지 않고 사실 그대로를 제시'하는(조인옥, 2017: 27) 것으로 실험 결과, 통계자료, 상식적인 사실, 역사적 사실, 문헌 자료, 과학적 법칙, 관련 도서 내용 등이 있다. 의견 논거는 '권위 있는 사람이나 전문가의 의견을 인용해서 주장의 근거로 삼은 논거, 논거의 타당성을 확보하기 위해 반드시 인용의 출처를 밝혀야 한다'는(조인옥, 2017: 27) 것으로 전문가 의견, 관련자나 경험자 의견이 그것이다. 이를 통해 중국 의론문의 근거 유형이 더 넓을 듯하다.

〈표 Ⅲ-20〉 중국 의론문과 한국 논설문의 논거 유형

	중국 의론문의 근거 유형	한국 논설문의 근거 유형
사실논거	-실생활에서 대표적인 인적 증거 -물질적 증거 -전형적 사례 -역사 자료 -통계자료	-실험 결과 -통계자료 -상식적인 사실 -역사적 사실 -문헌 자료 -과학적 법칙 -관련 도서 내용
이론논거/소견논거	-과학이론 -국가의 법률, 법령, 당과 정부의 정책, 결의, 당과 국가 고위 지도자의 의견 -역대 정치가, 사상가, 문학가, 과학자, 그리고 유명인의 권위적 의견 -공인된 도덕 규범, 생활 상식, 객관 사물의 본질과 규칙을 반영하는 과학적 공리, 정의, 법칙 -동서고금의 각종 논저에서 철학적 격언, 속담과 유명한 시구	-전문가 의견 -관련자나 경험자 의견

〈표 Ⅲ-20〉에서 확인할 수 있듯이 중국과 한국의 논증적 글의 논거는 모두 사실 논거를 포함하는데 한국에서 과학 법칙도 사실 논거에 속하지만 중국에서는 과학이론이라고 하고 이론논거에 속한다. 그리고 중국에서 국가의 법률, 법령, 지도자의 의견, 정치가, 사상사, 문학가 등 유명인의 의견, 공인된 도덕 규범, 철학적 격언, 속담, 시구 등도 모두 논거가 될 수 있다. 특히 중국에서 고전 인용이 아주 중요하고 蔡基剛(2001: 63)에 의하면 중국에서 고전을 인용하지 않으면 의론문이 되지 못할 만큼 고전을 선호한다. 그러나 한국에서는 최근에 들어와 서양의 논증이론을 수용해서 고전에 대한 인용을 선호하지 않게 되었다. 그리고 중국에서 정치가, 사상가와 같은 유명인의 행동이나 의견도 설득력이 매우 강한 논거인데 한국에서는 해당 분야의 전문가의 의견이 더 설득력이 있는 것도 대조적이다.

이 외 다른 요소인 주장, 이유는 대체 중국어 의론문의 논점에 해당된다. 주장은 총 논점에 해당될 수 있으며 이유는 분 논점에 해당될 수 있다. 그리고 윌리엄스와 콜럼(Williams & Colomb, 2007, 윤영삼 역, 2008)에 의하면 전제

는 항상 논증적 글에 나타나지 않고 잠재적인 것일 수도 있다.

위 논의를 통해 알 수 있듯이 중국어 의론문과 한국어의 논증적 글은 모두 주장(논점), 근거(논거)를 포함하는 것이 공통적이지만 근거의 종류가 다르다. 그리고 한국어의 논증적 글은 예상 반론에 대한 반박이 필수 요소로 포함되지만 중국어 의론문은 그렇지 않았다.[14] 즉 중국어 의론문의 요소를 보면 다소 필자의 주장만 충분히 논증하면 좋은 의론문이 되고 예상 독자를 설득할 수 있을 듯하다.

이와 같은 중 · 한 논증적 글의 문화적 차이로 인해 중국인 한국어 학습자와 한국어 모어 화자가 논증적 글에 대한 이해가 달랐을 것이다. 한국어 모어 화자는 보통 논증적 글이라면 예상 독자를 설득하는 글로 이해하고 예상 반론에 대한 반박을 반드시 포함해야 된다고 생각하였다. 아래 인터뷰 자료를 살펴보자.

〈인터뷰 자료㉑〉

연구자: 그리고 이 과제를 보셨을 때 이거는 설득적인 글을 써야 한다, 아님 단지 나의 주장만 제시하면 되는 글이다, 어느 것으로 생각하셨어요?

KNS18: 설득 쪽으로...

연구자: 네, 평소에 만약에 제가 그렇게 제시하지 않으면 뭐 논증적 글을 한 편 쓰라고 한다면 그것도 항상 설득적인 글로 생각하시나요? (네). 뭐 한국에서는 항상 그렇게 생각하시는 건가요?

KNS18: 음~ 아무래도 주장을 하는 이유는 상대방의 동의를 해 줬으면 좋겠었으니까, 설득 쪽에 더 중점을 두지 않을까요?

14 맹강(2017ㄱ: 105)에서 밝힌 바와 같이 모든 중국인이 논증적 글을 쓸 때 예상 반론에 대한 반박을 하지 않는다고는 하기 어려울 것이다. 이는 후속 연구에서 규명해야 할 문제라고 생각된다.

〈인터뷰 자료㉒〉

연구자: 그리고 글을 쓰실 때 아주 좋은 습관이라고 할까, 좋은 점이 있는데 뭔가 다른 사람의 예상 반론을 얘기하고 바로 '하지만' 아니면 '그러나' 같은 거를 통해서 바로 반박하셨잖아요. 이렇게 해서 혹시 뭐 설득력을 더 높일 수 있다고 생각하셔서 이렇게 쓰셨나요?

KNS27: 네, 저는 글 쓸 때 그 저도 어떤 글을 읽을 때 '이렇게 하면 안 될 거 같은데'라는 의구심을 생길 때 다음에 바로 '물론 독자는 이렇게 생각할 수 있다. 나도 그렇게 생각해 봤는데 이거는 이렇게 이렇게 해서 그 생각이 틀렸다는 거를 알 수 있다'고 하면 조금 더 설득력이 있더라구요. 그래서 저도 여기 예상 반론에 대한 반박도 쓰라고 하긴 하셨지만 이게 아마 없었더라도 썼을 거 같아요.

인터뷰에서 KNS18과 KNS27은 모두 논증적 글을 설득적 글로 생각하였으며 KNS18은 주장을 하는 이유는 상대방의 동의를 얻는 것이고 설득에 더 중점을 둔다고 생각하였다는 것으로 확인되었다. 그리고 KNS27은 쓰기 과제에 예상 반론에 대한 반박을 쓰라고 하지 않아도 썼을 것이라고 하였다. 이를 통해 한국어 모어 화자는 보통 논증적 글이나 주장하는 글을 예상 독자를 설득하는 글로 생각하며 자신 주장의 제시는 물론이고 예상 독자의 반론에 대한 반박도 제시한다는 것으로 볼 수 있다. 이는 한국어 논증적 글의 개념과 구성요소와 일치하였다. 그러나 중국인 한국어 학습자의 경우 논증적 글이라면 자신의 주장을 펼치는 것에 중점을 두고 있는 것을 인터뷰 자료를 통해 확인할 수 있었다.

〈인터뷰 자료㉓〉

연구자: 논설문의 쓰기 목적은 뭐라고 생각하시나요? 자신의 주장을 표현하는 건가요? 자신의 주장과 다른 사람을 설득하는 건가요? 아님 이 2가지 다 포함하나요?

CKL23: 2가지 다 있는 거 같아요. 어떤 문제에 대해 저는 제 생각을 자세히 표현하면 잠재적으로 나의 생각의 합리성을 증명하고 다른 사람이 나의 생각에 찬성하려는 것이 포함돼요.

연구자: 그러면 자신의 생각의 합리성을 논증했으면 다른 사람을 설득하는 목적을 이루었다, 자신의 생각이 합리적임을 증명했으니까. 이렇게 이해해도 돼요?

CKL23: 네, 맞습니다!

〈인터뷰 자료㉔〉

연구자: 이 쓰기 과제를 봤을 때 이 글의 요구에 대해 자신의 주장과 근거를 제시하면 되는 글로 이해하셨나요? 아님 자신의 입장과 다른 사람을 설득하는 글로 이해하셨나요?

CKL17: 자신의 주장과 근거를 바탕으로 가능하면 되도록 다른 사람이 자신의 주장에 찬성하도록 설득하는 글로 이해했어요.

인터뷰에서 CKL23은 자신 주장 개진과 예상 독자 설득이 모두 논증적 글에 포함될 것 같다고 생각하지만 자신의 주장의 합리성을 충분히 논증하면 예상 독자를 설득할 수 있다고 생각하였다는 것으로 확인되었다. 그리고 CKL17은 논증적 글을 자신의 주장과 근거를 제시하면 되는 글로 생각하였으며 가능하면 되도록 다른 사람을 설득하는 글로 이해하였다는 것으로 나타났다. 즉 자신의 주장과 근거를 제시하는 것은 가장 중요한 것이며 자신 주장의 합리성을 충분히 논증했으면 설득하는 목적을 이룰 수 있다는 것으로 볼 수 있다. 이는 중국의 입론문에 맞는 생각이라 할 수 있다. 중국인 한국어 학습자의 작문에서 예상 반론에 대한 반박이 보통 포함되지 않은 이유는 중·한 논증적 글의 장르적 차이, 그리고 중국인 한국어 학습자가 논증적 글에 대한 이해에서 비롯되었다고 할 수 있다.

물론 중·한 논증적 글의 근거도 다소 다른데 중국인 한국어 학습자의 작문에 반영되지 않아 다소 예상치 못한 것으로 생각될 수 있다. 이는 두 가지 측면에서 해석할 수 있다. 첫째, 앞에서 제시된 인터뷰 자료를 통해 알 수 있듯이 이는 쓰기 주제와 관련된다고 할 수 있다. 중국의 대학 입시 작문에 고전을 많이 인용하는 것은 쓰기 주제가 고전과 관련이 많기 때문일 것이다. 조기 외국어 교육에 관한 고전이 거의 없기 때문에 고전을 인용하고자 해도 인용할 수가 없다. 둘째, 중국인 한국어 학습자의 한국어 숙달도와 관련된다. 본 연구의 중국인 참여자는 비록 모두 TOPIK 고급 증명서 소지자이지만 고전을 번역하는 능력은 부족할 것이다. 조인옥(2014)에 의하면 중국인 한국어 학습자가 한국어로 글쓰기를 할 때 중국어를 번역하려고 하지만 번역할 중국어가 어려운 경우 번역하지 못해 포기하는 경우가 많다. 따라서 중국인 한국어 학습자의 작문에 중국식 논거가 나타나지 않은 것은 충분히 납득이 가능한 일이라 할 수 있다.

2) 중·한 개입 사용의 차이

중국과 한국의 논증적 텍스트에서 '개입' 사용의 차이도 중국인 한국어 학습자와 한국어 모어 화자가 '개입'을 다르게 사용하는 중요한 원인이라 할 수 있다. 중 · 한 '개입' 사용의 차이는 주로 본 연구에서 수집한 작문 중에서 상위 수준으로 평가를 받은 중국인 한국어 학습자의 중국어 작문과 한국어 모어 화자의 한국어 작문과의 비교를 통해 살펴보도록 한다. 그리고 맹강(2017ㄱ, ㄴ)에서는 사회 문제에 관한 중국과 한국의 신문 사설을 양적, 질적으로 대조하였는데 전술한 바와 같이 코너(Connor, 1996: 143-144)에서 좋은 신문 사설은 설득적 글의 가장 좋은 예로 여겨지고 설득적 글쓰기의 기준을 마련한다는 주장을 고려하면 맹강(2017ㄱ, ㄴ)도 참고할 만하다.

(1) 단성적 목소리 사용의 차이

본 연구에서 수집된 중국인 한국어 학습자의 중국어 작문과 한국어 모어 화자의 한국어 작문의 '단성적 목소리' 사용이 통계적으로 유의미한 차이가 있는지를 확인하기 위해 t 검정을 실시한 결과는 다음과 같다.

〈표 Ⅲ-21〉 중국인의 중국어와 한국인의 한국어 작문의 '단성적 목소리' 비교

개입	집단	평균	표준편차	유의확률
단성적 목소리	CKL_CW	.5230	.1685	.005**
	KNS_KW	.3489	.1258	
상호텍스트적 가정	CKL_CW	.3543	.0724	.000***
	KNS_KW	.1689	.1026	
근거 기반 가정	CKL_CW	.1564	.1305	.751
	KNS_KW	.1698	.0833	
내러티브	CKL_CW	.0000	.0000	.108
	KNS_KW	.0101	.0220	
개인적 단언	CKL_CW	.0123	.0337	.214
	KNS_KW	.0000	.0000	

(*p〈.05, **p〈.01, ***p〈.001)

〈표 Ⅲ-21〉에 의하면 중국어 작문과 한국어 작문에 반영된 '단성적 목소리' 총계와 '상호텍스트적 가정'이 유의미한 차이가 나타났다. 이는 맹강(2017ㄱ)의 결과와 달랐다.[15] 아래에서 논의하겠지만 이는 아마 중국어 의론문 교육의 영향을 받았을 것이다. 중국에서 의론문은 주로 중학교와 고등학교에서 가르치는데 특히 대학 입시에서 작문이 중요한 위상을 차지하고 있기 때문에 입시를 위한 작문 교육이 많이 이루어지는 편이다. 대학 입시의 작문은 시와 희극을 제외하고 장르를 한정하지 않지만 의론문을 쓰는 경우가 대부

15 맹강(2017ㄱ: 98)에 의하면 양적으로 보면 '단성적 목소리', '상호텍스트적 가정', '근거 기반 가정', '내러티브'가 모두 통계적으로 유의미한 차이가 발견되지 않았다.

분이다. 입시 의론문은 비유와 의인법과 같은 수사법을 매우 강조하기 때문에 미사여구를 많이 사용하는 편이다. 비유와 의인법과 같은 수사법을 활용한 미사여구는 사실 '단성적 목소리'가 될 수 있다. 이는 중국인 한국어 학습자의 중국어와 한국어 글쓰기에 영향을 미쳤을 것이다.

그리고 본 연구에서 수집된 중국어와 한국어 작문이 객관 사실과 공유 지식, 그리고 배경 제시와 근거 제시의 사용에 대한 통계적 검정 결과는 다음과 같다.

〈표 Ⅲ-22〉 중국인의 중국어 작문과 한국인의 한국어 작문의 '상호텍스트적 가정' 비교

	집단	평균	표준편차	유의확률
객관 사실	CKL_CW	.2530	.3032	.042*
	KNS_KW	.5058	.3090	
공유 지식	CKL_CW	.7470	.3032	.042*
	KNS_KW	.4942	.3090	
배경 제시	CKL_CW	.2627	.2311	.291
	KNS_KW	.3783	.3159	
근거 제시	CKL_CW	.7373	.2311	.291
	KNS_KW	.6217	.3159	

(*p〈.05, **p〈.01, ***p〈.001)

〈표 Ⅲ-22〉에서 확인할 수 있듯이 중국인 한국어 학습자의 중국어 작문과 한국어 모어 화자의 한국어 작문에 반영된 객관 사실과 공유 지식도 통계적으로 유의미한 차이가 나타났고 한국어 모어 화자는 객관 사실을 더 많이 사용하였으며 중국인 한국어 학습자는 공유 지식을 더 많이 사용하였다. 맹강(2017ㄴ: 131)에서도 '상호텍스트적 가정'의 사용에서 한국 신문 사설은 객관 사실을 유의미하게 더 많이 사용하였고 중국 신문 사설은 공유 지식을 더 많이 사용하였다고 밝혔다. 그리고 본 연구에서 수집된 중국어 작문과 한국어 작문에 나타난 '상호텍스트적 가정'은 배경 제시와 근거 제시 기능의 사용이 통계적으로 유의미한 차이가 발견되지 않았다. 이는 맹강(2017ㄴ: 131)과 다른 결과인데 맹강(2017ㄴ: 131)에서는 한국 신문 사설에는 상호텍스트적 가정이 주로 배경 제시의 기능을 수행하였고 중국 신문 사설에는 주로 근거 제시의 역할을 많이 사용하였다고 밝혔다.

(2) 다성적 목소리 사용의 차이

본 연구에서 수집된 중국인 한국어 학습자의 중국어 작문과 한국어 모어 화자의 한국어 작문에 반영된 '다성적 목소리' 총계는 다음 표에서 보듯이 통계적으로 유의미한 차이가 나타났다.

〈표 Ⅲ-23〉 중국인의 중국어 작문과 한국인의 한국어 작문의 '다성적 목소리' 비교

개입	집단	평균	표준편차	유의확률
다성적 목소리	CKL_CW	.4652	.1571	.002**
	KNS_KW	.6511	.1258	

(*p〈.05, **p〈.01, ***p〈.001)

〈표 Ⅲ-23〉에서 보듯이 한국어 모어 화자는 '다성적 목소리'를 보다 많이 사용하였다. 이는 앞서 살펴본 중국인 한국어 학습자와 한국어 모어 화자의 한국어 작문에 반영된 '다성적 목소리' 검정 결과와 일치하였다. 즉 중국인 한국어 학습자의 한국어 글쓰기는 중국어의 영향을 받았다고 할 수 있다.

① 대화적 공간 확대

본 연구에서 수집된 중국인 한국어 학습자의 중국어 작문과 한국어 모어 화자의 한국어 작문에 나타난 '대화적 공간 확대' 총계도 다음 〈표 Ⅲ-24〉에서 보듯이 통계적으로 유의미한 차이가 나타났다.

〈표 Ⅲ-24〉 중국인의 중국어와 한국인의 한국어 작문의 '대화적 공간 확대' 비교

개입	집단	평균	표준편차	유의확률
대화적 공간 확대	CKL_CW	.1148	.0669	.002**
	KNS_KW	.2308	.1023	

(*p〈.05, **p〈.01, ***p〈.001)

그리고 맹강(2017ㄱ: 100)에서도 중국과 한국 신문 사설은 대화적 공간 확대 총계가 통계적으로 유의미한 차이가 있다고 하였다. 즉 맹강(2017ㄱ)과 본 연구에서 수집된 중국어와 한국어 작문에 반영된 '대화적 공간 확대'는 모두 통계적으로 유의미한 차이가 보였으며 모두 한국에서 더 많이 사용한 것으로 나타났다.

가. 판단유보

본 연구에서 수집된 중국인 한국어 학습자의 중국어 작문과 한국어 모어 화자의 한국어 작문에 반영된 '판단유보' 비교 결과는 다음과 같다.

〈표 Ⅲ-25〉 중국인의 중국어과 한국인의 한국어 작문의 '판단유보' 비교

개입	집단	평균	표준편차	유의확률
판단유보	CKL_CW	.0904	.0599	.016*
	KNS_KW	.1684	.0917	
가능성 평가	CKL_CW	.0552	.0541	.001***
	KNS_KW	.1616	.0892	
개인 관점	CKL_CW	.0352	.0362	.018*
	KNS_KW	.0069	.0138	

(*p〈.05, **p〈.01, ***p〈.001)

〈표 Ⅲ-25〉에서 보듯이 중국인 한국어 학습자의 중국어 작문과 한국어 모어 화자의 한국어 작문에 반영된 '판단유보', '가능성 평가', '개인 관점'은 모두 통계적으로 유의미한 차이가 나타났고 '가능성 평가'는 한국어 모어 화자가 더 많이 사용하였는데 이는 맹강(2017ㄱ: 100)의 연구결과와 일치하였다.

'개인 관점'은 중국인 한국어 학습자가 더 많이 사용하였다.

나. 객체화

중국인 한국어 학습자의 중국어 작문과 한국어 모어 화자의 한국어 작문에 나타난 '객체화'의 통계적 검정 결과는 다음과 같다.

〈표 Ⅲ-26〉 중국인의 중국어와 한국인의 한국어 작문의 '객체화' 비교

개입	집단	평균	표준편차	유의확률
객체화	CKL_CW	.0244	.0241	.017*
	KNS_KW	.0623	.0483	
인정	CKL_CW	.0000	.0000	.057
	KNS_KW	.0119	.0211	
거리	CKL_CW	.0244	.0241	.057
	KNS_KW	.0505	.0411	

(*p〈.05, **p〈.01, ***p〈.001)

〈표 Ⅲ-26〉에서 보다시피 '객체화'는 통계적으로 유의미한 차이가 나왔지만 '인정'과 '거리'는 모두 유의미한 차이가 보이지 않았다. 그런데 '거리'의 기술통계량을 살펴보면 한국어 모어 화자는 중국인 한국어 학습자보다 2배 더 많이 사용한 것을 알 수 있다. 종합해서 보면 한국어의 논증적 텍스트에서는 '거리'를 더 많이 사용하는 경향이 보인다고 할 수 있다. 중국어의 논증적 텍스트에서는 '거리'를 사용하지 않는 경향이 있었다. 그리고 맹강(2017ㄱ: 100)에서도 중국과 한국 신문 사설에 나타난 '객체화'와 '거리'는 통계적으로 유의미한 차이가 보였으며 '거리'는 한국 사설에서 더 많이 사용하였다고 밝힌 바 있다.

② 대화적 공간 축소

중국인 한국어 학습자의 중국어 작문과 한국어 모어 화자의 한국어 작문

에 나타난 '대화적 공간 축소' 총계가 유의미한 차이가 있는지를 확인하기 위해 t 검정을 실시하였다.

〈표 Ⅲ-27〉 중국인의 중국어와 한국인의 한국어 작문의 '개입'별 검정 결과

개입	집단	평균	표준편차	유의확률
대화적 공간 축소	CKL_CW	.3504	.1390	.121
	KNS_KW	.4204	.0707	

〈표 Ⅲ-27〉에서 보다시피 중국인 한국어 학습자의 중국어 작문과 한국어 모어 화자의 한국어 작문에 반영된 '대화적 공간 축소'는 통계적으로 유의미한 차이가 없었으며 기술통계량을 보면 한국어 모어 화자의 작문에서 조금 더 많이 사용하였다.

가. 선언

중국인 한국어 학습자의 중국어 작문과 한국어 모어 화자의 한국어 작문에 나타난 '선언'에 대한 통계적 검정 결과는 다음과 같다.

〈표 Ⅲ-28〉 중국인의 중국어와 한국인의 한국어 작문의 '선언' 비교

개입	집단	평균	표준편차	유의확률
선언	CKL_CW	.2767	.1332	.313
	KNS_KW	.2352	.0558	
동조	CKL_CW	.0485	.0354	.302
	KNS_KW	.0622	.0325	
승인	CKL_CW	.0334	.0436	.097
	KNS_KW	.0632	.0462	
공표	CKL_CW	.1949	.1143	.023*
	KNS_KW	.1097	.0628	

(*p〈.05, **p〈.01, ***p〈.001)

〈표 Ⅲ-28〉에 의하면 '선언', '동조', '승인'은 모두 통계적으로 유의미한 차이가 없었으며 '공표'만 통계적으로 유의미한 차이가 있었다. 중국인 한국어 학습자가 '공표'를 더 많이 사용하였다. 이는 맹강(2017ㄱ)의 연구결과와 일치하였다.

그리고 '승인'은 비록 통계적으로 유의미한 차이가 확인되지 않았지만 질적으로는 차이가 있었다. 앞서 밝힌 바와 같이 한국어 모어 화자의 한국어 작문에서 연구결과, 통계결과와 같은 객관 자료를 많이 사용하였지만 중국인 한국어 학습자의 중국어 작문에서는 잘 사용하지 않았다.

나. 부인

'부인'은 중국과 한국의 논증적 텍스트에서 가장 많은 차이가 보이는 '개입'이라 할 수 있다. 중국인 한국어 학습자의 중국어 작문과 한국어 모어 화자의 한국어 작문에 반영된 '부인'의 t 검정 결과는 다음과 같다.

〈표 Ⅲ-29〉 중국인의 중국어와 한국인의 한국어 작문의 '부인' 비교

개입	집단	평균	표준편차	유의확률
부인	CKL_CW	.0855	.0572	.001***
	KNS_KW	.1852	.0729	
부정	CKL_CW	.0069	.0168	.001***
	KNS_KW	.0510	.0358	
반대	CKL_CW	.0787	.0532	.016*
	KNS_KW	.1342	.0585	

(*p〈.05, **p〈.01, ***p〈.001)

〈표 Ⅲ-29〉를 통해 알 수 있듯이 중국인 한국어 학습자의 중국어 작문과 한국어 모어 화자의 한국어 작문에 나타난 '부인', '부정', '반대'는 모두 통계적으로 유의미한 차이가 발견되었으며 모두 한국어 모어 화자가 더 많이 사용하였다. 맹강(2017ㄱ: 102)에서도 중국과 한국 신문 사설에서는 '부정', '반대', '부인'의 사용이 모두 통계적으로 유의미한 차이가 발견되었으며 모두 한국 신문 사설에서 더 많이 사용하였다고 하였다.

위의 검토와 앞에서 중국인 한국어 학습자와 한국어 모어 화자의 한국어 작문에 반영된 '개입'을 비교한 결과를 종합해서 본다면 중국인 한국어 학습자는 중국어 '개입' 사용의 영향을 받은 경우도 있고 받지 않은 경우도 있었음을 알 수 있다. 특히 어떤 '개입'은 중국과 한국의 논증적 텍스트에서 사용의 차이가 있지만 중국인 한국어 학습자와 한국어 모어 화자의 한국어 작문에서 차이를 보이지 않은 경우도 있었다. 즉 중국어 '개입' 사용의 영향을 받지 않는 것으로 보인 것이다. 예컨대, 중국인 한국어 학습자의 중국어 작문과 한국어 모어 화자의 한국어 작문과 중국과 한국의 신문 사설에 반영된 대화적 공간 확대 총계는 모두 통계적으로 유의미한 차이가 발견되었지만 중국인 한국어 학습자와 한국어 모어 화자의 한국어 작문에 반영된 '대화적 공간 확대' 총계는 통계적으로 유의미한 차이가 보이지 않았다. 하지만 그렇다고 해서 중 · 한 '개입' 사용의 차이가 중국인 한국어 학습자의 '개입' 사용에 대한 영향을 부정할 수는 없다. 모국어와 목표어 '개입' 사용이 다르다고 해서 제2언어 학습자들이 목표어로 글을 쓸 때 반드시 모국어와 완전히 일치하게 개입을 사용한다는 것은 모국어와 목표어가 차이가 있다고 해서 제2언어 학습자들이 목표어를 습득할 때 반드시 어려움에 부딪친다고 주장한 대조분석 강설처럼 지나친 단순한 생각이다. 제2언어 학습자의 글쓰기는 다양한 요인의 상호작용적 영향을 받기 때문이다. 대조분석 약설처럼 위와 같은 중 · 한 논증적 텍스트에서 '개입' 사용의 차이를 중국인 한국어 학습자의 한국어 개입 사용 양상을 해석하는 일종의 요인으로 보는 것이 무리가 없을 것이다.

그리고 위에서 종종 중국인 한국어 학습자의 중국어 작문과 중국 신문 사설, 한국어 모어 화자의 한국어 작문과 한국 신문 사설에 나타난 '개입'이 다른 경우가 있었는데 이는 필자 요인과 다소 관련될 것이다. 중국인 한국어 학습자와 한국어 모어 화자는 아무래도 사설을 쓰는 전문가들과 비교하면 미숙한 필자로 볼 수 있다. 이 외에도 해당 신문의 특성, 주제 등 요인의 영향을 받을 수 있으므로 위와 같은 결과는 충분히 납득 가능한 것으로 볼 수 있다. 그럼에도 불구하고 신문 사설은 논증적 글 중에서 흔히 접할 수 있는 장르로서 모든 논증 요소를 갖추고 있고 교육적 활용도가 높다는 점을 고려하면 참고할 만한 것이다.

3) 중국어 논증적 글쓰기 교육의 영향[16]

중국인 한국어 학습자들이 한국어 논증적 글을 쓸 때 '개입' 자원을 잘 구사하지 못하는 것은 중국어 논증적 글쓰기의 영향을 받은 한국어 논증적 글쓰기 교육과 크게 관련될 것이다. 특히 전술하였듯이 최근에 들어와 문화 간 수사학 연구에서 소문화에 대한 강조가 많아지고 있다.

(1) **한국어 논증적 글쓰기 교육의 부족**

중국과 한국 대학의 한국어 쓰기 교육에서 각 장르를 얼마나 가르치고 있는지를 설문조사를 통해 알아봤는데 결과는 다음과 같다.

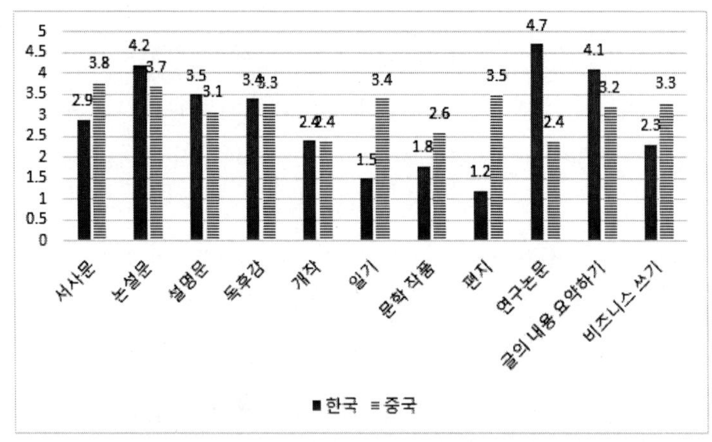

[그림 Ⅲ-2] 중국과 한국 교수자의 장르별 교육 빈도 비교

---

16 본 연구는 중국어와 한국어 논증적 글쓰기 관습의 우열을 전제로 하지 않고 그 차이점에만 초점을 맞추고자 한다. 즉 어떤 것이 좋고 어떤 것이 나쁜 것이 아니라 서로 다를 뿐이라는 전제를 두고 논의를 한다.

〈표 Ⅲ-30〉 중국인과 한국인 교수자의 장르별 교육 빈도 비교

장르	집단	평균	표준편차	유의확률	장르	집단	평균	표준편차	유의확률
서사문	KKI	2.91	1.221	.037*	문학작품	KKP	1.82	1.079	.078
	CKI	3.81	.911			CKI	2.63	1.147	
논설문	KKI	4.18	.874	.139	편지	KKI	1.18	.405	.000***
	CKI	3.69	.793			CKI	3.50	.632	
설명문	KKI	3.45	1.128	.294	연구논문	KKI	4.73	.467	.000***
	CKI	3.06	.443			CKI	2.44	1.365	
독후감	KKI	3.36	1.629	.828	내용요약	KKI	4.09	.701	.010*
	CKI	3.25	1.065			CKI	3.19	.911	
개작	KKI	2.36	1.690	.984	비즈니스 쓰기	KKI	2.27	1.489	.081
	CKI	2.38	1.258			CKI	3.25	1.291	
일기	KKI	1.55	1.036	.000***					
	CKI	3.38	1.088						

(*p〈.05, **p〈.01, ***p〈.001)

[그림Ⅲ-2]를 통해 알 수 있듯이 한국의 대학에서는 논설문, 연구논문(보고서), 글 내용 요약하기, 설명문, 독후감을 가장 많이 가르치는 데 비해 중국의 대학에서 서사문, 논설문, 편지, 일기, 독후감, 비즈니스 쓰기를 가장 많이 가르쳤다. 그리고 수치를 보면 중국에서 거의 모두 '3'(보통이다) 이하로 되어 있다. 〈표 Ⅲ-30〉에서 보듯이 논설문 교육 빈도에 있어 비록 통계적으로 유의미한 차이가 발견되지 않았지만 한국에서는 중국보다 더욱 빈번하게 가르쳤다. 그리고 연구논문은 한국에서 유의미하게 많이 가르쳤다. 연구논문도 논증적 글인데 이를 많이 가르치면 논증적 글쓰기에 크게 도움이 될 것이다. 그리고 논설문의 경우 한국에서는 평균 4.18로 '잘 가르친다'에 해당되며 중국의 경우 3.69로 '보통이다'에 해당된다. 서사문, 편지, 일기 쓰기를 많이 가르치는 것은 중국인 한국어 학습자의 한국어 능력을 고려한 것으로 볼 수 있다. 중국에서 한국어 쓰기 과목은 보통 2학년이나 3학년에 개설되는데 2학년은 TOPIK 3-4급에 해당되며 3학년은 TOPIK 5-6급에 해당된다. 3학년 2

학기의 경우 논증적 글을 가르치는 것이 괜찮겠지만 그 전에는 한국어 학습자의 한국어 숙달도 한계로 논증적 글을 가르치기가 어려울 것이다. 그리고 3학년에 올라가면 비즈니스 쓰기도 가르치는 경우가 있는데 논설문을 가르치는 시간이 적어질 수도 있다. 따라서 중국에서 한국어 논증적 글쓰기 교육은 부족하다고 할 수 있다.

(2) 중국과 한국 논증적 글쓰기 주제의 차이

그리고 과제의 주제도 중국인 한국어 학습자의 논증적 글쓰기에 영향을 미칠 수 있을 것이다. 중국과 한국 대학에서 학생들에게 부여하는 과제의 주제를 조사한 결과는 다음과 같다.

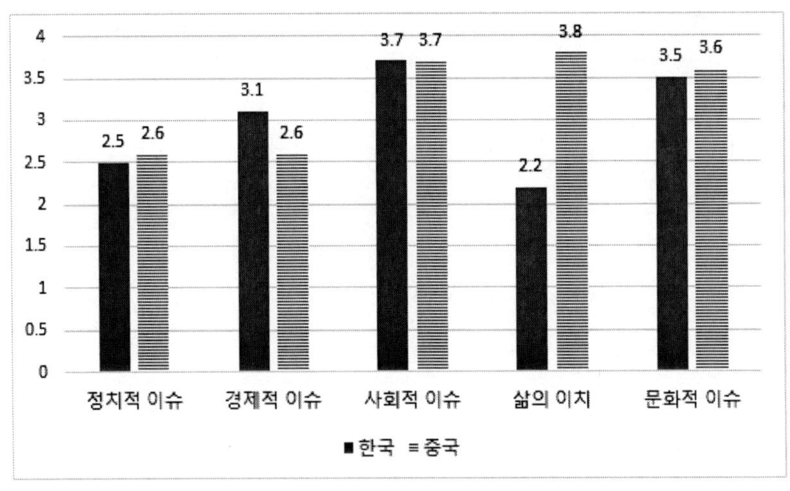

[그림 Ⅲ-3] 한국과 중국에서 한국어 논증적 글쓰기 과제의 주제 비교

〈표 Ⅲ-31〉 중국인과 한국인 교수자가 부여한 과제의 주제 유형 비교

주제	집단	평균	표준편차	유의확률
정치적 이슈	KKI	2.55	1.04	.962
	CKI	2.56	.814	

경제적 이슈	KKI	3.09	.701	.107
	CKI	2.63	.719	
사회적 이슈	KKI	3.73	.786	.905
	CKI	3.69	.873	
삶의 이치	KKI	2.18	1.25	.002**
	CKI	3.75	.856	
문화적 이슈	KKI	3.55	.934	.815
	CKI	3.63	.806	

(*p〈.05, **p〈.01, ***p〈.001)

〈표 Ⅲ-31〉에 의하면 정치적 이슈, 경제적 이슈, 사회적 이슈, 문화적 이슈는 모두 통계적으로 유의미한 차이가 나타나지 않았으며 삶의 이치에만 통계적으로 유의미한 차이가 발견되었다. 중국인 한국어 쓰기 교수자가 삶의 이치에 관한 과제를 더 많이 부여해 주었을 뿐만 아니라 '삶의 이치'[17]에 관한 과제를 가장 많이 주었다. 이는 중국어 작문 교육의 영향을 받은 것으로 볼 수 있다. 중국의 대학 입학 시험 작문 주제는 주로 삶의 이치에 관한 것이다. 따라서 중국인 한국어 학습자는 삶의 이치에 관한 주제가 익숙해져 다른 주제에 관한 글을 쓸 때 상대적으로 낯설 수가 있다.

(3) 중국과 한국 교수자 강조 내용의 차이

교육 내용은 학습자의 논증적 글쓰기에 가장 많은 영향을 미치는 요소로 볼 수 있는데 본 연구는 한국과 중국의 한국어 교수자들이 논증적 글을 가르칠 때 어떤 내용을 강조하는지를 조사해 봤다.

17 '삶의 이치'에 관한 주제로는 '견지와 포기', '지족상락', '진정한 아름다움을 추구하자' 등과 같은 것이 있을 수 있다.

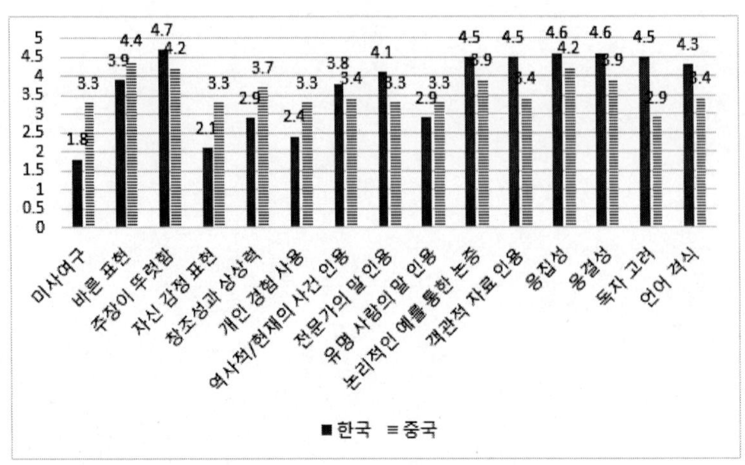

[그림 Ⅲ-4] 한국과 중국 교수자의 강조 내용 비교

〈표 Ⅲ-32〉 중국과 한국 교수자의 강조 내용 비교

강조 내용	집단	평균	표준 편차	유의 확률	강조 내용	집단	평균	표준 편차	유의 확률
미사여구	KKI	1.82	.874	.000***	유명인의 말 인용	KKI	2.91	1.136	.382
	CKI	3.25	.931			CKI	3.25	.856	
바른 표현	KKI	3.91	.831	.158	논리적 예를 통한 논증	KKI	4.55	.688	.061
	CKI	4.38	.806			CKI	3.94	.854	
뚜렷한 주장	KKI	4.73	.467	.084	객관적 자료 인용	KKI	4.45	.522	.004**
	CKI	4.19	.911			CKI	3.38	1.025	
자신의 감정 표현	KKI	2.09	.701	.001**	응집성	KKI	4.64	.505	.067
	CKI	3.25	.856			CKI	4.19	.655	
창조성과 상상력	KKI	2.91	.944	.037*	응결성	KKI	4.64	.505	.008**
	CKI	3.69	.873			CKI	3.94	.680	
개인 경험 사용	KKI	2.36	.809	.003**	독자 고려	KKI	4.45	.820	.000***
	CKI	3.31	.479			CKI	2.94	.772	
역사적/현재의	KKI	3.82	.751	.106	언어 격식	KKI	4.27	1.009	.040*
	CKI	3.38	.619			CKI	3.44	.964	

사건									
전문가의 말 인용	KKI	4.09	.831	.015*					
	CKI	3.31	.704						

(*p〈.05, **p〈.01, ***p〈.001)

〈표 Ⅲ-32〉에서 보다시피 중국인 한국어 교수자는 미사여구, 감정 표현, 창조력과 상상력, 개인 경험 사용에 있어 통계적으로 유의미한 차이가 나타났으며 기술통계량을 통해 중국인 한국어 교수자가 더 강조하였다는 것을 알 수 있다. 이런 내용은 모두 중국어 작문 교육에서 많이 강조되는 것이다. 미사여구, 검정을 사실대로 표현하기, 창조력과 상상력은 모두 중국의 대학 입시 의론문에서 강조되는 것이다. 이런 요소를 강조하는 입시 의론문에 따라 한국어 논증적 글을 쓰면 엄밀한 논증을 확보하기가 어려울 것이다. 예를 들어, 미사여구의 경우, 비유나 의인법 등 수사법을 사용해야 하는데 객관성을 요구하는 한국 논증적 텍스트의 기준으로 보면 논증이 엄밀하지 않을 수 있다. 그리고 자신의 감정을 사실대로 표현하는 것은 주관적인 내용을 쓰는 것이라 역시 한국어 논증적 글에서 객관성이 떨어진다. 이 때문에 중국인 한국어 학습자가 '단성적 목소리'를 지나치게 많이 사용한 것이 아닐까 싶다. 즉 미사여구나 자신의 감정을 사실대로 표현하기와 같은 요소를 강조하기 때문에 중국인 한국어 학습자들이 '타자의 목소리'보다 '자신의 목소리'를 많이 사용하였을 것이다.

그리고 한국어 논증적 글에서 강조되는 전문가 의견 인용, 객관 자료 인용, 응결성, 독자 고려, 언어 격식 등은 중국인 한국어 교수자가 덜 강조하였다. 따라서 중국인 한국어 학습자가 한국어로 논증적 글을 쓸 때 중국어 의론문의 영향을 받아 한국의 논증적 글답게 쓰지 못했을 것이다.

(4) 중 · 한 논증적 글 장르적 차이에 대한 중국인 교수자의 인식 부족

그리고 중국인 한국어 쓰기 교수자가 중 · 한 논설문 차이를 얼마나 알고 있는지도 한국어 쓰기 교육에 영향을 미친다. 중국인 한국어 쓰기 교수자를 대상으로 하는 설문조사의 결과는 다음과 같다.

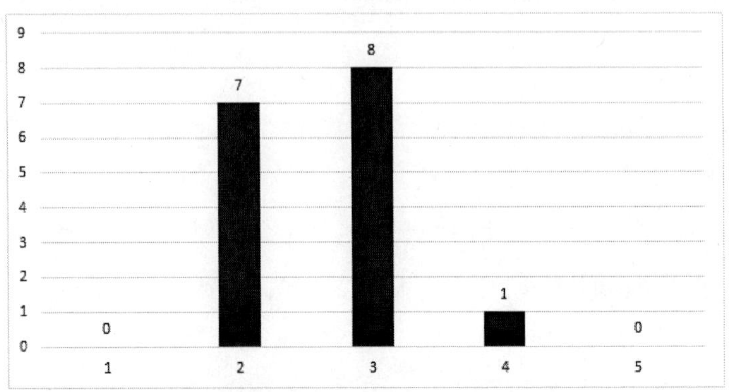

[그림 Ⅲ-5] 중·한 논설문 차이를 아는 정도(중국인 한국어 쓰기 교수자)

[그림Ⅲ-5]를 통해 알 수 있듯이 대부분 중국인 한국어 쓰기 교수자는 '잘 모른다(2)', '보통이다(3)'를 응답하였다. 즉 중 · 한 논증적 글의 장르적 차이를 잘 모르는 편이다. 실제로 대부분 중국인 한국어 쓰기 교수자가 중 · 한 논설문 차이를 아는 정도의 문항에 응답하지 않았으며 응답한 내용은 다음과 같다.

〈중국인 한국어 쓰기 교수자의 응답 내용〉

CKI07: 예를 들어 중국어 논설문에는 주제를 늘 크게 잡지만 한국어 논설문은 주제를 늘 작게 잡음으로써 독자들에게 크게 시사해 준다.

CKI08: 논점의 차이

위 응답 내용에서 CKI07과 CKI08이 작성한 내용은 중 · 한 논증적 글의 핵심적 차이가 아니다. 중국인 한국어 쓰기 교수자가 중 · 한 논증적 글의 차이를 잘 모르면 강의할 때 이런 차이를 가르치지 못해 학습자도 이와 같은 차이를 알 수가 없게 된다. 실제로 중국인 한국어 학습자에 대한 인터뷰에서도 이를 확인하였다.

〈인터뷰 자료㉕〉

연구자: 중한 논설문의 차이가 무엇이라고 생각하시나요?

CKL57: 음~이 질문은 저는 대답하지 못해요. 잘 모르겠어요.

〈인터뷰 자료㉖〉

연구자: 혹시 중국과 한국의 논설문이 차이가 있다고 생각하세요?

CKL71: 음~차이가 있나요? 비슷하지 않아요? 저는 잘 모르겠어요.

인터뷰에서 CKL57과 CKL71은 중 · 한 논증적 글의 차이를 모르거나 중국과 한국의 논증적 글이 같다고 생각하는 것으로 나타났다.

(5) 중국인과 한국인 교수자의 피드백 차이

학습자의 글에 대한 피드백도 학습자의 글쓰기에 중요한 영향을 미치는데 이에 대한 조사결과는 다음과 같다.

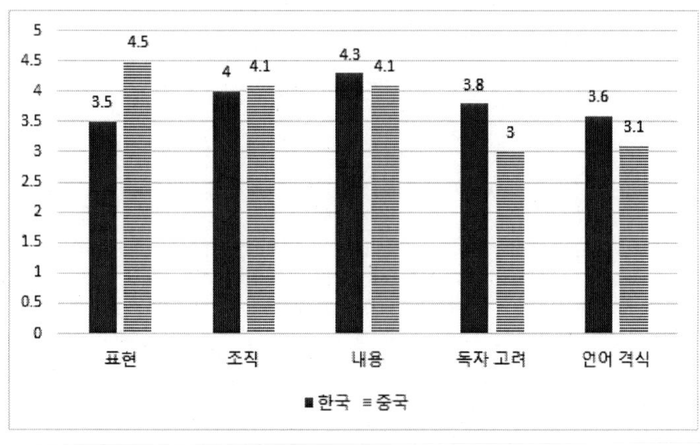

[그림 Ⅲ-6] 중국인과 한국인 교수자의 피드백 내용 비교

〈표 Ⅲ-33〉 중국인과 한국인 교수자의 피드백 내용 비교

피드백 내용	집단	평균	표준편차	유의확률
표현	KKI	3.45	.820	.001**
	CKI	4.50	.632	
작문의 조직	KKI	4.00	.894	.838
	CKI	4.06	.680	
작문의 내용	KKI	4.27	.905	.522
	CKI	4.06	.772	
독자 고려	KKI	3.82	1.079	.050*
	CKI	3.00	.966	
언어 격식	KKI	3.64	1.027	.143
	CKI	3.06	.929	

(*p〈.05, **p〈.01, ***p〈.001)

〈표 Ⅲ-33〉에 따르면 중국과 한국의 교수자는 모두 조직과 내용, 그리고 언어 격식을 중요시하였다. 그리고 중국인 한국어 교수자는 표현을 유의미하게 더 중요시하였다. 이는 중국인 한국어 학습자에게 한국어는 외국어이기 때문인 것에서 기인된다. 중국인 한국어 학습자에게는 한국어가 외국어이기 때문에 글을 쓸 때 표현이 모국어처럼 자동화되지 않아 모국어의 간섭이나 한국어 숙달도로 인해 여러 가지 어려움에 부딪치기도 하며 오류를 범하기도 한다. 표현이 자연스럽지 않으면 독자의 이해를 저해할 수도 있다. 따라서 중국인 한국어 쓰기 교수자가 피드백을 줄 때 표현을 가장 중요시하였다. 이는 중국인 한국어 교수자의 응답에서도 확인할 수 있다.

〈중국인 한국어 쓰기 교수자의 응답 내용〉

CKT02: 작문은 독자에게 이해를 시키려면은 정확성이 중요하는 것이 당연이다.

CKT06: 어휘 문법은 글쓰기의 가장 기본 기능이기 때문이다.

CKT07: 어휘, 문법, 문장을 잘 활용해야 좋은 글을 쓸 수 있다.

CKT11: 여기에 문제가 생기면 저저(저자)의 뜻을 이해할 수가 없다.

CKT14: 비문이 많으면 글의 가독성과 신뢰도가 떨어진다.

위 응답은 왜 표현을 중요시하느냐는 문항에 대한 응답이다. 위 응답을 통해 알 수 있듯이 중국인 한국어 쓰기 교수자는 표현이 글쓰기의 기초이고 정확하게 표현해야 독자가 제대로 이해할 수 있다는 것을 잘 인식하고 있다. 하지만 지나치게 표현을 중요시하면 다른 부분에 대한 피드백이 소홀히 다루어질 가능성이 크다. 예를 들어, 독자 고려에 있어 한국인 한국어 쓰기 교수자가 더 많이 중요시하였다. 중국인 한국어 쓰기 교수자는 상대적으로 중요시하지 않았다. 이를 통해 한국인 한국어 쓰기 교수자는 독자를 중요시하였으며 실제로 강의할 때도 학생들에게 전달을 하였음을 알 수 있다. 그러나 중국인 한국어 쓰기 교수자는 중국어 의론문의 영향을 받아 독자에 대한 고려를 학생들에게 잘 전달하지 않았을 것이다. 이는 중국인 한국어 학습자가 독자 의식이 부족한 원인이 될 것이다.

(6) 중국어 의론문의 영향을 받은 설득 방법 교육

교수자가 가르친 독자를 설득하는 방법은 학습자의 논증적 글쓰기에 중요한 영향을 미칠 것이다. 한국인 한국어 쓰기 교수자와 중국인 한국어 쓰기 교수자가 작성한 독자를 설득하는 방법은 다음과 같다.

〈한국인 한국어 쓰기 교수자의 응답 내용〉

KKI01: 논증으로 주장 이유 근거 제시와 설득적 논증구조를 강조한다.

KKI02: 통계자료 등 구체적 근거

KKI03: 역지사지. 독자의 입장에서, 혹은 반대 주장을 가진 사람의 입장에서 생각해 보고 어떻게 하면 글쓴이의 주장을 조금이라도 받아들여 생각을 바꿀 수 있을지 전략을 고민해 보라고 함.

KKI07: 독자의 입장 생각

KKI11: 로고스 파토스 에토스를 적절히

위에서 제시된 '독자를 설득하는 방법'은 설득적 논증구조 강조(KKI01), 독자의 입장 생각(KKI03, 07)이 있었다. 이는 예상 반론에 대한 반박에 관한 내용으로 볼 수 있다. 즉 논증적 글에서 예상 독자의 가능한 반박을 언급하고 반박하는 것이다. 그리고 튼튼한 근거 제시(KKI02)와 고전 수사학에서 강조하는 로고스, 파토스, 에토스에 대한 언급(KKI11)도 있었다. 중국인 한국어 쓰기 교수자의 응답은 이와 크게 달랐다.

〈중국인 한국어 쓰기 교수자의 응답 내용〉

CKI01: 유명한 인물이나 자기의 경험을 예로 들어서 쓰는 것.

CKI02: 독자에게 어떤 주제나 내용을 관심이 있는지를 파악해야 한다. 그리고 독자층과 맞추는 언어로 작성하는 것도 매우 중요하다고 생각한다.

CKI04: 학생들에게 익숙한 예시를 통해서 논리적으로 논설하면 더 효과적이다.

CKI08: 도입: 아름다운 글 제시. 예시로 독자를 설득하는 방법 교수. 여러 주제와 결합하여 학생보고 모방/실천. 글 수정 및 발췌문 뽑음. 좋은 글 나누기 및 분석하기

CKI09: 설득력 있는 논증과 감정공명으로 타인을 설득 감동시키라고 한다.

CKI10: 객관적 자료 및 근거 제시

CKI11: 진솔한 마음으로 문장을 조직하게 한다.

CKI12: 주변에서 독자들이 수긍할 수 있는 논거 찾기

위에서 제시된 중국인 한국어 쓰기 교수자의 응답 내용 중에서 CKI01, CKI08, CKI09, CKI11, CKI12의 내용은 다소 중국어 논증적 글의 영향을 받은 것으로 볼 수 있을 것이다. 앞에서 논의했던 논증적 글쓰기의 강조 내용 중에서 '자신의 감정을 사실대로 표현한다'와 관련이 있는 것으로 볼 수 있다. 즉 자신의 감정을 사실대로 표현하여 독자를 감동시킴으로써 설득의 목적을 이룬다는 것이다. 그리고 CKI08은 '아름다운 글 제시'라고 작성하였는데 여기서 '아름다운 글'이란 무엇인지 명확하지 않지만 만약 미사여구를 추구

하는 글이라면 역시 중국어 논증적 글쓰기의 영향을 받은 것으로 볼 수 있다. CKI02는 독자의 관심 주제와 내용을 언급하였는데 다소 독자 의식이 있는 것으로 보여줬지만 여전히 예상 독자의 가능한 반론을 언급한 것으로 보기 어렵다. 그리고 CKI04, CKI10은 KKI02가 작성한 내용과 비슷한데 튼튼한 근거로 독자를 설득하는 것으로 볼 수 있다.

전체적으로 보면 중국인 한국어 쓰기 교수자가 한국어 논증적 글쓰기를 교수할 때 중국어 논증적 글쓰기의 영향을 많이 받았다고 할 수 있다. 이는 한국어 학습자의 글쓰기에 직접적 영향을 미친 중요한 요인이라 할 수 있고 향후 한국어 논증적 글쓰기 교육에서 이와 같은 중국어 논증적 글쓰기의 영향을 피해야 할 것이다.

4) 중국인 한국어 학습자 독자 의식의 부족

인터뷰 자료를 통하여 중국인 한국어 학습자들이 독자를 거의 언급하지 않았고 독자 의식이 부족하였다. 학문 목적 논증적 글쓰기의 경우, 보통 자신의 주장을 펼쳐나가면서 필요할 때 예상 반론에 대한 반박을 해야 하는데 중국인 한국어 학습자들이 보통 글을 쓸 때 그런 독자 의식이 없었으며 단지 자신의 견해만을 일방적으로 전개하려고 하였다. 한국어 모어 화자의 경우 인터뷰에서 항상 독자를 언급하였다. 우선 한국어 모어 화자의 인터뷰 자료를 살펴보자.

〈인터뷰 자료㉗〉

연구자: 그리고 여기도 '있겠지만' 약간 추측의 표현이잖아요. 그리고 여기 '통해서 일 것이고' 여기도 마찬가지고 또 하나가 있... 아 '할 수도 있지만' 이 이럴 때는 다 약간 추측의 표현이잖아요. 이렇게 추측의 표현 쓰시는 목적이 무엇이었어요?

KNS10: 어, 그까 뭔가 지금 다 맥락이 이런 걸 쓴 맥락이 (네) 다른 사람의 예상 반론에 대한 거 썼잖아요. (네네) 그러니까 저의 주장이 아니지만 다른 사람이 이렇게 생각할 수도 있기 때문에 (예) 그래서 그래서 뭐 뭘 것이다라고 추측성의(잘 들리지 않음) 그까 제 주장였으면 그게 아니지만 아 다른 사람도 볼 수 있 있을 것이지 이렇게 생각하는 말투?

연구자: 아아, 네, 뭐 혹시 이렇게 표현하는 것은 (네) 약간 내가 이렇게 생각하지만 뭐 상대방이 이렇게 생각하지 않을 수도 있고 반박할 수도 있다 그런 생각이...

KNS10: 네.

〈인터뷰 자료㉗〉은 앞에 나왔던 것인데 KNS10은 '가능성 평가'를 사용하는 것은 예상 독자를 고려한 것이라고 하였다. KNS10은 비록 자신이 이렇게 생각하지만 독자는 이렇게 생각하지 않을 수도 있음을 인식하였다. 즉 자신이 표현한 내용은 단지 여러 가지 가능성 중의 하나이고 독자들이 다른 견해를 가질 수도 있음을 인식한 것이고 독자를 고려한 것이었다. 그리고 예상 반론에 대한 인터뷰 자료에서도 한국어 모어 화자는 뚜렷한 독자 의식이 보여 주었다.

〈인터뷰 자료㉘〉

KNS27: 논증적 글을 쓸 때 논증적 글이라는 게 찬성이 될 수도 있고 반대가 될 수도 있고 찬반 이슈가 있는 게 논증적 글의 주제잖아요. 그 주제에 대해서 그냥 객관적 사실을 어느 정도 파악한 다음에 예를 들어 여기서는 뭐 조기 외국어 학습은 한국 등 아시아 국가에서 주로 일어나는데요. 조금 찾아놓고 그 다음 이제 그 찬성하는 논지랑 반대하는 논지 양쪽의 이제 칼럼 같은 거를 읽어본 다음에 일단 제가 조금 더 저한테 맞는 거 같은 입장을 정하고 그 다음 제가 만약 찬성 여기 반대를 쓰니까 반대 입장 관련된 논거를 조금 더 파악을 하고 그 다음에 이제 찬성하는 측에서의 논 주장들이 있잖아요. 그 주장과 근거에 대해서 제가 예상을 쓰는 아니 예상의 반박이잖아요. 어떻게 보면, 그거에 대해 제가 재반박할 논거들을 찾아가지고 둘 다 같이 글에 쓰려고 했습니다.

인터뷰에서 KNS27은 분명한 독자 의식을 가지며 어떤 문제에 대해 여러 가지 입장이 있다는 것을 잘 알고 있었다는 것으로 확인되었다. KNS27은 논증적 글을 작성할 때 우선 주제에 대한 여러 가지 입장을 파악하고 자신의 주장을 선택하고 그 다음에 상대 주장에 대한 반박을 하였다고 하였다. 그리고 독자 의식은 서론 부분에 대한 인터뷰 자료에서도 나왔다.

〈인터뷰 자료㉙〉

연구자: 여기 1번 보시면 그 때 쓰실 때 처음부터 자신의 주장을 제시하셨잖아요. (중략) 처음부터 주장을 제시하는 특별한 이유가 있었어요?

KNS15: 저는 그냥 두괄식으로 (아, 두괄식으로) 제가 좋아하는 스타일이에요. 두괄식으로, 쉽게 바로 알 수 있게 주잖아요. 물론 이거('내러티브')를 앞에 빼고 넣을까도 생각했거든요. 제 경험부터 얘기하고 할까. 근데 처음에 독자 읽었을 때 바로 알 수 있다면 좋을 거 같다고 생각했어요.

〈인터뷰 자료㉙〉는 KNS15가 왜 서론에서 첫 번째 문장을 '공표'로 표현하고 주장을 제시하였느냐에 관한 것이다. KNS15는 먼저 조기 외국어 학습의 경험부터 쓰면 독자가 이 글이 무엇을 말하고 싶은지를 모를 수도 있고 독자가 쉽게 이해할 수 있도록 하기 위해 이렇게 두괄식으로 처음부터 주장을 제시한 것이라고 하였다. 이와 같이 한국어 모어 화자에 대한 인터뷰 자료에서 '독자'에 대한 고려는 빈번하게 나타났다. 이에 반해 중국인 한국어 학습자는 인터뷰에서 거의 독자에 관한 내용을 언급하지 않았다.

〈인터뷰 자료㉚〉

연구자: 논설문의 쓰기 목적은 뭐라고 생각하시나요? 자신의 주장을 표현하

는 건가요? 자신의 주장과 다른 사람을 설득하는 건가요? 아님 이 2가지 다 포함하나요?

CKL23: 2가지 다 있는 거 같아요. 어떤 문제에 대해 저는 제 생각을 자세히 표현하면 잠재적으로 나의 생각의 합리성을 증명하고 다른 사람이 나의 생각에 찬성하려는 것이 포함돼요.

연구자: 그러면 자신의 생각의 합리성을 논증했으면 다른 사람을 설득하는 목적을 이루었다, 자신의 생각이 합리적임을 증명했으니까. 이렇게 이해해도 돼요?

CKL23: 네, 맞습니다!

〈인터뷰 자료㉛〉

연구자: 이 쓰기 과제를 봤을 때 이 글의 요구에 대해 자신의 주장과 근거를 제시하면 되는 글로 이해하셨나요? 아님 자신의 입장과 다른 사람을 설득하는 글로 이해하셨나요?

CKL17: 자신의 주장과 근거를 바탕으로 가능하면 되도록 다른 사람이 자신의 주장에 찬성하도록 설득해요.

〈인터뷰 자료㉛〉은 앞에서 제시되었던 것인데 CKL23은 자신 주장의 합리성을 증명하면 상대방을 설득한 것으로 생각하였으며 CKL17은 가능하면 되도록 다른 사람을 설득한다고 한 것을 보면 자신의 주장을 논증하는 것이 논증적 글의 핵심이라고 생각했을 것이다. 전체적으로 본다면 중국인 한국어 학습자가 논증적 글을 작성할 때 독자 의식이 부족하였다. 이는 '개입'을 적절히 사용하지 못하는 중요한 요인이 되었으므로 논증적 글쓰기 교육에서는 학습자들의 독자 의식을 고양시킬 필요가 있다.

위에서 논의한 바를 요약한다면 중 · 한 논증적 글의 장르적 차이와 중 · 한 '개입' 사용의 차이는 대문화에 해당되며 한국어 교육 경험과 독자 의식의 부족은 소문화에 해당된다. 이들의 상호작용적 영향으로 중국인 한국어 학습자가 한국어 논증적 글을 쓸 때 '개입'을 적절하게 사용하지 못한 결과를 초래하였다고 할 수 있을 것이다. 이 중에서 중·한 논증적 글의 장르적 차이는 근본적인 원인으로 볼 수 있겠다. 즉 중국과 한국의 논증적 글의 장르적 차이로 인해 중국인 한국어 쓰기 교수자는 중국어 의론문의 영향을 받아 한국어 논증적 글을 교수할 때 중국어 의론문에 따라 강의하였는데 그렇기 때문에 중국인 한국어 학습자가 논증적 글을 작성할 때 중국어 의론문에 따라 개입을 사용하였고 또 독자의 의식을 잘 갖고 있지도 않았다.

Ⅳ. '개입' 중심의 한국어 논증적 글쓰기 교육 내용 설계

Ⅲ장에서는 중국인 한국어 학습자와 한국어 모어 화자의 논증적 텍스트에 반영된 '개입'과 '개입' 사용에 영향을 미치는 요인을 살펴보았다. 한국어 모어 화자는 다양한 목소리를 텍스트에 도입하고 다성적 배경을 구축하는 데 비해 중국인 한국어 학습자는 '단성적 목소리', 즉 저자의 목소리를 많이 사용하고 다른 목소리를 많이 언급하지 않아 대화성이 약하였다. 그리고 중국인 한국어 학습자는 질적으로 적절하게 '개입'을 사용하지도 못하였으며 '개입' 간의 결합 사용도 잘 하지 못하였다. 이와 같은 중국인 한국어 학습자의 개입 양상은 중 · 한 논증적 글의 장르적 차이, 중 · 한 '개입' 사용의 차이, 중국어 논증적 글쓰기의 영향을 받은 한국어 논증적 글쓰기 교육, 학습자의 독자 의식 부족에서 비롯되었다. 따라서 '개입' 중심의 한국어 논증적 글쓰기 교육 내용을 설계할 때 '개입'의 사용 양상뿐만 아니라 이와 같은 요인도 고려할 필요가 있다.

그리고 교육 내용을 설계하기 위해 중국의 한국어 논증적 글쓰기 교육이 어떻게 이루어지고 있는지, 중국인 한국어 학습자를 위한 '개입' 중심의 논증적 글쓰기 교육의 관점이 무엇인지, '개입' 중심의 한국어 논증적 글쓰기 교육의 목표가 무엇인지를 검토할 필요가 있어 아래에서 자세히 살펴보자.

1. '개입' 중심의 한국어 논증적 글쓰기 교육의 목표

'개입' 중심의 한국어 논증적 글쓰기 교육의 목표를 세우기 전에 중국에서 논증적 글쓰기 교육 현황, 그리고 '개입' 중심의 한국어 논증적 글쓰기 교육의 관점을 살펴볼 필요가 있다.

1) 중국의 한국어 논증적 글쓰기 교육 현황

중국 대학에서 한국어 쓰기 과목은 보통 3, 4학년 학생을 대상으로 개설하고 주당 2 시간인데 일부 학교에서 1, 2학년 학생에게도 쓰기 과목을 개설한다(제효봉, 2015: 240). 가르치는 장르는 Ⅲ장에서 논의한 바와 같이 서사문, 논설문, 설명문, 독후감, 일기, 편지, 비즈니스 쓰기 등 매우 다양하며 어떤 특정한 장르를 중요하게 가르치기보다 골고루 가르치는 경향이 있었다. 특히 Ⅰ장에서 언급한 바와 같이 대부분 한국어과 졸업생은 회사에 취직하기 때문에 비즈니스 쓰기가 쓰기 교육에서 중요한 위상을 차지하는 것이 일반적이다.

그리고 중국에서 한국어 쓰기 교육 과목은 듣기, 말하기, 통·번역 과목보다 상대적으로 소홀히 다루어져 있기도 한다. 중국에서 외국어 교육의 목표는 해당 국가의 정치, 경제, 문화를 이해하고 우수한 듣기, 말하기, 읽기, 쓰기, 통·번역 능력을 갖추어야 한다는 것으로 되어 있지만 사실 궁극적으로 통·번역 인재 양성에 초점을 두는 학교가 적지 않을 것이다. 한국어 교육의 경우 특히 그렇다. 2016년 기준 중국에서 한국어과를 개설한 4년제 대학은 119개가 되었으며[1] 현재도 계속 늘어나고 있는 추세이다.[2] 그 외에 한국어과를 개설하는 3년제 대학도 많은 실정이다. 학생의 취직을 위하여 전문 분야

---

1 中國教育在線(http://www.eol.cn/), 중국의 유명한 교육과 관련 사이트.

2 이를테면 2021년에 서북사범대학교와 내몽골사범대학교에서 한국어과를 새로 개설하였다.

의 통 · 번역 기능이나 경제무역 한국어 등 직업 목적 한국어 교육이 중요한 비중을 차지하고 있으며 학문 목적 한국어 교육의 위상은 상대적으로 낮다. 예컨대, 청도대학교 한국어과는 교육부특색전공으로 선정되며 1~2학년에는 기초 한국어 능력을 양성하고 3~4학년부터 한국언어문학, 중 · 한 경제무역 관계, 중 · 한 관광 3가지 전공으로 나누어 각각 한국문학사, 번역, 중 · 한 문화 비교, 무역한국어, 경영학, 관광한국어, 중 · 한 관광 명승지 등 과목을 개설한다.[3] 김병운(2012)에 따르면 청도대학교 외에 무역한국어, 비즈니스 한국어, 관광한국어를 필수 과목이나 선택 과목으로 개설하는 학교는 적지 않다.

또한 Ⅲ장에서 논의했듯이 현재 중국의 한국어 논증적 글쓰기 교육은 다소 중국어 논증적 글쓰기의 영향을 받았다. 중국인 한국어 쓰기 교수자의 강조 내용과 피드백 내용에서 중국어 논증적 글쓰기의 영향을 받은 것이 있었다. 중국인 한국어 쓰기 교수자는 논증적 글쓰기를 가르칠 때 바른 표현 사용하기, 미사여구, 자신의 감정을 사실대로 표현하기, 창조력과 상상력, 개인 경험의 사용을 많이 강조하였다. 이는 중국어 의론문의 영향을 받은 것이며 한국어 논증적 글에서는 주관적인 것이므로 잘 강조되지 않으며 오히려 피해야 할 내용으로 다루어진다. 그리고 중국인 한국어 쓰기 교수자가 가르친 설득 방법도 중국어 의론문의 영향을 받아 한국인 한국어 쓰기 교수자가 가르친 설득 방법과 크게 다른 것으로 나타났다. 또한 중국인 한국어 쓰기 교수자들이 이런 차이에 대한 인식이 부족한 것으로 확인되었다. 마지막으로 중국인 한국어 학습자에게는 한국어 글쓰기가 외국어 글쓰기이기에 중국인 교수자들은 정확한 표현 사용에 초점을 맞추는 경향이 있었다. 이를테면, 바른 표현의 사용을 강조하고 피드백을 할 때도 표현을 가장 중요시하는 것으로 나왔다. 표현을 지나치게 중요시하다 보면 내용, 조직, 사회문화적 요소가 상대적으로 소홀히 다루어질 것이다. 이와 같이 현재 중국 내에서 한

3 청도대학교 한국어과 홈페이지, http://sfl.qdu.edu.cn/info/1141/1526.htm.

국어 논증적 글쓰기 교육은 중국어 의론문의 영향을 많이 받았고 바른 표현 사용에 초점을 두며 필자와 독자의 상호작용을 소홀히 다루고 있다.

중국의 한국어 쓰기 교재의 경우, 맹강(2018)에서 중국 내 발행된 학문 목적 한국어 쓰기 교재 중에서 권위 있는 교재 3종[4]을 분석한 결과, 모든 교재는 중 · 한 논증적 글 차이에 대한 반영이 미미하였으며 교육 내용과 학습 활동의 연계성이 약하였다. 구체적으로 보면 교육 내용을 간략하게 소개하는 데 그치고 있고 중 · 한 논증적 글의 논거 차이에 대한 반영이 부재하였고 예상 반론에 대한 반박과 같은 독자 고려의 요소도 포함되지 않고 있었다. 그리고 텍스트의 조직 측면에서 일관성, 응집성, 응결성에 대한 강조가 부족하였다. 학습 활동은 표현에 초점을 둔다고 할 수 있고 실제로 논증적 글을 쓰는 데 필요한 내용 생성과 조직 능력을 향상시키는 데 도움이 되는 글을 완성하기, 반박 문단 쓰기, 모방하여 쓰기 활동이 없었다. 자유 작문 활동은 쓰기의 분량이 고급 학습자에게 너무 적고 과제의 유형도 찬반 논의가 대부분이었으며 과제의 제시 방법도 주제를 제시하고 논증적 글 한 편을 쓰라는 데 그쳐 단일하였다.

물론 중국의 한국어 쓰기 교재가 이렇게 많은 문제점이 있다면 한국에서 발행된 교재를 사용하면 된다고 생각될 수도 있다. 한국에서 발행된 교재를 사용하면 학습자들이 자연스럽게 한국적 논증적 글을 쓸 수 있다고 여겨질 수는 있을 것이다. 하지만 한국에서 발행된 교재를 사용하면 중국인 한국어 학습자가 중 · 한 논증적 글의 장르적 차이를 인식하지 못할 수도 있다. 예컨

4 분석 대상 교재는 다음과 같다.
金龍 · 林從綱, 韓國語寫作基礎與實踐, 北京大學出版社, 2011.
金龍 · 崔順姬, 韓國語寫作教程, 上海外語教育出版社, 2015.
林從剛 · 金龍, 韓國語寫作(第二版), 北京大學出版社, 2016.
맹강(2018)에 의하면 이 3가지 교재의 저자 중에서 동일한 저자 한 명이 있다. 이런 경우에 교재의 내용과 방향이 유사한 것으로 추측될 수 있다. 그러나 기타 학문 목적 한국어 쓰기 교재는 논증적 글쓰기가 포함되지 않거나 권위가 떨어져 사용하는 학교가 많지 않았다. 이것 자체도 현재 중국인을 위한 한국어 쓰기 교재에 대한 연구와 개발의 필요성을 시사해 주지 않을까 싶다.

대, 한국에서 발행된 한국어 쓰기 교재에서 통계결과, 연구결과와 같은 사실 논거를 사용한다는 내용이 있는데 중국인 한국어 학습자는 중국어 의론문을 배울 때 유명인의 의견을 인용하면 설득력이 있다는 것이 생각날 수도 있다. 그러면 유명인의 의견도 설득력이 있다고 생각해서 유명인의 의견을 인용하여 논증할 수도 있을 것이다. 문화 간 수사학에서도 L1과 L2의 차이에 대한 인식을 강조하고 있으며 제효봉(2015: 240)에서도 지향하는 쓰기 교육의 목표가 텍스트 구성 원리의 차이를 규명하여 유사비표준 현상을 근본적으로 해소하는 것에 있다고 밝혔다. 이를 통해 제2언어로서의 쓰기 교육에서 L1과 L2의 차이에 대한 규명과 인지가 매우 중요함을 알 수 있다. 그리고 중국에서 한국의 쓰기 교재를 도입하여 중국어로 번역하여 출판하기도 하는데 이는 중국인 한국어 학습자가 중국어와 한국어 논증적 글의 차이를 인식하는 데 도움이 될 수 있다고 여겨지겠지만 제효봉(2015: 243)에서 지적한 바와 같이 번역해서 출판된 한국의 쓰기 교재는 다언어권 학습자를 위한 교재의 번역본뿐이지 특정 언어권 학습자의 쓰기 문제를 해결하기 어렵다. 즉 이런 교재는 중국인을 위한 교재가 아니라 다언어권 학습자를 위한 범용 교재의 중국어 번역본일 뿐이다.

위의 논의를 통해 현재 중국에서 한국어 쓰기 교육의 위상이 상대적으로 낮고 논증적 글쓰기 교육은 중국어의 영향을 받았으며 필자와 독자의 상호작용적 측면을 소홀히 다루고 있다는 문제를 안고 있음을 알 수 있다. 그리고 현재의 글쓰기 교육은 다소 표현에 집중하고 있는 경향이 보이며 이런 내용은 정독 과목에서 다루어야 하고 쓰기 과목에서 다루어야 할 문제는 내용, 조직, 사회문화적 요소 등 글쓰기의 필수 요소와 서사, 설명, 논증 등 기능이다(김충실 · 이화자, 2014; 맹강, 2018). 또한 중국인을 위한 한국어 쓰기 교재가 부족하다는 문제도 있는데 이는 향후 중국인을 위한 쓰기 교재 개발을 중요한 과제로 제기한다.

2) '개입' 중심의 한국어 논증적 글쓰기 교육의 관점

쓰기 교육의 접근법 중에서 결과 중심 접근법, 과정 중심 접근법, 장르 중심 접근법이 가장 영향력이 있는 것으로 여겨지는데 이 3가지 접근법은 모국어나 제2언어 쓰기 교육에서 두루 사용되어 왔다. Ⅲ장에서 밝힌 바와 같이 중국인 한국어 학습자들이 '개입'을 잘 사용하지 못하는 것은 궁극적으로 중·한 논증적 글쓰기의 장르적 차이 때문이다. 중국인 한국어 학습자는 한국어 논증적 글쓰기의 장르적 특성, 중·한 논증적 글의 장르적 차이, 쓰기 목적에 대한 인식이 부족하고 중국인 한국어 쓰기 교수자도 한·중 논증적 글의 장르적 차이에 대한 인식이 부족하였다. 따라서 한국어 논증적 글의 장르적 특성을 학습자로 하여금 숙지해야 할 것이다. 이를 위해 장르 중심 쓰기 교육이 필요하다.

그리고 중국인 한국어 학습자의 독자 의식이 부족한 것으로 나타났는데 독자 의식이라는 것은 논증적 글쓰기의 전 과정에 영향을 미친다고 할 수 있다. 쓰기 과제를 받을 때부터 글을 완성할 때까지의 쓰기 과정을 학습자가 스스로 머릿속에서 문제를 해결하는 인지적 과정으로 볼 수 있다. 이런 인지적 절차는 민병곤(2004)에 의하면 '입장의 선택과 표현, 논거의 생성과 조직, 논거의 지지와 논증도식의 선택, 반대편을 고려한 논증, 언어 표현의 선택·수정·보완, 수사적 전략의 구사'가 포함되어 있다. 이런 절차 중에서 쓰기 전에 입장을 선택할 때 독자의 반대 입장도 고려해서 구조를 잡아야 하고 쓰는 중에도 자신의 주장을 펼쳐나갈 때 항상 독자의 가능한 반박을 고려해야 할 것이다. 그리고 쓰고 나서 점검을 할 때도 독자의 가능한 반박을 언급했는지, 잘 반박했는지 등을 점검해야 할 것이다. 이런 점을 고려하면 과정 중심 쓰기 교육도 필요하다.

결과 중심 접근법, 과정 중심 접근법, 장르 중심 접근법은 각자의 장단점이 있다. 배저와 화이트(Badger & White, 2000)에 의하면 결과 중심 접근법은 쓰기에 필요한 언어 지식과 모방 쓰기를 강조하지만 쓰기 과정과 학습자가 가지고 있는 지식과 기술을 중요시하지 못하고 과정 중심 접근법은 쓰기 기술과 쓰기 전 준비하기 단계를 매우 중요시하지만 모든 글쓰기가 같은 과정으로 하고 언어 지식과 같은 입력이 부족하며 장르 중심 접근법은 쓰기가 특별한 목적을 가지고 특정한 사회적 상황의 제약을 받고 모범 글에 대한 분석과 모방을 통해 쓰기 능력을 향상시킬 수 있다고 여겨지는데 쓰기 기술을 잘 중요시하지 않는다. 따라서 배저와 화이트(Badger & White, 2000)에서는 이 3가지 접근법을 통합하는 과정 장르적 모형(A process genre model of writing)을 제안하였다. 이 모형을 도식화하면 다음과 같다.

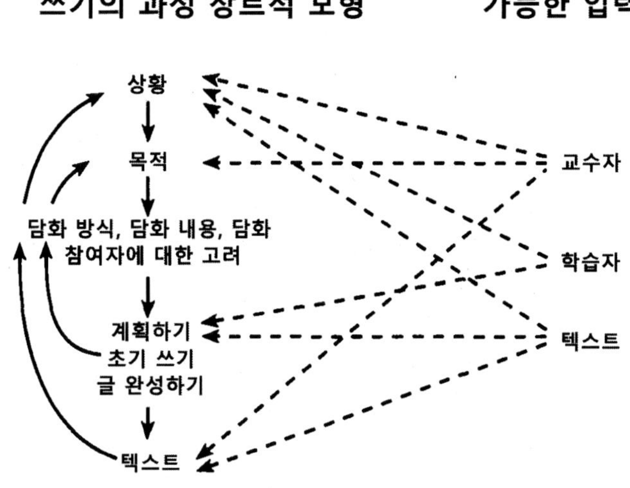

[그림 Ⅳ-1] 쓰기 교수의 과정 장르적 모형(Badger & White, 2000)

쓰기 교수의 과정 장르적 모형에서 교수자는 쓰기 상황(situation)을 강조하고 글쓰기의 목적과 이와 관련되는 사회적 맥락을 제시해 준다. 그 다음에 교수자는 담화 참여자(tenor), 담화 방식(mode), 담화 내용(field)[5]를 파악하게

5 'tenor', 'mode', 'field'에 대한 번역은 이주리애(2011: 160)에 참고한 것이다. 이주리애(2011: 160)에서는 이 용어들을 각각 테너, 모드, 필드로 음역하였지만 괄호를 붙여 각각 '담화 참

하도록 지도하고 이를 바탕으로 해당 장르의 어휘, 문법, 구조 등의 특성을 파악하게 되어 글쓰기에 적용하게 된다. 마지막으로 계획하기, 초고 쓰기, 수정하기 등 쓰기 기술을 활용하여 한 편의 글을 완성한다. 배저와 화이트(Badger & White, 2000)에서는 집을 판매하는 글을 예로 들어 설명하였다. 글을 쓰는 목적은 집을 판매하는 것이고 특정한 집단의 사람(담화 참여자)에게 호소해야 하고 특정한 정보(담화 내용)를 포함해야 하며 집을 묘사하는 방법(담화 방식)도 물론 포함되어야 한다. 그 다음에 어휘, 문법, 조직에 관한 지식을 활용하고 고쳐 쓰기와 교정하기와 같은 기술을 이용하여 상황에 맞는 집에 관한 글을 완성한다. 서로 다른 유형의 학습자에게 제공해 주는 입력도 서로 다르다. 어떤 장르에 대해 많이 알고 있는 학습자에게는 입력이 필요 없거나 많이 제공해 주지 않아도 될 것이며 특정한 독자에게 맞는 언어 지식을 모르는 학습자에게는 특정한 독자에게 맞는 언어 지식이나 기술을 제공해 줘야 한다. 과정 장르적 모형에서 쓰기는 언어 지식, 맥락 지식, 쓰기의 목적, 언어 사용의 기술 등을 포함하며 쓰기 능력의 습득은 학습자의 잠재력 개발과 입력 제공을 통해 이루어진다.

이외에 한국어 논증적 글쓰기는 중국인 한국어 학습자에게는 외국어 쓰기 교육이므로 제2언어 쓰기 교육의 관점도 반영해야 할 것이다. 따라서 문화 간 수사학적 접근이 필요하다. Ⅲ장에서 밝힌 바와 같이 중국인 한국어 학습자는 한국어 논증적 텍스트에서 '개입'을 적절하게 사용하지 못하는 것은 중국과 한국의 문화(대문화와 소문화)가 다르기 때문인 것이다. 따라서 중국인 한국어 학습자를 위한 '개입' 중심의 한국어 논증적 글쓰기 교육 내용을 설계할 때 문화 간 수사학적 접근을 반영해야 한다. 이를 통해 학습자들이 L1과 L2 텍스트의 차이, L1과 L2 쓰기의 차이를 이해하게 해야 할 필요가 있다.

여자', '담화 방식', '담화 내용'으로 설명하였다. 실제로 '담화 참여자', '담화 방식', '담화 내용'으로 번역하는 것은 가리키는 의미를 더 잘 드러낼 수 있어 본 연구에서는 이렇게 번역하기로 하였다.

3) '개입' 중심의 한국어 논증적 글쓰기 교육의 목표

본 연구는 한국어 논증적 글쓰기에서 필자와 독자의 상호작용에 초점을 맞추었기 때문에 교육을 통해 중국인 한국어 학습자의 독자 의식을 향상시켜 '개입'을 적절하게 사용하도록 해야 한다. 그리고 중국인 한국어 학습자들이 독자 의식이 부족하고 '개입'을 적절히 사용하지 못하는 것은 중 · 한 논증적 글의 장르적 차이에 대한 미숙지이다. 따라서 교육 목표에 한국어 논증적 글의 장르적 특성에 대한 이해도 포함시켜야 한다. 그러므로 '개입' 중심의 한국어 논증적 글쓰기 교육의 목표는 '한국어 논증적 글의 장르적 특성을 이해하고 독자 의식을 가지며 '개입'을 적절히 사용하여 논증적 글을 쓸 수 있다'로 기술할 수 있을 것이다. 이를 통해 궁극적으로 중국인 한국어 학습자가 논증적 글을 쓸 때 독자와의 상호작용적 능력을 향상시키는 데 목적이 있다. 이는 다음과 같이 표시할 수 있다.

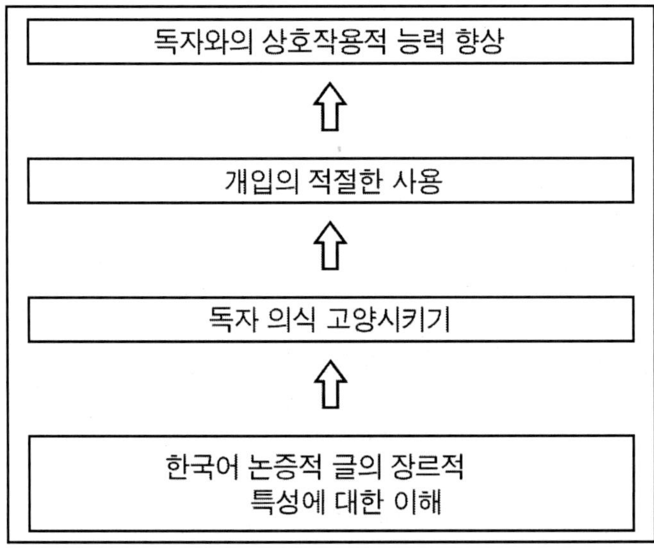

[그림 Ⅳ-2] '개입' 중심의 한국어 논증적 글쓰기 교육의 목표

[그림 Ⅳ-2]에서 보다시피 중국인 한국어 학습자의 독자와의 상호작용적 능력을 향상시키는 목표를 이루기 위해 우선 한국어 논증적 글의 장르적 특성을 이해해야 한다. Ⅲ장에서 논의했듯이 중 · 한 논증적 글의 장르적 차이는 중국인 한국어 학습자가 '개입'을 잘 쓰지 못하는 근본적인 원인이다. 따라서 '개입' 중심의 논증적 글쓰기 교육에서 우선 중 · 한 논증적 글의 장르적 차이를 숙지하게 하고 한국어 논증적 글의 장르적 특성을 이해하게 해야 한다.

한국어 논증적 글의 장르적 특성에 대한 이해를 바탕으로 중국인 한국어 학습자의 독자 의식을 고양시켜야 한다. 전술하였듯이 독자 의식이 부족하다는 것은 중국인 한국어 학습자가 '개입'을 적절하게 사용하지 못하고 독자와의 상호작용을 잘하지 못하는 직접적인 원인이다. 따라서 한국어 논증적 글의 장르적 특성을 이해하게 한 다음에 독자 의식을 고양시킬 필요가 있다.

중국인 한국어 학습자가 '개입'을 적절하게 사용하지 못하는 것은 중 · 한 장르적 차이와 한국어 논증적 글쓰기 교육의 부족, 독자 의식의 부족의 상호작용적 영향을 받았다. 그렇기 때문에 '개입'의 적절한 사용은 위와 같은 2단계를 기반으로 해야 한다. '개입'을 적절하게 사용하여 궁극적으로 독자와의 상호작용 능력을 향상시키는 목표를 이루게 한다. 다음에 이런 목표를 이루기 위해 교육 내용을 어떻게 구성되어야 하는지를 살펴보도록 한다.

2. '개입' 중심의 한국어 논증적 글쓰기 교육 내용

1) '개입' 중심의 한국어 논증적 글쓰기 교육 내용의 구성

'개입'을 중심으로 한 논증적 글쓰기 교육의 목표는 한국어 논증적 글의 특성을 이해하고 독자 의식을 가지며 '개입'을 적절하게 사용하여 논증적 글을 쓸 수 있다는 것이다. Ⅲ장에서 논의했듯이 중국인 한국어 학습자가 '개입'을 잘 쓰지 못하는 것은 중 · 한 논증적 글의 장르적 차이, 중 · 한 '개입' 사용의 차이, 중국어 논증적 글쓰기 교육의 영향을 받은 한국어 논증적 글쓰기 교육, 학습자 독자 의식의 부족에서 비롯되었다. 궁극적으로 이는 중 · 한 논증적 글의 장르적 차이로 인한 것으로 볼 수 있으며 독자 의식의 부족은 직접적인 원인으로 볼 수 있다. 따라서 '개입' 중심의 한국어 논증적 글쓰기 교육 내용을 구성할 때 '개입' 사용에 영향을 미치는 변인들을 고려하여 중 · 한 논증적 글의 장르적 차이, 독자 의식 고양, 그리고 '개입'의 적절한 사용을 포함해야 한다. 전술하였듯이 중 · 한 논증적 글의 장르적 차이는 주로 논증적 글의 개념, 구성 요소가 있는데 이런 것은 교육 내용에 포함시킬 필요가 있다. 그리고 독자 의식 고양의 경우, 전술하였듯이 중국인 한국어 학습자가 독자 의식이 부족하기 때문에 우선 독자 의식을 가지게 해야 한다. 그 다음에 목표하는 독자가 어떤 사람인지를 설정해야 하며 독자를 설득하기 위해 독자의 입장과 근거가 무엇인지를 알아야 한다. 따라서 독자 의식 갖기, 독자의 설정, 독자의 입장 고려 등을 다루어야 할 것이다. 물론 중 · 한 논증적 글의 장르적 차이와 독자 의식 고양은 Ⅲ장의 분석을 하지 않아도 충분히 구축할 수 있는 내용으로 보일 수가 있다. 하지만 중 · 한 논증적 글의 장르적 차이와 독자 의식의 부족은 중국인 한국어 학습자의 논증적 글쓰기 과정에 매우 중요한 영향을 미쳤기 때문에 '개입' 교육 내용을 마련하기 전에 우선 중 · 한 논증적 글의 장르적 차이와 독자 의식에 대한 이해가 필요하다. 즉 중 · 한 논증적 글의 장르적 차이에 대한 이해와 독자 의식 고양은 '개입' 교육의 전제가 될 수 있다. 이런 전제를 바탕으로 해야 '개입'의 교육 내용을 논의할 수 있다. 따라서 교육 내용은 일정한 절차에 따라 구성해야 한다. 본 연구에서는 3단계로 나누어 교육 내용을 구성하기로 하였다. 즉 1단계에서 중 · 한 논증적 글의 장르적 차이에 대한 이해가 필요하다. 2단계에서 이를 바탕으로 학습자의 독자 의식을 향상시켜야 한다. 1, 2단계를 토대로 실제로 한국어 논증적 글쓰기를 할 때 '개입'을 어떻게 사용하는지를 구체적으로 교육해야 한다.

Ⅲ장에서 중국인 한국어 학습자는 '개입' 사용의 다양성, 적절성, 그리고 '개입' 간의 결합 사용 능력이 부족한 것으로 분석되었다. 따라서 '개입'을 적절

하게 사용하여 논증적 글을 쓸 수 있다는 교육 목표를 이루기 위해 각 '개입'의 기능과 사용 상황, '개입' 간의 결합 사용을 강조해야 한다. 그리고 廖傳風(2011)에서는 실증적 연구를 통해 평가어를 가르치면 학습자의 쓰기 능력을 향상시킬 수 있다고 밝힌 바 있다. 따라서 각 '개입'을 이루는 표현도 교육 내용에 포함해야 한다.

그리고 문화 간 수사학의 관점에서 제2언어 쓰기 교육에 대해 카사나베(Casanave, 2004)에서는 L1 텍스트와 L2 텍스트의 차이, L1과 L2 쓰기 학습 경험, 구보타와 레너(Kubota & Lehner, 2004)에서는 L1과 L2 쓰기 학습 경험의 중요성을 강조하였고 또 쓰기 교육에서 잘 활용해야 한다고 주장하였다. 이런 내용을 통해 학습자들은 L1과 L2 텍스트의 차이와 모국어 쓰기와 제2언어 쓰기의 차이를 이해하고 파악할 수 있을 것이다. 한국어 논증적 글쓰기는 중국인 한국어 학습자에게는 외국어 쓰기이므로 이와 같은 문화 간 수사학적 접근법을 반영할 필요가 있다. 이런 관점에서 봐도 중 · 한 논증적 글의 장르적 차이는 꼭 교육 내용에 포함시켜야 한다. 중 · 한 논증적 글의 장르적 차이에 대한 정확한 이해와 파악은 중 · 한 논증적 글쓰기에서 '개입' 사용의 차이를 이해하는 기반이 될 수도 있다. 따라서 논증적 글쓰기에서 중 · 한 '개입' 사용의 차이도 중요한 내용으로 다루어져야 한다. 다시 말해 중국어 논증적 텍스트와 한국어 논증적 텍스트에서 '개입'의 차이, 특히 각 '개입' 사용의 차이, 개입 간의 결합 사용의 차이가 교육 내용에 포함시켜야 한다. 지금까지 논의한 바를 정리하면 다음과 같다.

〈표 Ⅳ-1〉 '개입' 중심의 한국어 논증적 글쓰기 교육 내용 구성

교육 절차	교육 내용	세부 내용
1단계	중·한 논증적 글의 장르적 차이	-중·한 논증적 글의 개념 비교 -중·한 논증적 글의 구성 요소 비교
2단계	독자 의식 고양	-독자 의식 갖기 -독자 설정 -독자의 입장 고려

3단계	'개입'의 사용	-각 '개입'의 기능과 사용 상황 -'개입' 간의 결합 사용 -중 · 한 '개입' 사용의 차이 -각 '개입'을 이루는 표현

2) '개입' 중심의 한국어 논증적 글쓰기 교육 내용의 상세화

(1) 중 · 한 논증적 글의 장르적 차이

전술하였듯이 중국인 한국어 학습자가 논증적 글쓰기에서 '개입'을 적절하게 사용하지 못한 것은 중 · 한 논증적 글의 장르적 차이의 영향을 많이 받았다. 따라서 논증적 글쓰기 교육을 할 때 1단계에서 우선 중 · 한 논증적 글의 장르적 차이를 이해시켜야 할 것이다. 중 · 한 논증적 글의 장르적 차이에 관한 교육 내용을 구성할 때 장르 중심 접근법을 반영해야 한다. 중 · 한 논증적 글의 장르적 차이에 관한 교육 내용은 크게 개념과 구성 요소 2가지 측면에서 살펴보아야 될 것이다.

중 · 한 논증적 글의 개념을 살펴보면, 중국의 논증적 글은 필자가 자신의 주장을 논증함으로써 반대 입장을 갖는 독자를 설득하는 글이다(夏丏尊 · 葉紹鈞, 2008: 655). 한국에서 논증적 글은 자신의 주장을 논리적으로 펼쳐나갈 뿐만 아니라 독자에 대한 설득을 목적으로 한다(민병곤, 2008: 113). 중 · 한 논증적 글의 개념을 보면 크게 다르지 않았으며 중국과 한국의 논증적 글의 개념에서 모두 독자를 설득하는 요소가 명확하게 드러나고 있다. 하지만 중국의 의론문은 다시 자신의 주장에 대한 논증에 초점을 맞추는 입론문과 타인의 주장에 대한 반박에 초점을 두는 박론문으로 나누어진다. 물론 입론과 박론이 모두 포함되는 의론문도 있겠지만 한 가지만 포함되는 것이 대부분이고 중국에서 의론문이라면 입론문을 가리키는 경우가 많다. 한국어 논증적 글은 입론은 물론이고 박론도 포함되는 글로 볼 수 있다. 그리고 논증적 글을 독자를 설득하는 글로 정의하면 예상 반론에 대한 반박은 꼭 포함되어야 한다고 생각될 수도 있다. 그러나 앞에서 언급한 바와 같이 중국에서 충실한 근거로 자신의 주장의 합리성을 충분히 증명했으면 예상 독자를 설득한 것으로 생각되는 경향이 있다.[6] 즉 비록 개념만을 보면 별 차이가 없지만 실제로 개념에 담겨 있는 의미는 큰 차이를 보인다. 이러한 개념의 차이는 한국어 논증적 글쓰기 교육에서 포함시켜야 할 내용이다.

구성 요소의 경우, 전술하였듯이 중국어 논증적 글은 논점, 논거, 논증으로 구성되며 한국어 논증적 글은 주장, 근거, 반론 수용과 반박으로 구성된다.[7] 주장, 근거는 중 · 한 논증적 글의 공통 요소이지만 반론 수용과 반박은 중국의 의론문에는 부재하는 요소이고 한국어 논증적 글에는 필수 요소이다. 반론 수용과 반박이 무엇이고 왜 포함해야 하며 논증적 글에 어떻게 반영해야 하는 것은 교육 내용에 포함시켜야 할 것이다. 윌리엄스와 콜럼(Williams & Colomb, 2007, 윤영삼 역, 2008: 519)에 의하면 반론 수용과 반박은 '예상할 수 있는 대안 · 반론 · 비판에 대해 반박하는 것'이다. 의문, 한정, 대안적 관점을 반박하기 위해 별도의 이유와 근거를 제시하면 독자는 이런 글을 사려 깊은 논증이라고 판단하며 반론 수용과 반박은 사려 깊은 논증에서 없으면 안 되는 근본 요소이다(Williams & Colomb, 2007, 윤영삼 역, 2008: 294, 519). 반론 수용과 반박은 먼저 가능한 반론을 제시하고 자신의 반박을 제시하고 이를 뒷받침하기 위한 근거를 제시해야 한다. 중국인 한국어 학습자는 이에 대한 이해가 필요하다.

그리고 중국인 한국어 학습자가 한국어 논증적 글쓰기의 근거와 중국의

---

6 한편으로 조인옥(2017: 16)에 의하면 논증적 텍스트에서 자기의 입장을 피력하면서 다른 사람의 관점을 논박하게 되지만 중국의 의론문에서 '논박'은 상대 입장에 대한 반박이 아니라 상대 입장과의 구별에 초점을 맞춘다.

7 윌리엄스와 콜럼(Williams & Colomb, 2007; 윤영삼 역, 2008)에서 밝혔듯이 전제는 항상 논증적 텍스트에 나오는 것이 아니다. 그리고 윌리엄스와 콜럼(Williams & Colomb, 2007; 윤영삼, 2008)에서 이유와 근거를 구별하여 사용하였지만 실제로 학습자에게 과연 이유와 근거의 차이를 가르쳐야 하는지는 재검토의 필요가 있다. 따라서 본 연구에서는 이유와 전제를 제시하지 않기로 하였다.

논증적 글쓰기의 근거의 유형이 어떤 공통점과 차이점이 있는지도 파악하도록 지도해야 한다. 전체적으로 보면 중국 의론문의 논거의 범위가 더 넓기 때문에 중국에서만 사용하고 한국이라는 담화공동체에서 설득력이 떨어지는 논거에 특히 주의를 기울여야 한다. 이를테면, 중국에서는 당과 정부의 정책, 결의, 당과 국가 고위 지도자의 의견은 모두 근거로 활용될 수 있는데 한국에서 이런 근거를 잘 사용하지 않을 것이다. 그리고 중국에서 시, 명언, 명구, 속담 등 고전을 근거로 활용하는 경향이 강하고 고전을 인용하지 않으면 논설문이 되지 못할 정도이지만(蔡基剛, 2001: 63) 한국에서는 이런 경향이 없고 이보다 연구결과, 통계 자료 등을 더 선호하는 경향이 보인다. 그리고 중국과 한국에서 모두 '의견 논거'를 사용하지만 구체적으로 살펴보면 알 수 있듯이 중국에서 유명인(해당 분야의 전문가 여부는 막론하고)의 의견을 잘 인용하여 근거로 사용하지만 한국에서는 해당 분야의 전문가나 경험자의 의견을 인용하는 경향이 있다. 지금까지 논의한 것을 표로 정리하면 다음과 같다.

〈표 Ⅳ-2〉 중·한 논증적 글의 장르적 차이의 교육 내용

개념	- 중: 필자가 자신이 주장하는 판단을 논증함으로써 반대 입장을 갖는 독자를 설득하는 글로 입론문과 박론문 포함한다. ► 입론문: 근거를 들어 자신의 주장을 논증하고 보통 반대 입장에 대한 고려를 하지 않는다. ► 박론문: 근거를 들어 자신의 입장과 다른 주장을 반박한다. - 한: 자신의 주장을 펼쳐나가며 독자를 설득하는 글로 중국의 입론문과 박론문을 모두 포함하고 자신의 입장의 타당성에 대한 논증은 물론이고 반대 입장에 대한 반박도 반드시 포함해야 한다.
구성 요소	- 중: 논점, 논거, 논증 - 한: 주장, 근거, 반론 수용과 반박 - 반론 수용과 반박의 이해, 방법 ► 반론 수용과 반박은 왜 필요한가? 반론 수용과 반박은 사려 깊은 논증의 필수적 근본 요소이다. ► 반론 수용과 반박은 무엇인가? 예상할 수 있는 대안 · 반론 · 비판에 대해 반박하는 것이다. ► 반론 수용과 반박은 어떻게 해야 하는가? 가능한 반론을 제시하고 이에 대한 반박을 한 후 자신의 반박을 뒷받침하는

구성 요소	근거를 제시한다. - 중 · 한 논증적 글 근거의 차이 ► 공통 근거 실험 결과, 통계 자료, 문헌 자료, 과학적 법칙, 전문가 의견, 상식적 사실 ► 중국에서 설득력이 있지만 한국에서 설득력이 약한 근거 당과 정부의 정책, 결의, 당과 국가 고위 지도자의 의견, 각종 논저의 철학적 격언, 속담과 유명한 시구 ► 근거 인용 출처에 따른 신뢰도 인식 차이 중국에서는 역대 정치가, 사상가, 문학가, 그리고 유명인의 의견도 설득력이 있지만 한국에서는 보통 해당 분야의 전문가 혹은 경험자의 의견이 설득력이 있다.

(2) 독자 의식 고양시키기

전술하였듯이 중국인 한국어 학습자가 독자 의식이 부족하기 때문에 독자 의식을 고양시킬 필요가 있다. 위에서 논의된 중 · 한 논증적 글의 장르적 차이에 대한 이해를 기반으로 2단계에서 어떤 문제에 대해 다양한 입장이 있다는 것을 인식하게 해야 한다. 같은 이슈에 대한 입장이 찬성, 반대, 중립 등 다양할 수 있으며 논증적 글을 쓸 때 다양한 입장을 갖는 사람을 염두에 두고 또 텍스트에 도입하여 논증을 구축하도록 해야 한다. 학습자들의 독자 의식을 고양시키기 위해 왜 독자 의식을 가져야 하는지에 대한 이해도 필요할 것이며 이는 중 · 한 논증적 글쓰기의 장르적 차이에 기반을 둬야 한다. 즉 한국어 논증적 글쓰기는 독자를 설득하는 목적을 이루기 위해 예상 반론에 대한 반박이 중요하기에 독자에 대한 고려가 필요한 것이다. 그리고 독자에 대한 인지도 필요할 것인데 즉 독자는 어떤 유형으로 나누어질 수 있는가이다. 페럴만(Perelman, 1969)에서는 보편 청중과 특수 청중으로 나누었고 최영인(2014)에서는 청중의 입장에 따라 반대하는 입장, 지지하는 입장, 무입장으로 나누었다. 따라서 논증적 글의 독자는 보편독자일 수도 있고 어떤 특정한 집단일 수도 있다. 그리고 필자와 같은 입장을 갖는 독자도 있고 필자와 다른 입장을 갖는 독자도 있고 입장이 없는 독자도 있을 수 있다. 중국인 한국어 학습자는 이에 대한 인식을 강화할 필요가 있다.

독자 의식 고양의 교육 내용 구성은 과정 중심 접근법을 적용해야 하며 글쓰기의 주제를 볼 때부터 '입장의 선택과 표현, 논거의 생성과 조직, 논거의 지지와 논증도식의 선택, 반대편을 고려한 논증, 언어 표현의 선택·수정·보완, 수사적 전략의 구사'(민병곤, 2004) 전 과정에 거쳐 독자 의식을 가져야 한다.

글을 쓰기 전에 독자를 설정해야 한다. 논제를 받으면 자료를 검색하여 자신의 입장을 결정해야 한다. 자신의 입장을 결정한 후에 예상 독자를 설정해야 한다. 즉 나의 독자가 어떤 사람인지, 글을 쓰는 목적은 보편 독자에 대한 설득을 목표로 하는지, 어떤 특정 집단에 대한 설득을 목표로 하는지, 독자는 나와 어떤 공유 지식을 갖고 있는지, 독자의 관심이 무엇인지, 특히 나와 입장이 다른 독자가 어떤 주장을 갖고 있을지, 어떤 근거들을 제시할 수 있을지 등에 대한 고려가 필요하다.

독자 설정을 위해 읽기 자료와 각종 활동을 제시할 필요가 있다. 예컨대, 본 연구에서 한국어 쓰기 과제의 주제는 '조기 외국어 학습'인데 논증적 글쓰기 교육에서 이에 관한 읽기 자료를 제시할 수 있다. 우선 '조기 외국어 학습'의 현황에 관한 자료를 제시할 수 있다. 이런 자료를 통해 학습자들은 조기 외국어 학습의 배경, 실태, 발전 추세 등을 파악할 수 있을 것이다. 그 다음에 '조기 외국어 학습'에 대한 입장이 다른 글을 제시할 수 있다. 이를 통해 학습자는 같은 문제에 대해 서로 다른 입장이 존재하고 각 입장의 근거가 무엇인지를 알 수 있다. 특히 자신의 입장과 다른 사람이 어떤 생각을 가지고 있는지, 공유하고 있는 지식이 무엇인지를 알 수 있다. 이를 바탕으로 토론을 할 수 있다. 즉 '조기 외국어 학습'에 대해 학습자들의 주장과 근거가 무엇인지를 들어보고 서로의 주장과 근거에 대한 반박을 통해 자신과 다른 입장을 가지고 있는 사람이 있다는 것을 더 깊이 있게 이해할 수 있다. 이와 같이 읽기 자료와 활동의 제시는 학습자의 독자 의식 고양시키는 데 도움이 될 것으로 예상된다.

글을 쓰는 중에는 항상 독자를 염두에 두며 논증을 전개해야 한다. 쓰기

후에는 글 전체를 점검할 때 독자 고려를 충분히 하였는지, 독자가 다른 반론을 제시할 수 있는지를 점검해야 한다. 그리고 동료 피드백 활동을 통해 독자들이 자신의 입장과 근거에 대해 어떻게 생각하고 있는지를 알게 된다. 이를 다시 고려하여 글을 수정할 수 있다. 물론 쓰기 전, 중, 후 3단계에서 독자에 대한 고려는 그냥 순서대로 진행되는 것이 아니며 쓰는 중에도 다시 쓰기 전 단계에 돌아가서 독자의 입장에 대한 자료를 검색할 수 있다. 지금까지 논의한 독자 의식 고양에 관한 교육 내용은 다음과 같이 제시할 수 있다.

〈표 Ⅳ-3〉 독자 의식 교육 내용의 상세화

기본 내용	- **독자 의식 갖기** 쓰기 전 과정 독자 의식을 가지며 독자의 반응을 고려한다. - **독자 유형에 대한 인식** 보편독자, 특수독자, 나와 입장이 같은 독자, 나와 입장이 다른 독자, 입장이 없는 독자
쓰기 과정 중심 독자 의식 고양	- **쓰기 전: 독자 설정** ► 독자가 보편독자인지, 특수독자인지, 독자의 입장이 무엇인지, 독자가 입장을 뒷받침하는 근거가 무엇인지, 독자가 나와 어떤 공유 지식을 갖고 있는지, 독자의 관심이 무엇인지 등을 고려해야 한다. ► **제시 자료**: 글쓰기 주제에 관한 현황 소개 자료, 입장이 다른 글 ► **활동**: 토론하기 - **쓰는 중** 독자를 염두에 두고 논증을 전개한다. 자신의 논증에 대해 독자가 어떤 반박을 제시할 수 있는지를 항상 염두에 둔다. - **쓰기 후** ► 글 전체를 점검하고 독자 고려를 충분히 하였는지, 독자가 다른 반론을 제시할 수 있는지를 검토한다. ► **활동**: 동료 피드백

(3) 개입의 사용

중 · 한 논증적 글의 장르적 차이와 독자 의식 고양은 '개입' 교육을 위한 기반으로 볼 수 있다. 이런 기반을 가져야 3단계에서 '개입'의 교육 내용을 구성할 수 있다. 전술하였듯이 '개입'의 적절한 사용을 위해 각 '개입'의 기능과 사용 상황, '개입' 간의 결합 사용, 중 · 한 '개입' 사용의 차이, 각 '개입'을 이루는 표현을 교육 내용에 포함시켜야 한다. 우선 '단성적 목소리'와 '다성적 목소리'에 대한 인식이 필요하다. '단성적 목소리'는 타인의 의견을 참고하지 않고 자신의 의견만 말하는 것으로 '자신의 목소리'이다. 이에 비해 '다성적 목소리'는 타인의 의견을 제시하는 것으로 '다른 사람의 목소리'이다. 이를 바탕으로 해서 '단성적 목소리'와 '다성적 목소리'의 교육 내용을 구성해 보도록 한다.

우선, 전체적으로 보면 중국인 한국어 학습자들이 '단성적 목소리'를 지나치게 많이 사용하는 경향이 있기 때문에 어떤 문제에 대해 다양한 목소리가 있고 논증적 글을 쓸 때 저자의 목소리만 하지 말고 다양한 외부의 목소리를 텍스트에 도입하는 것이 좋고 '개입'을 보다 다양하게 사용하는 것이 좋다는 것을 인식하게 해야 할 것이다. 저자의 목소리를 지나치게 많이 사용하면 일방적으로 논증을 전개하는 것이 되기 쉽고 다양한 목소리를 텍스트에 도입하면 텍스트에 다성적 배경을 구축해서 더욱 객관적이고 대화적이며 독자에 대한 고려가 충분해 보인다. 글쓰기 전에 자료 검색을 통해 어떤 이슈에 관한 다양한 목소리를 파악하도록 지도할 필요가 있다. 물론 '단성적 목소리'를 사용하지 말아야 하는 것은 아니다. '단성적 목소리'도 논증적 텍스트에서 중요한 역할을 할 수 있고 '단성적 목소리'를 사용할 때 '다성적 목소리'와 결합해야 한다. 아래에서 '단성적 목소리'와 '다성적 목소리'의 교육 내용을 살펴보자.

① 단성적 목소리

'단성적 목소리'는 '상호텍스트적 가정', '근거 기반 가정', '내러티브', '개인적 단언'으로 구성된다. 중국인 한국어 학습자는 '상호텍스트적 가정'과 '개인적 단언'을 지나치게 많이 사용하였고 '근거 기반 가정'을 상대적으로 덜 사용하였다. '내러티브' 사용에서 중국인 한국어 학습자와 한국어 모어 화자는 크게 다르지 않았다.

'상호텍스트적 가정'은 객관 사실과 공유 지식으로 나누어지는데 공유 지식은 객관 사실처럼 모든 사람이 인정하고 부정할 수 없는 것이 아니기 때문에 공유 지식보다 객관 사실이 더욱 설득력이 있다. 따라서 공유 지식보다 객관 사실을 많이 사용하는 것이 좋다. '상호텍스트적 가정'은 논증을 전개하기 위한 배경을 제시하는 기능과 '근거 기반 가정'이나 '공표', '반대'를 지지하기 위한 근거를 제시하는 기능이 있다. 주장을 제시하고 논증을 전개하기 전에 우선 '상호텍스트적 가정'으로 해당 이슈에 관한 일반적 배경을 제시하고 화제 도입의 역할도 할 수 있다. 그리고 '근거 기반 가정'이나 '공표', '반대'로 주장을 제시할 때 '상호텍스트적 가정'은 그것들을 지지하기 위한 근거를 제시하는 역할을 할 수 있다. 근거로 제시될 때는 객관 사실을 사용하는 것이 더욱 설득력이 있다. 위와 같이 중국인 한국어 학습자가 '상호텍스트적 가정'을 적절하게 사용하도록 지도해야 한다.

그리고 양적 측면에서 중국인 한국어 학습자는 '상호텍스트적 가정'을 지나치게 많이 사용하는 경향이 있기 때문에 '상호텍스트적 가정'의 과다 사용을 피해야 한다. 그리고 한국에서 중국과 달리 다소 공유 지식보다 객관 사실을 많이 사용하며 근거 제시보다 배경 제시의 기능을 더 많이 사용하는 경향이 있다. 이와 같은 내용도 교육 내용에 포함시킬 필요가 있다.

'근거 기반 가정'은 중국인 한국어 학습자들이 덜 사용하는 것이다. 따라서 우선 중국인 한국어 학습자가 '근거 기반 가정'을 보다 많이 쓰도록 격려해야 한다. '근거 기반 가정'은 논증적 텍스트에서 핵심 주장을 지지하기 위한 하위 주장을 제시하거나 제시된 자료에 대한 필자의 평가를 하는 역할을 수행한다. 특히 주장을 제시하는 경우 다른 '개입'과의 결합 사용을 중요한 교육 내용으로 다루어야 한다. '근거 기반 가정'은 기본적으로 '상호텍스트적 가정'과 '승인', 그리고 '가능성 평가'의 지지를 받는다. 비록 '상호텍스트적 가정'과 가능성 평가도 근거 제시의 역할을 할 수 있지만 연구결과, 통계결과, 보고서 등 객관 자료가 더 설득력이 있다. '상호텍스트적 가정'과 '가능성 평가'에 대해 독자는 인정하지 않고 다른 입장을 갖고 있을 수도 있기 때문이다. 그리고 중국인 한국어 학습자의 작문에서 '근거 기반 가정'과 그것을 지지하기 위한 개입이 서로 관련성이 약하거나 '근거 기반 가정'을 지지하는 '개입'이 없는 경우도 있었다. 따라서 교육에서 '근거 기반 가정'과 '승인', '가능성 평가', 그리고 '상호텍스트적 가정'의 관련성을 강조해야 한다.

평가하기 기능의 경우, 중국인 한국어 학습자가 자료에 대한 분석이나 평가를 하는 능력이 부족해 보이며 어떻게 자료에 대해 분석 혹은 평가를 하는지를 교육해야 할 것이다. 즉 기술된 내용에 대해 글의 주제와 관련하여 자신의 의견을 어떻게 드러낼 수 있는지를 지도해야 한다.

'내러티브'는 중국인 한국어 학습자와 한국어 모어 화자의 논증적 글에서 주로 주장을 지지하기 위한 근거로 사용하였으며 많이 사용하는 편이 아니었다. Ⅲ장에서 밝혔듯이 적절한 서사논증이 되기 위하여 한 개인의 개별적 사례는 보편성과 전형성을 갖춰야 가능하다는 전제가 있고 한국어 학습자로서 한국이 아닌 자국에서 경험한 사례는 한국에서 보편적으로 받아들여지는 데 무리가 있을 것이며 서사논증만으로 논거 확립이 어렵다(조인옥, 2017: 32). 그리고 사회적 공론의 과정이나 추론 없이 개인적 경험 혹은 지식만으로 성공적인 논증을 하기가 어렵다(민병곤, 2004: 226). 중국인 한국어 학습자는 이에 대한 이해가 필요하다. 이에 대한 이해를 바탕으로 '내러티브'의 사용을 지양함을 인식하게 할 필요가 있다.

'개인적 단언'은 근거의 지지를 받지 않기 때문에 논증적 텍스트의 객관성을 떨어뜨릴 수 있어 사용하지 말아야 하는 것이다. 중국인 한국어 학습자들이 '개인적 단언'을 독자와의 공유 지식이나 자신의 판단으로 인식하고 논증적 텍스트에서 근거 제시나 배경 제시의 역할을 한다고 생각하기 때문에 개인적 단언에 대한 바른 이해가 필요하다. 한국어 논증적 글은 격식적이고 객관적인 논증을 요구하며 독자와의 상호작용을 매우 강조하는 특성이 있다. 중국에서는 신문 사설과 같은 격식적이고 엄밀한 논증을 요구하는 논증적 글도 있고 다소 엄밀한 논증을 요구하지 않는 논증적 글도 있다. 중국의 대학 입시 글쓰기는 후자의 대표적인 예로 볼 수 있다. 중국의 대학 입시 글쓰기는 보통 주제만 제시하고 장르를 한정하지 않지만 논증적 글을 쓰는 학생이 대다수일 것이다. 대학 입시 논증적 글쓰기는 논증의 성격을 띠고 있는 서정(抒情) 산문이 아닐까 싶다. 즉 설득보다는 자신의 주장과 감정을 잘 표현하는 점에 집중하는 것이다. 중 · 한 논증적 글의 특성의 차이를 고려하면 중국인 한국어 학습자는 한국어 논증적 글의 객관성과 격식성에 대한 이해가 필요하며 이를 기반으로 '개인적 단언'에 대한 인식을 강화하며 사용하지 말아야 함을 교수해야 한다.

위의 논의를 요약한다면 '상호텍스트적 가정'의 과다 사용, '내러티브'와 개인적 단언의 사용을 피해야 하며 '근거 기반 가정' 사용을 격려해야 한다. 그리고 질적으로는 '상호텍스트적 가정'의 배경 제시, 근거 제시 기능과 사용 상황, '근거 기반 가정'의 평가하기, 주장하기 기능과 사용 상황을 교육 내용에 포함시켜야 한다. 이를 다음 표와 같이 정리할 수 있다.

〈표 Ⅳ-4〉 '단성적 목소리' 교육 내용의 상세화

단성적 목소리	교육 내용
상호텍스트적 가정	- **분류** 공유 지식, 객관 사실 - **사용 상황과 기능** ► 논증 전개를 위한 배경을 제시한다. ► '근거 기반 가정', '공표', '반대' 등 '개입'을 뒷받침하는 근거를 제시한다. - **중 · 한 '상호텍스트적 가정' 사용의 차이** 한국에서 공유 지식보다 객관적 사실 정보를 선호하고 근거 제시보다 배경 제시의 기능을 많이 사용하는 경향이 있다. - **유의점** ► 과다 사용을 지양해야 한다. ► 공유 지식보다 객관적 사실 정보를 많이 사용하는 것이 좋다.
근거 기반 가정	- **사용 상황과 기능** ► 하위 주장을 제시한다. ► 제시된 내용에 대한 필자의 평가를 제시한다. - **다른 '개입'과의 결합 사용** ► '근거 기반 가정'+'승인' ► '근거 기반 가정'+'상호텍스트적 가정' ► '근거 기반 가정'+'가능성 평가' - **유의점**

	►'근거 기반 가정'을 지지하기 위한 '승인', '상호텍스트적 가정', '가능성 평가'를 제시해야 한다. ►'근거 기반 가정'과 그것을 지지하는 '개입'이 밀접한 관련이 있어야 한다.
내러티브	'내러티브'로는 논거 확립이 어렵다는 점을 이해하고 '내러티브'의 사용을 지양해야 한다.
개인적 단언	- **개념** '개인적 단언'은 근거 없는 주관적인 것이다. - **유의점** ►'개인적 단언'에 대한 이해와 인식이 필요하다. ►'개인적 단언'은 너무 주관적이기 때문에 설득력이 없고 한국어 논증적 글의 객관성과 격식성에 맞지 않으므로 '개인적 단언'의 사용을 지양해야 한다.

② 다성적 목소리

가. 대화적 공간 확대

'다성적 목소리'는 '대화적 공간 확대'와 '대화적 공간 축소'로 나누어지는데 '대화적 공간 확대'는 다시 '판단유보'와 '객체화'로 나뉠 수 있다. 우선 Ⅲ장에서 밝혔듯이 '판단유보'를 사용할 때 중국인 한국어 학습자는 한국어 모어 화자와 달리 '정보의 신뢰성'에 초점을 맞추었다. 즉 대화적인 관점에서 사용한 것이 아니라 단지 기술된 내용에 대한 확신이 없어서 '판단유보'를 사용하였다. 따라서 '판단유보'를 대화적 관점에서 사용하는 것에 대한 이해가 필요하다. 즉 '정보의 신뢰성'에 대해 확실하지 않아서 사용하는 것이라기보다 제시된 명제가 단지 여러 가지 가능성 중의 하나이며 예상 독자들이 다른 가능성을 제기할 수도 있다는 것이다. 이에 대한 이해를 토대로 양적, 질적 사용을 지도해야 한다.

'판단유보'는 '가능성 평가'와 '개인 관점'을 포함한다. '가능성 평가'는 논증적 텍스트에서 주로 주장하기, 배경 제시, 근거 제시, 평가하기 기능을 사용하는데 특히 주장하기는 한국어 논증적 텍스트에서 가장 많이 사용되는 기능이다. 이렇게 '가능성 평가'로 주장을 표현하는 것은 주장을 완화하고 독자의 거부감을 약화시키는 효과를 거둘 수 있다. 그리고 '가능성 평가'를 통해 이어서 전개할 논증을 위한 배경을 제시할 수도 있다. 근거 제시나 평가하기는 한국어 논증적 텍스트에서 많이 사용되지 않는 기능이다. 이와 달리 한국어 학습자는 근거 제시의 기능을 가장 많이 사용하였다. 따라서 교육에서 이런 차이에 대한 인식을 강조해야 할 것이다. 그리고 '가능성 평가'는 주로 Ⅱ장에서 김병건(2016ㄱ: 48)에서 제시한 가능성 표현으로 이루어진다.

'개인 관점'의 경우, 한국어 논증적 텍스트에서는 많이 사용하지 않고 주장을 완화하게 표현할 때만 사용하였지만 중국인 한국어 학습자는 주장 제시는 물론이고 근거 제시할 때도 '개인 관점'을 사용하였다. 따라서 한국어 논증적 텍스트에서 '개인 관점'으로 근거 제시를 잘 하지 않는 것을 강조할 필요가 있다. '개인 관점'은 주로 '-ㄴ/는다고 생각하다/보다/믿다' 등 표현으로 이루어진다. '판단유보'의 교육 내용은 다음과 같이 정리할 수 있다.

〈표 Ⅳ-5〉 '판단유보' 교육 내용의 상세화

판단유보	교육 내용
가능성 평가	- **기본 기능 인식** '정보의 신뢰성'보다는 제시된 명제가 단지 여러 가능성 중의 하나이며 다른 가능성도 존재함을 표시한다. - **사용 상황과 기능** ► 주장을 완화하여 표현한다.(상용 기능) ► 논증 전개나 '반대'를 위한 배경을 제시한다. ► '근거 기반 가정', '공표', '반대' 등을 위한 근거를 제시한다.
개인 관점	- **기본 기능 인식** 제시된 명제가 단지 여러 가능성 중의 하나이며 다른 가능성도 존재함을 표시한다. - **사용 상황과 기능** 주장을 완화하게 표현한다. - **유의점** ► 근거를 제시하는 데 사용하지 말 것. ► 과다 사용하지 말 것.

'객체화'의 경우, '인정'은 주로 외부의 목소리를 텍스트에 도입하고 논증을 전개하기 위한 배경을 제시하는 역할을 한다. 이는 한국어 모어 화자와 중국인 한국어 학습자의 논증적 텍스트에서 모두 많이 사용되지 않았지만

이와 같은 외부적 목소리를 도입하여 논증 전개를 위한 배경을 제시하면 텍스트를 위한 다성적 배경을 구축했기 때문에 좋은 효과를 거둘 수 있을 것이다. 대부분 작문에서 '상호텍스트적 가정'으로 논증을 위한 배경을 제시하였지만 그보다 '인정'으로 외부의 목소리를 도입하여 논증 배경을 제시하는 것은 다성적 배경 구축에 더욱 좋을 수도 있다. '거리'는 주로 저자의 입장과 다른 입장을 텍스트에 도입할 때 사용한다. 즉 예상 반론을 언급할 때 사용한다. 거리는 가능성과 같이 사용하기도 하는데 완화하는 역할을 할 수 있다. 김병건(2016ㄱ: 50-54)에 의하면 '인정'과 '거리'를 이루는 표현으로는 'X에 따르면/의하면', '-고 하다/주장하다/지적하다', '-는 것으로 보다/알려지다/전해지다', '-는 관측이 나오다'/'-는 소문이 나오다' 등이 있다. 그리고 '거리'는 중국의 논증적 텍스트에서 잘 사용되지 않고 또한 중국인 한국어 학습자는 거의 사용하지 않은 것으로 나타나 어떻게 사용하기에 못지않게 사용하는 의식을 향상시키는 것도 중요하다. 이는 앞서 논의한 중 · 한 논증적 글의 장르적 차이와 독자 의식 고양시키기와 결합하여 교수하면 효과적일 것이다. '객체화'의 교육 내용은 다음과 같이 정리할 수 있다.

〈표 Ⅳ-6〉 '객체화' 교육 내용의 상세화

객체화	교육 내용
인정	- **사용 상황과 기능** 타인의 목소리를 도입하고 논증을 위한 배경을 제시하여 텍스트의 대화성을 높일 수 있다.
거리	- **사용 상황과 기능** 독자 고려로서 예상 반론을 언급할 때 사용한다. - **다른 '개입'과의 결합 사용** '가능성 평가'와 결합하여 사용해 완화하는 효과를 거둘 수 있다. - **중 · 한 '거리' 사용의 차이** 중국어 논증적 글에서 '거리'를 잘 사용하지 않지만 한국어 논증적 글에서 예상 반론을 제시해야 하기 때문에 '거리'를 잘 사용한다.

김병건(2016ㄱ: 50-54)에 의하면 '객체화'를 이루는 표현은 다음 표와 같이 제시할 수 있다.

〈표 Ⅳ-7〉 '객체화'를 이루는 표현(김병건, 2016ㄱ: 50-54)

객체화 표현	• '-고 강조하다/말하다/주장하다/밝히다/...' • '-는/을 것으로 보다/알려지다/전해지다/예상하다/전망하다/...' • '-는 관측/말/목소리/분석/소문/얘기/예상/예측/우려/의혹/전망/지적/평가/해석/... 나오다/있다/많다/...' • 'X에 따르면/의하면/...'

〈표 Ⅳ-7〉에서 보듯이 '객체화'를 이루는 표현은 매우 다양하다. 물론 이와 같은 표현을 모두 가르칠 필요는 없을 것이고 한국어 논증적 텍스트에서 많이 사용되는 것만을 가르쳐도 괜찮을 것이다. 궁극적으로 이런 표현을 다양하게 사용하기보다는 외부의 목소리를 텍스트에 도입하여 논증을 구축하는 것이 더욱 중요하기 때문이다.

나. 대화적 공간 축소

'대화적 공간 축소'는 '선언'과 '부인'으로 나누어진다. '선언'의 경우, '동조'는 논증적 텍스트에서 반대 입장을 제시하는 데 사용하며 '가능성 평가'와 같이 사용하면 완화하는 효과를 거둘 수 있다. 그리고 중국인 한국어 학습자는 '동조'를 거의 사용하지 않았기 때문에 '동조' 사용의 의식을 강화해 줄 필요가 있으며 '동조'를 표시하는 표현도 교육 내용에 들어가야 한다. '동조'는 주로 '물론...', '-기도 하다'와 같은 표현으로 이루어진다.

'승인'의 경우, '승인'은 주로 '근거 기반 가정', '공표', '반대', '부정' 등을 지지하기 위해 근거를 제시하는 역할을 한다. 그리고 중 · 한 논증적 텍스트의 '승인'이 서로 다르기 때문에 중국식 '승인'을 지양하고 연구결과, 보고서 등과 같은 객관 자료를 인용해야 한다. 또한 중국인 한국어 학습자는 '승인'을 사용할 때 출처를 밝히지 않았으며 주장과 관련이 약한 경우도 있었다. 따라서 '승인'을 사용할 때 반드시 출처를 밝혀 인용해야 하고 또한 지지하는 주장과 밀접한 관련이 있어야 한다. 마지막으로 중국인 한국어 학습자들이 '승인'을 많이 사용하지 않았으므로 '승인'을 사용하는 의식을 고양시켜야 한다. 김병건(2016ㄱ: 44-45)에 의하면 '승인'을 이루는 표현으로는 'X에 따르면/의하면/

따라', 'X는 ... -ㄴ/는다고 하다/주장하다/밝히다' 등을 들 수 있고 '객체화'를 이루는 표현과 유사하다.

'공표'는 주로 강력히 자신의 주장을 제시할 때 사용하는데 중국인 한국어 학습자가 한국어 모어 화자와 비슷하게 사용하였다. '공표'는 필자의 주장을 강력히 표현하기 때문에 '공표'를 사용할 때 이를 지지하기 위한 근거를 함께 제시해야 함을 인식하게 해야 한다. 지금까지 논의된 '선언'의 교육 내용은 다음과 같이 정리할 수 있다.

〈표 Ⅳ-8〉 '선언' 교육 내용의 상세화

선언	교육 내용
동조	- **사용 상황과 기능** 예상 반론을 언급할 때 사용한다. - **다른 '개입'과의 결합 사용** '가능성 평가'와 결합하여 사용하면 완화하는 효과를 거둘 수 있다. - **유의점** 사용 의식을 강화해야 한다.
승인	- **사용 상황과 기능** '근거 기반 가정', '공표', '반대', '부정' 등을 뒷받침하는 근거를 제시할 때 사용한다. - **중·한 '승인'의 차이** 중국과 한국에서 연구결과, 통계결과와 같은 객관 자료를 사용하는 것이 공통적이지만 중국에서 고전도 사용할 수 있다. - **유의점** ► 사용 의식을 강화해야 한다. ► 사용할 때 출처를 밝혀야 신뢰성을 확보할 수 있다.
공표	- **사용 상황과 기능** 필자의 주장을 강력히 표현한다. - **다른 '개입'과의 결합 사용** 반드시 '공표'를 지지하기 위한 '승인', '상호텍스트적 가정', '가능성 평가'와 결합하여 사용해야 한다.

아래는 김병건(2016ㄱ)과 맹강(2017ㄱ, ㄴ)에 의해 정리한 '동조'와 '승인'을 이루는 표현들이다. 이와 같은 표현은 학습자들로 하여금 숙지하여 실제로 논증적 글을 쓸 때 사용할 수 있도록 가르쳐야 한다. 물론 이런 표현은 모두 사용하도록 할 필요는 없을 것이며 자주 사용되는 표현을 교수하면 될 듯하다.

〈표 Ⅳ-9〉 '동조'와 '승인'을 이루는 표현

동조	• 물론, 물론 …-기는 하다 • -(으)ㄹ지라도, -더라도, -아/어/여도, -는데도 불구하고
승인	• X에 따르면, X를 보면, X에/에서 (보듯이), (X의) 조사/확인/감사/… 결과 • -(으)로/-는 것으로 나타나다/드러나다/조사되다/밝혀지다/확인되다/예상되다/전망되다 • -ㄴ/는다고 말하다/진술하다/주장하다

'부인'의 경우, 우선 '부정'은 상대방의 입장을 언급하고 그것을 부정하고 필자의 주장을 제시하는 데 사용한다. 이렇게 '부정'으로 상대 입장을 텍스트에 도입하고 부정하고 필자의 주장을 제시하는 것은 설득력을 높일 수 있다. 중국어 논증적 텍스트에서 '부정'을 잘 사용하지 않고 또 중국인 한국어 학습자는 '부정'을 많이 사용하지 않았기 때문에 '부정'을 사용하는 의식을 강화시켜야 한다. 그리고 중국인 한국어 학습자는 '부정'을 적절하게 사용하지 못하는 경우가 발견되었는데 이에 대한 바른 사용을 강화할 필요가 있다. '부정'을 이루는 표현으로는 '이/가 아니다', '없다', '-지 않다' 등을 들 수 있다.

'반대'는 주로 상대 주장을 언급하고 그것에 대한 반박으로 필자 주장을 제시할 때 사용된다. 그리고 '반대'는 다양한 '개입'과 결합하여 사용하는데 '동조'와 '거리'와 결합하는 경우가 가장 많았다. 즉 먼저 '동조'와 '거리'를 통해 예상 반론을 언급하고 '반대'로 예상 반론에 대한 필자의 주장, 즉 반박을 제시하는 것인데 이렇게 하면 설득력을 높일 수 있다. 그리고 '상호텍스트적 가정'과 결합하여 사용하기도 하는데 이런 경우에 주로 제시된 내용에 안고 있는 문제점을 지적하는 역할을 할 수 있다. 중국인 한국어 학습자는 '반대'를 사용하는 의식이 거의 없었으며 '반대'와 다른 '개입' 간의 결합 사용을 하는 의식도 거의 없었다. 이는 중국어 논증적 텍스트와 한국어 논증적 텍스트에서 '반대'의 사용, '반대'와 기타 '개입' 간의 결합 사용의 차이의 영향을 받았을 것이다. 따라서 중·한 논증적 텍스트에서 '반대'의 차이는 물론이고 '반대'와 기타 '개입' 간의 결합 사용의 의식을 강화하는 것도 중요한 교육 내용으로 다루어야 한다. '반대'는 주로 '-(으)나, -지만' 등 연결어미와 '하지만, 그러나, 그렇지만, 그런데' 등 접속부사를 통해 이루어진다. '부인'의 교육 내용은 다음과 같이 요약할 수 있다.

〈표 Ⅳ-10〉 '부인' 교육 내용의 상세화

부인	교육 내용
부정	**- 사용 상황과 기능** 예상 반론을 언급하고 반박할 때 사용한다. **- 다른 개입과의 결합 사용** 반드시 '부정'을 뒷받침하는 근거로서의 '승인', '상호텍스트적 가정', '가능성 평가'와 결합하여 사용해야 한다. **- 중·한 '부정' 사용의 차이** 중국의 논증적 텍스트에서 '부정'을 잘 사용하지 않지만 한국의 논증적 텍스트에서 예상 반론을 언급하고 반박할 때 잘 사용한다. **- 유의점** ► 예상 반론을 언급하고 반박할 때 사용함을 강화해야 한다. ► '부정'의 사용 의식을 강화해야 한다.
반대	**- 사용 상황과 기능** ► 예상 반론 언급 후 반박하고 필자의 주장을 제시할 때 사용한다. ► 현재의 상황이나 실태가 안고 있는 문제점을 제시할 때 사용한다. **- 다른 '개입'과의 결합 사용** '동조' 또는 '거리'로 예상 반론을 언급하고 '반대'로 필자의 반박을 제시하고 '승인', '상호텍스트적 가정', '가능성 평가'를 근거로 제시하는 것이 설득력을 높일 수 있다. **- 중국과 한국 '반대'의 차이** ► 중국 논증적 텍스트에서 '반대'를 많이 사용하는 편이 아니지만 한국의 논증적 텍스트에서 잘 사용하는 편이다. ► 한국어 논증적 텍스트에서 '반대'는 주로 '동조'나 '거리'와 사용하지만 중국어 논증적 텍스트에서 이런 결합 사용이 많지 않다.

V. 결론 및 제언

1. 요약

본 연구는 중국인 한국어 학습자와 한국어 모어 화자의 논증적 텍스트에 반영된 '개입' 사용 양상을 비교함으로써 중국인 학습자를 위한 '개입' 중심의 한국어 논증적 글쓰기 교육 내용을 구성하고자 하였다. 연구의 결과, 중국인 한국어 학습자와 한국어 모어 화자는 논증적 텍스트에서 사용한 '개입'이 양적, 질적으로 달랐고 중국인 한국어 학습자는 '단성적 목소리'를 과도하게 사용하였지만 한국어 모어 화자는 '다성적 목소리'를 더 많이 사용하였다. 이는 중 · 한 논증적 글의 장르적 차이, 중 · 한 '개입' 사용의 차이, 중국어 논증적 글쓰기 교육의 영향을 받은 한국어 논증적 글쓰기 교육, 중국인 한국어 학습자의 독자 의식 부족에서 비롯된 것으로 확인되었다.

'단성적 목소리'의 경우, '상호텍스트적 가정'의 사용에서 통계적으로 유의미한 차이가 나타났으며 중국인 한국어 학습자가 더 많이 사용하였고 과도하게 사용하는 경향이 있었다. 그리고 중국인 한국어 학습자와 한국어 모어 화자는 모두 '상호텍스트적 가정'의 배경 제시와 근거 제시 기능을 사용하였고 그다지 차이가 없었다. '근거 기반 가정'의 사용에 있어, 통계적으로 유의미한 차이가 발견되었으며 한국어 모어 화자가 더 많이 사용하였다. 중국인 한국어 학습자는 '근거 기반 가정'을 사용하는 능력과 의식이 부족하였을 것이다. 그리고 질적으로 한국어 모어 화자는 '근거 기반 가정'을 '승인'과 결합하여 사용하는 경향이 두드러지고 중국인 한국어 학습자는 상호텍스트적 가정과 결합하여 사용하는 경향이 있었다. '내러티브'는 중국인 한국어 학습자와 한국어 모어 화자가 모두 사용한 것이고 통계적으로 유의미한 차이가 없었다. 논증적 텍스트에서 '개인적 단언'을 사용하는 것이 중국인 한국어 학습자의 특징이라 할 수 있고 중국인 한국어 학습자는 '개인적 단언'을 독자와의 공유 지식이라고 생각하는 것을 통해 '개인적 단언'에 대한 인식이 부족하였다는 것을 알 수 있다.

'다성적 목소리'는 '대화적 공간 확대'와 '대화적 공간 축소'로 분류되는데 대화적 공간 확대의 경우, '판단유보'에서 중국인 한국어 학습자와 한국어 모어 화자는 '가능성 평가'를 양적으로 유사하게 사용하였으며 각 기능을 수행하는 '가능성 평가'의 사용에서 한국어 모어 화자는 주장하기와 배경 제시 기능을 많이 사용하였지만 중국인 한국어 학습자는 근거 제시와 주장 제시 기능을 많이 사용하였다. '개인 관점'의 경우, 통계적으로 유의미한 차이가 발견되었고 중국인 한국어 학습자가 더 많이 사용하였다. 그리고 한국어 모어 화자는 주로 주장을 표현할 때 사용하였지만 중국인 한국어 학습자는 주장 표현은 물론이고 근거를 제시할 때도 사용하였다. '객체화'의 경우, '인정' 사용에 있어, 양적, 질적으로 모두 차이가 없었지만 '거리' 사용에 있어 통계적으로 유의미한 차이가 나타났으며 한국어 모어 화자가 더 많이 사용하였다. 한국어 학습자는 '거리'를 사용하는 의식이 부족하였다. 그리고 중국인 한국어 학습자가 '거리'를 적절하게 사용하지 못하는 경우도 있었다.

'대화적 공간 축소'의 경우, '선언'에서 우선 '동조'의 사용은 통계적으로 유의미한 차이가 나왔으며 한국어 모어 화자가 더 많이 사용하였다. 중국인 한국어 학습자는 '동조'를 사용하는 의식이 부족하였다. '승인'은 통계적으로 유의미한 차이가 나타나지 않았지만 질적인 측면에서 보면 한국어 모어 화자는 '승인'을 사용할 때 출처를 밝혔지만 중국인 한국어 학습자는 출처를 밝히지 않았다. 한국어 모어 화자는 출처를 밝히면 근거의 신뢰성을 높일 수 있어 설득력을 강화할 수 있다는 것을 인식하였지만 중국인 한국어 학습자는 그것을 인식하지 못하였다. '공표'의 사용은 양적, 질적으로 크게 다르지 않았다. '부인'의 경우, 우선 '부정'의 사용은 통계적으로 유의미한 차이가 있었으며 중국인 한국어 학습자는 '부정'을 사용하는 의식이 약할 뿐만 아니라 적절하게 사용하지 못하는 경우도 있었다. '반대'의 사용도 통계적으로 유의미한 차이가 나타났고 한국어 모어 화자가 더 많이 사용하였다. 그리고 한국어 모어 화자는 주로 '반대'를 통해 예상 반론에 대한 자신의 주장을 제시하는 데 비해 중국인 한국어 학습자는 주로 어떤 내용을 제시하고 나서 그런 내용의 문제점을 지적하는 데 많이 사용하였다. 또한 다른 '개입'과의 결합 사용에 있어, 한국어 모어 화자는 주로 '상호텍스트적 가정', '동조', '거리'와 결합하여 사용하였지만 중국인 한국어 학습자는 너무 다양한 '개입'과 결합하여 경향성을 파악하기가 어려웠다.

요약해서 말하자면, 중국인 한국어 학습자는 독자 의식이 부족하고 쓴 논증적 텍스트는 독자와의 상호작용이 거의 없었으며 일방적으로 논증을 전개하려는 경향이 있었다. 이에 반해 한국어 모어 화자는 뚜렷한 독자 의식을 가지며 다양한 목소리를 텍스트에 도입하여 다성적 배경을 구축해 대화성이 강하였다. 이는 4가지 원인에서 비롯되었다. 첫째, 중 · 한 논증적 글의 장르적 차이이다. 중국의 논증적 글은 입론문과 박론문으로 나누어지는데 학교에서는 주로 입론문을 가르치고 평소에 말하는 논증적 글도 입론문을 가리키는 경우가 대부분이다. 그러므로 논증적 글의 요소를 말하면 보통 논점, 논거, 논증만 언급하고 예상 반론에 대한 반박은 포함되지 않고 논증적 글이라면 자신의 주장을 펼쳐나가는 데 초점을 두고 자신 주장의 합리성을 증명했으면 상대방을 설득하는 목적을 이룬 것으로 여겨진다. 한국에서 논증적 글은 논리적으로 자신의 주장을 펼쳐나가는 것은 물론이고 독자를 설득하는 목적도 포함되며 독자 설득에 더 중점을 두는 경향이 있다. 구성 요소로 보면 한국어 논증적 글은 주장, 근거, 반론 수용과 반박이 포함되는데 반론 수용과 반박이 필수 요소가 된다. 즉 독자에 대한 고려가 중요하게 다루어져야 하는 것이다. 둘째, 중국과 한국의 논증적 텍스트에서 '개입'이 양적, 질적 사용이 다르다. 셋째, 중국어 논증적 글쓰기의 영향을 받은 한국어 논증적 글쓰기 교육이다. 현재 중국에서의 한국어 논증적 글쓰기는 다소 중국어 논증적 글쓰기의 영향을 받았다. 예를 들어, 중국인 한국어 쓰기 교수자의 강조 내용, 학습자에게 부과한 쓰기 과제의 주제 등이 중국어 논증적 글의 영향을 받았다. 그리고 중국인 한국어 쓰기 교수자는 중 · 한 논증적 글의 장르적 차이에 대한 인식도 부족하였다. 넷째, 중국인 한국어 학습자는 독자 의식이 부족하였다. 한국어 모어 화자에 대한 인터뷰에서 '독자'라는 단어가 키워드가 될 만큼 많이 언급되었는데 중국인 한국어 학습자에 대한 인터뷰에서 '독자'라는 단어가 거의 나타나지 않았다. 물론 중국인 한국어 학습자가 독자 의식이 부족한 것은 중 · 한 논증적 글의 장르적 차이와 중국어 논증적 글쓰기 교육의 영향을 많이 받았을 것이다. 즉 궁극적으로 중국인 한국어 학습자가 논증적 글에서 독자와의 상호작용을 거의 안 하는 것은 중 · 한 논증적 글의 장르적 차이에서 비롯된 것으로 볼 수 있다. 중국인 한국어 쓰기 교수자는 이런 차이에 대한 인식이 부족하므로 중국어 논증적 글쓰기를 가르치는 것처럼 가르쳐서 중국인 한국어 학습자가 독자 의식이 부족하였다. 독자 의식의 부족은 논증적 글에서 독자와의 상호작용을 하지 않는 직접적 원인이 되었을 것이다. 결론적으로는 중국인 한국어 학습자의 한국어 논증적 글쓰기는 모국어인 중국어 논증적 글쓰기의 영향을 받았으며 소문화보다 대문화의 영향이 더 크다고 할 수 있겠다. 중국인 한국어 학습자를 위한 '개입' 중심의 논증적 글쓰기 교육 내용을 구성할 때 중국인 한국어 학습자의 개입 사용 양상과 배경 요인을 고려해야 한다.

위의 논의를 바탕으로 '개입' 중심의 논증적 글쓰기 교육 내용을 3단계로 나누어 중 · 한 논증적 글의 장르적 차이, 독자 의식 고양시키기, '개입'의 사용으로 구성하였다. 중 · 한 논증적 글의 장르적 차이와 독자 의식 고양시키기는 '개입' 교육의 기반과 전제가 되는 것이다. 1단계에서 중 · 한 논증적 글의 장르적 차이는 개념 비교, 구성 요소 비교가 들어 있는데 특히 구성 요소 중에서 예상 반론에 대한 반박, 중 · 한 근거의 차이는 중요하게 다루어져야 한다. 특성 비교의 경우, 한국어 논증적 글은 격식적이고 객관성을 추구하는 것에 대한 이해가 필요하다.

2단계에서는 독자 의식 고양시키기인데, 글을 쓰는 과정에서 항상 독자 의식을 가져야 하며 독자의 설정과 독자 입장에 대한 고려도 필요하다. 예를 들어, 나의 예상 독자가 누구인가, 독자의 생각이 무엇인가, 독자는 어떤 근거를 제시할 것인가 등과 같은 질문을 자신에게 물어봐야 한다.

3단계 '개입'의 사용에 있어, 주로 양적과 질적인 측면을 고려해야 하는데 양적으로 한국어 모어 화자보다 적게 사용하는 것은 사용 의식을 고양시켜야 하며 지나치게 많이 사용하는 것은 적절하게 사용하도록 해야 한다. 질적 측면에서 각 '개입'의 기능과 사용 상황, 중국어 논증적 글에서 '개입'과의 차이, '개입' 간의 결합 사용, 각 '개입'을 이루는 표현 등을 고려해서 교육 내용을 구성하였다.

우선 '다성적 목소리'를 사용하는 의식을 고양시켜야 한다. 그리고 '단성적 목소리'에서 '상호텍스트적 가정'과 '내러티브'의 과다 사용, '개인적 단언'의 사용을 피해야 하며 '근거 기반 가정'의 사용을 격려해야 한다. 그리고 질적으로는 '상호텍스트적 가정'의 배경 제시, 근거 제시 기능과 사용 상황, '근거 기반 가정'의 평가하기, 주장하기 기능과 사용 상황을 교육 내용에 포함시켰다.

'다성적 목소리'에서 대화적 확대의 경우, '판단유보'에 있어, '가능성 평가'의 주장하기, 근거 제시, 배경 제시, 평가하기 기능과 사용 상황, '개인 관점'의 주장 제시 기능과 사용 상황, 그리고 관련 표현을 교육 내용에 포함시켰다. 객체화의 경우, '거리'의 예상 반론 제시 기능과 관련 표현을 교육 내용에 들어가도록 하였다.

대화적 축소의 경우, 우선 '부인'의 사용 의식을 고양해야 한다. 그리고 부인에서 '부정'으로 가능한 상대 입장을 부정하고 필자 입장을 제시하는 기능과 사용 상황, '반대'로 상대 주장 제시하고 필자 주장을 제시하는 기능, '동조', '거리'와의 결합 사용, 또한 '부정'과 '반대' 관련 표현을 파악하도록 교육 내용에 포함시켰다. '선언'의 경우, 우선 '동조'의 사용 의식을 고양시켜야 하며 '동조'의 상대 입장 제시 기능과 관련 표현을 교육 내용에 포함시켰다. '승인'의 경우, 우선 '승인'을 사용하는 의식을 고양시켜야 한다. 그리고 중국식 근거를 지양하고 연구결과, 보고서 등과 같은 객관 자료를 출처를 밝혀 인용해야 하고 또한 지지한 주장과 밀접한 관련이 있어야 한다. '공표'의 경우 '공표'를 사용할 때 이를 지지하기 위한 근거를 함께 제시해야 한다. 그리고 '선언' 관련 표현도 교육 내용에 포함시켰다.

2. 제언

본 연구에서는 문화 간 수사학적 접근으로 중국인 한국어 학습자와 한국어 모어 화자의 논증적 텍스트에 반영된 '개입'을 비교하여 '개입' 사용 양상의 원인을 대문화와 소문화의 측면에서 해석해 보았다. 연구 참여자의 쓰기 결과물을 수집하고 중국과 한국의 한국어 쓰기 교수자의 교육 내용을 설문 조사하였으며 인터뷰를 통해 연구 참여자들이 '개입'을 사용하는 의도를 파악해 보았다. 본 연구는 기존 한국어 쓰기 연구에서 잘 다루어지지 않는 필자와 독자의 상호작용적 측면을 살펴보는 것은 의의를 가진다. 그리고 서론에서 밝혔듯이 영어 쓰기 교육에서 '개입'에 관한 연구에서 갖는 한계를 극복하는 데도 의의를 찾을 수 있다.

그러나 본 연구에서는 실제로 참여자들이 글을 쓰는 과정에서 어떻게 개입을 선택하여 사용하였는지를 직접 관찰을 하지 못하는 한계를 가진다. 후속 연구에서 사례연구를 하여 과정 중심적 접근으로 실제로 참여자들이 개입을 선택하여 사용하는 과정이 어떻게 되어 있는지, 이를테면, 어떤 위치에서 어떤 '개입'을 왜 선택하였는지를 관찰하는 것이 필요하다. 그리고 글을 쓰는 과정에서 '개입'을 선택할 때 어떤 어려움을 겪고 있는지, 그런 어려움을 어떻게 극복하고 있는지, '개입' 사용에 영향을 미치는 요인들이 어떻게 상호작용하는지도 살펴볼 필요가 있다고 본다. 한국어 학습자가 글을 쓰는 과정에서 어떻게 '개입'을 선택하여 사용하는지를 관찰하고 이에 맞추는 교육적 처치를 마련하는 것이 논증적 글쓰기 교육에 의의를 가질 것이다.

그리고 Ⅱ장에서 밝혔듯이 평가어 이론은 '태도', '개입', '강도'를 포함하는데 본 연구에서 논증적 글쓰기와 직접적인 관련을 갖는 '개입'만을 살펴보았다. 후속 연구에서 '태도', '강도'에 대한 연구가 필요하며 '태도', '개입', '강도'의 상호작용에 대한 연구도 이루어져야 할 것이다.

참고문헌

1. 국내 논저

강승혜 외(2006). 한국어 평가론. 태학사.

구본관 외(2015). 한국어 문법 총론 Ⅰ. 집문당.

김병건(2016ㄱ). 한국 신문 보도문의 '개입(Engagement)' 표현에 대한 연구. 한말연구, 40, 한말연구학회, 33-61쪽.

김병건(2016ㄴ). 신문의 사설칼럼에 나타난 '진보'에 대한 비판적 담화 분석. 사회언어학, 24-1, 한국사회언어학회, 65-90쪽.

김병운(2012). 중국대학 한국어교육 실태 조사. 한국문화사.

김영희(2013). 서사 논증(narrative argument)을 활용한 글쓰기 교육, 작문연구, 19, 한국작문학회, 353-401쪽.

김원경(2013). 한국어능력시험의 쓰기 평가 과제 구성 요소 분석. 새국어교육, 94, 한국국어교육학회, 389-412쪽.

김정자(2004). 쓰기 과제 구성에 대한 연구. 한말연구, 15, 한말연구학회, 93-119쪽.

김중섭 외(2010). 국제 통용 한국어교육 표준 모형 개발. 국립국어원.

김해연(2016). 서평, J. R. Martin and P. R. R. White (2005). The Language of Evaluation: Appraisal in English. New York: Palgrave Macmillan. 278 pages. 담화와 인지, 23-2, 담화·인지언어학회, 171-178쪽.

김현미(2011). NIE를 활용한 한국어 쓰기 교육 방안 연구. 부산대학교 석사학위논문.

김현미(2014). 초·중학생의 설득적 글에 반영된 논증 구조 및 논증 도식 연구. 한양대학교 박사학위논문.

김현진(2008). 유학생을 위한 대학한국어 2 읽기·쓰기. 이화여자대학교출판부.

마승혜(2011). 장르기반 평가어 한영번역 교육-실행 연구를 통한 효과 분석. 번역학연구, 12-4, 한국번역학회, 69-97쪽.

맹강(2017ㄱ). 한국어 논증적 글쓰기 교육을 위한 한·중 신문 사설 개입 대조 연구. 이중언어학, 69, 이중언어학회, 81-111쪽.

맹강(2017ㄴ). 한·중 신문 사설의 개입 대조 연구. 국어교육연구, 40, 서울대학교 국어교육연구소, 119-151쪽.

맹강(2018). 중국 내 한국어 쓰기 교재 분석-논증적 글쓰기를 중심으로. 어문논집, 82, 민족어문학회, 203-236쪽.

맹강(2020). 한·중 정치류 신문 사설의 '개입' 대조 연구. 외국어로서의 한국어교육, 59집, 연세대학교 한국어학당, 111-143쪽.

맹강·진정(2020). 주제별 한국어 논증적 텍스트에 반영된 논거 연구-중국인 학습자를 중심으로-. 외국어로서의 한국어교육, 57집, 연세대학교 한국어학당, 29-56쪽.

민병곤 외(2017). 학문 목적 한국어 말하기 평가 도구 개발 연구. 국어교육, 157, 한국어교육학회, 309-340쪽.

민병곤(2001). 논증 이론의 현황과 국어 교육의 과제. 국어교육학연구, 12, 국어교육학회, 237-284쪽.

민병곤(2004). 논증 교육의 내용 연구 : 6, 8, 10학년 학습자의 작문 및 토론 분석을 바탕으로. 서울대학교 박사학위논문.

민병곤(2008). 초등학교 논술 교육 내용 구성 방안. 청람어문교육, 38, 청람어문교육학회, 107-140쪽.

민병곤·정재미·박재현(2014). 성인의 국어 말하기 능력 평가 결과 분석. 화법연구, 24, 101-136쪽.

박미준(2015). '참여(engagement)' 표지의 영한 번역 연구-<월스트리트 저널>의 오피니언 번역 사례를 중심으로. 통번역학연구, 19-2, 한국외국어대학교 통역번역연구소, 183-202쪽.

서수현(2003). 쓰기 평가의 기준 설정에 관한 연구. 고려대학교 석사학위논문.

서수현(2008ㄱ). 쓰기 과제 구성 요소의 설정에 대한 연구. 국어교육학연구, 33, 국어교육학회, 449-472쪽.

서수현(2008ㄴ). 요인 분석을 통한 쓰기 평가의 준거 설정에 대한 연구. 고려대학교 박사학위논문.

신진원(2014). '세월호 사고'에 관한 한·미 신문 사설 비교 연구-평가어 체계를 기반으로. 담화와 인지, 21-3, 담화·인지언어학회, 123-143쪽.
엥흐토야(2017). 몽골인 학문 목적 한국어 학습자의 논증적 글쓰기 텍스트 분석과 교육 방안. 이화여자대학교 박사학위논문.
원진숙(1992). 한국어 말하기 능력 평가 기준 설정을 위한 연구. 한국어문교육, 6, 고려대학교 한국어문교육연구소, 101-133쪽.
윤경애(2016). 중국 대학에서의 한국어교육 개선 방안 연구-대련민족대학교 사례를 중심으로-. 국제한국어교육학회 제26차 국제학술대회 자료집.
응웬 티 후옹 센(2015). 베트남 인 한국어 쓰기 교육 연구. 서울대학교 박사학위논문.
이선영·박영지(2016). 고급 단계 한국어 학습자의 논설문 쓰기 과제 수행 양상. Journal of Korean Culture, 33, 한국어문학국제학술포럼, 149-173쪽.
이슬비(2016). 한국어 학술 텍스트의 필자 태도 표현 교육 연구. 서울대학교 박사학위논문.
이영호(2012). 학습 논술 교육 연구-학습 과정에서의 논증 능력을 중심으로-. 서울대학교 박사학위논문.
이은혜(2011). 한국어 학습자의 작문에 나타난 장르 인식 양상 연구-설명문과 논설문을 중심으로-. 이화여자대학교 석사학위논문.
이재승(2002). 글쓰기 교육의 원리와 방법: 과정 중심 접근. 교육과학사.
이정연(2016). 설득적 말하기 평가 도구 개발 연구: 학문 목적 한국어 학습자를 대상으로. 언어과학연구, 76, 233-266쪽.
이정희 외(2015). 경희 한국어 쓰기 5. 하우.
이정희 외(2015). 경희 한국어 쓰기 6. 하우.
이정희(2015). 경희 한국어 쓰기 4. 하우.
이주리애(2011). 기사문 번역의 재맥락화 양상에 대한 일고찰-뉴스위크 한국판과 일본판의 평가어 분석을 중심으로. 번역학연구, 12-2, 한국번역학회, 157-184쪽.
이주리애(2015). 한일 기사문의 평가어(Appraisal) 번역: 개입(Engagement) 표현의 번역을 중심으로. 통역과 번역, 17-2, 225-247쪽.
이지영(2014). 쓰기 과제 유형에 따른 필자의 인지적 전략과 정의적 반응 연구. 새국어교육, 100, 한국국어교육학회, 67-113쪽.
이창수(2009). 영어 관광안내서의 평가어 비교분석연구. 영미연구, 20, 한국외국어

대학교 영미연구소, 187-205쪽.

정다운(2007). 중국인과 일본인의 한국어 작문 텍스트 대조 분석-텍스트 구조를 중심으로-. 이중언어학, 33, 이중언어학회, 215-243쪽.

제효봉(2015). 중국어권 한국어 학습자의 쓰기 텍스트에 나타난 모국어 영향 연구. 서울대학교 박사학위논문.

제효봉 · 장배흔(2017). 한국어 쓰기 평가에서 채점자의 언어적 배경에 따른 영향 연구-학습자 모국어에 대한 숙지도를 중심으로. 이중언어학, 68, 이중언어학회, 173-208쪽.

조인옥(2014). 중국인 한국어 학습자의 논설 텍스트에 나타난 모국어 영향 특성 연구: 중국 산동대학 사례를 중심으로. 연세대학교 박사학위논문.

조인옥(2017). 학문 목적 한국어 작문 교육을 위한 한 · 중 논설 텍스트의 전형성 고찰. 대학작문, 20, 대학작문학회, 11-47쪽.

조재윤(2007). 말하기 평가의 요소 설정 연구- 델파이 기업을 이용하여. 새국어교육, 75, 337-358쪽.

조효성(2006). 논증 구조 익히기를 통한 주장하는 글쓰기 지도 연구. 어문학교육, 32, 한국어문학교육학회, 247-271쪽.

주재우 · 박은진 · 김종철(2014). 성인의 쓰기 능력 평가 결과 분석. 작문연구, 22, 한국작문학회, 229-263쪽.

진대연 외(2006). 한국어 학습자의 쓰기 텍스트에 대한 대조 수사학적 연구. 한국어교육, 17-3, 국제한국어교육학회, 325-356쪽.

최영인(2014). 설득 화법의 청중 고려 양상과 교육적 적용. 서울대학교 박사학위논문.

혼다 유나(2016). 일본인 학문 목적 한국어 학습자의 논설문 분석 연구: 한일 논설문 텍스트 대조 수사학적 연구를 바탕으로. 고려대학교 석사학위논문.

홍혜준(2008). 學問 目的 韓國語 쓰기 教育 硏究 : 韓國語 論證的 글쓰기를 中心으로. 서울대학교 박사학위논문.

2. 국외 논저

陳曉燕 · 王彦(2010). 英漢社論語篇評價系統對比分析之二-介入資源. 山東外語教學,

2010(6), 20-27.

丁法章(2012). 當代新聞評論教程(第5版). 上海: 復旦大學出版社.

付瑤(2015). 評價系統的理論與實踐研究. 廈門: 廈門大學出版社.

高霄(2011). 高校英語專業學生思辨能力及語言因素對二語寫作影響的研究. 北京: 外語教學與研究出版社.

教育部高等學校外語專業教學指導委員會朝鮮語測試組(2012). 全國高校朝鮮語專業八級考試大綱. 延吉: 延邊大學出版社.

教育部高等學校外語專業教學指導委員會朝鮮語測試組(2012). 全國高校朝鮮語專業四級考試大綱. 延吉: 延邊大學出版社.

鞠玉梅(2016). 跨文化修辭學視域下的二語寫作研究: 理論模式與研究路徑. 外語界, 2016(5), 2-8.

李長忠·眭丹娟(2012). 中美英語報刊社論語篇的介入資源對比研究. 徐州師範大學學報(哲學社會科學版), 38(5), 67-72.

梁海英(2014). 英漢政府文件介入資源與人際意義構建對比研究-一項基於英漢對比評價語料庫的統計分析. 天津外國語大學學報, 21(4), 14-21.

廖傳風(2011). 評價理論在外語寫作教學中的應用研究. 西安外國語大學學報, 19(2), 109-112.

劉丹(2013). 英漢論辯體裁介入系統跨文化對比研究. 外語學刊, 172, 31-35.

劉立華(2010). 評價理論研究. 北京: 外語教學與研究出版社.

劉世生·劉立華(2010). 突破疆界評價理論視角下的話語分析, 劉立華(2010). 評價理論研究. 北京: 外語教學與研究出版社.

孟勐·李雪(2010). 中國作者與英語母語作者英語論文中的介入資源. 外語學刊, 2010(2), 55-58.

潘小珏(2008). 介入資源與法庭辯論中說服的實現. 修辭學習, 146, 50-55.

王繼美·李長忠(2010). 中國英語學習者議論文寫作中介入資源的使用. 鹽城工學院學報(社會科學版), 23(1), 70-75.

王振華·路洋(2010). '介入系統'嬗變. 外語學刊, 2010(3), 51-56.

夏丏尊·葉紹鈞(2008). 國文百八課. 北京: 三聯書店.

向平·肖德法(2009). 中國大學生英語議論文介入資源研究. 外語與外語教學, 2009(4), 22-26.

辛平(2007). 基於語言能力構想的作文評分標準及其可操作性研究. 暨南大學華文學院學報, 2007(3), 19-24.

薛鳳敏(2013). 從寫作過程看二語寫作測試任務設計的影響因素, 語言教學與研究, 2013(4), 1-7.

葉洪(2014). 新讀寫理論與外語寫作任務設計. 現代外語(雙月刊), 37(4), 525-536.

袁傳有·胡錦芬(2011). 律師代理詞中介入資源的順應性分析. 語言教學與研究, 2011(3), 87-94.

岳穎(2011). 學術語篇的介入資源與人際意義構建-基於學習者語篇的個案研究. 當代外語研究, 7, 30-35.

張英美(2013). 中國高校韓國語專業國際化複合型人才培養模式探析-兼論就業趨向特點. 延邊大學學報(社會科學版), 2013(6), 138-143.

張英美·王笑天(2004). 韓國語專業畢業生的就業特點與人才培養. 現代大學教育. 2004(5), 68-70.

Atkinson, D. (2004). Contrasting rhetorics/contrasting cultures: why contrastive rhetoric needs a better conceptualization of culture. *Journal of English for Academic Purposes* 3(2004), pp. 277-289.

Badger, R. & White, G. (2000). A process genre approach to teaching writing. *ELT Journal*, 54(2), pp. 153-160.

Bitchener, J. (2010). *Writing an Applied Linguistics Thesis or Dissertation: A Guide to Presenting Empirical Research*. Palgrave Macmillan.

Braddock, R., Lloye-Jones, R. & Schoer, L. (1963). *Research in Writing Composition*. Urbana, IL: NCTE.

Brett, P. (1994). A Genre Analysis of the Results Section of Sociology Articles. *English for Specific Purposes*, 13(1), 47-59.

Brinker, K. (1992). *Linguistische Textanalyse*, 이성만 역(1994). 텍스트언어학의 이해-언어학적 텍스트분석의 기본 개념과 방법-. 한국문화사.

Cai, J. G. (2007). Differences in the location of thesis statement in Chinese and English texts and their influence upon Chinese EFL learners' English writing. *Foreign Language Teaching Abroad* 1, pp. 1-12.

Casanave, C. (2004). *Controversies in second language writing: Dilemmas and decisions in research and instruction*. Ann Arbor: University of Michigan Press.

Chien, S. C. (2011). Discourse organization in high school students' writing and their teachers' writing instruction: The case of Taiwan. *Foreign Language Annals*, 44(2), 417-435.

Clyne, M. (1987). Cultural differences in the organization of academic text: English and German. *Journal of Pragmatics* 11(2), pp. 211-241.

Connor, U. & Lauer, J. (1988). Cross-cultural variation in persuasive student writing. In Purves, A. C. (Ed.), *Writing Across Language and Cultures: Issues in Contrastive Rhetoric*(pp. 138-159). Newbury Park: London Sage.

Connor, U. (1996). *Contrastive Rhetoric: Cross-cultural aspects of second-language writing*. Cambridge: Cambridge University Press.

Connor, U. (2001). Contrastive Rhetoric Redefined. in Panetta, C. G. (Ed.). *Contrastive Rhetoric Revisited and Redefined(pp.* vii-xx). Mahwah, NJ: Lawrence Erlvaum Associates.

Connor, U. (2004). Intercultural rhetoric research: beyond texts. *Journal of English for Academic Purposes*, 3, 291-304.

Connor, U. (2008). Mapping multidimensional aspects of research: Reaching to intercultural rhetoric. In U. Connor, E. Nagelhout & W. Rozycki (Eds.). *Contrastive Rhetoric: Reaching to Intercultural Rhetoric*(pp. 299-315). Amsterdam: John Benjamins Publishing Company.

Connor, U. (2011). *Intercultural Rhetoric in the Writing Classroom*. Ann Arbor: The University of Michigan Press.

Crowhurst, M. (1990). Teaching and Learning the Writing of Persuasive/ Argumentative Discourse. *Canadian Journal of Education*, 15(4), 348-359.

Driver, Newton & Osborne (2000). Establishing the norms of scientific argumentation in classrooms. *Science education, 84*, 287-312.

Fairclough, N. (1992). *Discourse and social change*. Cambridge, U. K. : Polity Press.

Ferretti, R. P. & Fan, Y. Y. (2016). Argumentative Writing, In MacArthur, C. A.,

Graham, S., Fitzgerald, J. (Eds.), *Handbook of Writing Research*(pp. 301-315). New York: The Guilford Press.

Gee, J. (2005). *An introduction to discourse analysis: Theory and method.* London: Routledge.

Grabe, W. &Kaplan, R. B. (1996). *Theory and Practice of Writing.* New York: Longman.

Hamp-Lyons, L. (1990). Second Language Writing: Assessment Issues. In Kroll, B. (ed.), *Second Language Writing Research: Insights for the Classroom.* Cambridge: Cambridge University Press.

Hinds, J. (1983). Contrastive Rhetoric: Japanese and English. *Text* 3(2), pp. 183-195.

Hinds, J. (1987). Reader versus writer responsibility: A new typology. In U. Connor & R. Kaplan (eds.), *Writing across languages: Analysis of L2 text* (pp. 141-152). Reading, MA: Addison-Wesley Publishing Company.

Hinkel, E. (1994). Native and nonnative speakers' pragmatic interpretations of English texts. *TESOL Quarterly 28*, 353-376.

Hirose, K. (2001). Persuasive writing in L1 and L2: A look at Japanese EFL students' rhetorical organization strategies. *The Japan Association of College English Teachers*, 43-56.

Hirose, K. (2003). Comparing L1 and L2 Organizational Patterns in the Argumentative Writing of Japanese EFL students. *Journal of Second Language Writing* 12(2), pp. 181-209.

Ho, V. L. (2011). *Non-native argumentative writing by Vietnamese learners of English: A contrastive study.* Dissertation of Georgetown University.

Holliday, A. (1994). *Appropriate methodology and social content.* Cambridge, U. K. : Cambridge University Press.

Holliday, A. (1999). Small cultures. *Applied Linguistics* 20, pp. 237-264.

Hyland, K. (2004). *Disciplinary discourses: Social interactions in academic writing.* London: Longman.

Hyland, K. (2005). Stance and engagement: A model of interaction in academic discourse. *Discourse Studies 7*, 173-192.

Hyland, K. (2009). *Academic discourse: English in a global context.* London: Continuum.

Ismail, S. (2010). *Arabic and English persuasive writing of Arabs from a Contrastive Rhetoric perspective.* Dissertation of Indiana University of Pennsylvania.

Ji, K. (2011). The influence of Chinese rhetorical patterns on EFL writing: Learner attitudes towards this influence. *Chinese Journal of Applied Linguistics*, 34(1), 77-92.

Kang, S. J. & Oh, S. Y. (2011). Rhetorical Patterns in L1 and L2 Argumentative Essays of Korean EFL Students. *Korean Journal of Applied Linguistics,* 27(2), 161-201.

Kaplan, R. B. (1966). Cultural Thought Patterns in Inter-Cultural Education. *language learning*, 16, pp. 1-20.

Kaplan, R. B. (1987). Cultural thought patterns revisited. In Connor & Kaplan (eds.) *Writing across languages: Analysis of L2 text.* MA: addison-wesley.

Kaplan, R. B. (2001). What in the World Is Contrastive Rhetoric?, In Panetta, C. G. (ed.). *Contrastive Rhetoric Revisited and Redefined.* Lawrence Erlbaum Associates, vii-xx.

Kaplan, R. B. (2005). Contrastive Rhetoric. In E. Hinkel (Ed.), *Handbook of research in second language teaching and learning*(pp. 375-392). Mahwah, NJ: Erlbaum.

Khodabandeh, F. Jafarigohar, M. Soleimani, H. & Hemmati, F. (2013). Overall Rhetorical Structure of Students' English and Persian Argumentative Essays. *Theory and Practice in Language Studies, 3(4),* 684-690.

Kim, C. K. & Thompson, G. (2010). Obligation and reader involvement in English and Korean science popularizations: A corpus-based cross-cultural text analysis. *Text & Talk-An Interdisciplinary Journal of Language, Discourse Communication Studies, 30(1)*, 53-73.

Kim, C. K. (2009). Personal pronouns in English and Korean texts: A corpus-based study in terms of textual interaction. *Journal of Pragmatics, 41(10),*

2086-2099.

Kobayashi, H. (1984). Rhetorical patterns in English and Japanese. *TESOL Quarterly* 18(4), pp. 737-738.

Kubota, R. (1988). An investigation of Japanese and English L1 essay organization: Differences and similarities. *Canadian Modern Language Review/La Revue canadienne des langues vivantes* 54(4), pp. 475-508.

Kubota, R., & Lehner, A. (2004). Toward critical contrastive rhetoric. *Journal of Second Language Writing* 13, pp. 7-27.

Lee, S. H. (2006). *The use of interpersonal resources in argumentative/persuasive essays by East-Asian ESL and Australian tertiary students.* Dissertation of University of Sydney.

Li, X. M. (2008). From contrastive rhetoric to intercultural rhetoric: A search for collective identity. In U. Connor, E. Nagelhout, & W. V. Rozycki (eds.), *Contrastive rhetoric: Reaching to intercultural rhetoric* (pp. 11-23). Amsterdam, Philadelphia: John Benjamins.

Liebman, J. D. (1992). Towards a New Contrastive Rhetoric: Differences Between Arabic and Japanese Rhetorical Instruction. *Journal of Second Language Writing*, 1(2), 141-165.

Lindermann, E. (2001). *A Rhetoric for Writing Teachers(4th).* Oxford University Press.

Liu, X. H. & Furneaux, C. (2014). A multidimensional comparison of discourse organization in English and Chinese university students' argumentative writing. *International Journal of Applied Linguistics*, 24(1), 74-96.

Liu, X. H. & Thompson, P. (2009). Attitude in students' argumentative writing: a contrastive perspective. In L. J. O' Brien & D. S. Giannoni (Eds.), *Language Studies Working Papers* (Vol. 2, pp. 51-63). Reading: University of Reading Press.

Liu, X. H. (2015). *An Intercultural Rhetoric Study on English-Chinese Argumentative Writing.* Beijing: Foreign Language Teaching and Research Press.

Madigan, C. (1985). Improving writing assignment with communication theory.

College Composition and Communication, 36, 2. IL: NCTE.

Manchon, R. M., Murphy, L., & Roca de Larios, J. (2005). Using Concurrent Protocols to Explore L2 Writing Processes: Methodological Issues in the Collection and Analysis of Data. In Matsuda, P. K. & Silva, T. (ed.), *Second Language Writing Research: Perspectives on the Process of Knowledge Construction*. NJ: Lawrence Erlbaum Associates.

Martin, J. R. & D. Rose (2007). Working with discourse: Meaning beyond the clause. London: Continuum.

Martin, J. R. & White, P. R. R. (2005). *The Language of Evaluation: Appraisal in English*. Palgrave Macmillan.

Matalene, C. (1985). Contrastive Rhetoric: An American Writing Teacher in China. *College English* 47(8), pp. 789-808.

Mohan, B. A. & W. A-Y Lo. (1983) Academic Writing and Chinese Students: Transfer and Developmental Factors. *TESOL Quarterly* 19(3), pp. 515-534.

Nippold, M. A. (2000). Language development during the adolescent years: Aspects of pragmatics, syntax, and semantics. *Topics in Language Disorders*, 20 (2), 15–28.

Nordin, S. M. & Mohammad, N. B. (2006). the best of two approaches: process/ genre-based approach to teaching writing. *The English Teacher*, XXXV, pp. 75-85.

Paltridge, B. & Starfield, S. (2007). *Thesis and Dissertation Writing in a second Language: A handbook for supervisors*. Routledge.

Perelman, C. & Olbrechts-Tyteca, L. (1958). Wilkinson, J. & Weaver, P. (trans.) *The new rhetoric: a treatise on argumentation*. Notre Dame; London: University of Notre Dame.

Rashidi, N. & Dastkhezr, Z. A. (2009). A comparison of English and persian organizational patterns in the argumentative writing of Iranian EFL students. *JoLIE,* 2(1), 103-152.

Reichelt, M., Lefkowitz, N., Rinnert, C. & Schultz, J. M. (2012). Key Issues in

Foreign Language Writing. *Foreign Language Annals*, 45(1), 222-41.

Ruth, L,. & Murphy, S. (1988). *Designing Writing Tasks for the Assessment of Writing.* Ablex Publishing Corporation.

Sasaki, M. & Hirose, K. (1996). Explanatory Variables for EFL Students Expository Writing, *Language Learning*, 46, 137-174.

Schwarz, B. B. Neuman, Y. Gil, J. & Iiya, M. (2003). Construction of collective and individual knowledge in argumentative activity. *THE JOURNAL OF THE LEARNING SCIENCES, 12(2)*, 219–256.

Searle, J. R. (1979). *Expression and meaning: Studies in the theory of speech acts.* Cambridge: Cambridge University Press.

Soven, M. I. (1999). *Teaching Writing in Middle and Secondary Schools.* Allyn & Vacon.

Swain, E. (2010). Getting engaged: Dialogistic positioning in novice academic discussion writing. In Swain, E. (Ed.), *Thresholds and Potentialities of Systemic Functional Linguistics: Multilingual, Multimodal and Other Specialised Discourses*(pp. 291-317). Trieste: EUT Edizioni Università di Trieste.

Tirkkonen-Condit, S. (1996). Explicitness vs. implicitness of argumentation: An intercultural comparison. [doi: 10. 1515/mult. 1996. 15. 3. 257]. *Multilingua-Journal of Cross-Cultural and Interlanguage Communication*, 15(3), 257-274.

Uysal, H. H. (2008). Tracing the culture behind writing: Rhetorical patterns and bidirectional transfer in L1 and L2 essays of Turkish writers in relation to educational context. *Journal of Second Language Writing,* 17, 183-207.

Uysal. H. H. (2012). Argumentation across L1 and L2 Writing: Exploring Cultural Influences and Transfer Issues. *Vigo International Journal of Applied Linguistics*, 133-159.

Van Eemeren, FH, et al. (1996). *Fundamentals of argumentation theory: A handbook of historical backgrounds and contemporary applications*, Lawrence

Erlbaum.

Williams. J. M., Colomb. G. G. (2007). *The Craft of Argument*. Pearson Education. 윤영삼 역(2008). 논증의 탄생. 홍문관.

Yang, L. & Cahill, D. (2008). The rhetorical organization of Chinese and American Students' expository essays: A contrastive rhetoric study. *International Journal of English studies* 8(2), pp. 113-132.

Yang, R. Y. & Allison, D. (2003). Research articles in applied linguistics: moving from results to conclusions. *English for Specific Purposes*, 22, 365-385.

Zare-ee, A. (2009). comparison of university level EFL learners' linguistic and rhetorical patterns as reflected in their L1 and L2 writing. *Novitas-ROYAL*, 3(2), pp. 143-155.